원전으로 읽는

고대 이집트 창세신화

원전으로 읽는
고대 이집트 창세신화

초판 1쇄 발행 2025년 12월 31일

지은이 유성환

펴낸곳 서울대학교출판문화원
주소 08826 서울 관악구 관악로 1
도서주문 02-889-4424, 02-880-7995
홈페이지 www.snupress.com
페이스북 @snupress1947
인스타그램 @snupress
이메일 snubook@snu.ac.kr
출판등록 제15-3호

ISBN 978-89-521-3233-8 03200

원전으로 읽는

고대 이집트 창세신화

유성환 지음

서울대학교출판문화원

머리말

이 책은 서울대학교출판문화원과 인문학연구원이 출판문화원 아카데미 인문 강좌의 일환으로 2019년에 공동 주최한「인류 최초의 이야기를 만나다: 『길가메시』부터 『이슈타르 신화』까지 고대근동 세계의 정수를 담은 텍스트 함께 읽기」의 결실이라 할 수 있다. 당시 필자는 한님성서연구소의 주원준 원장과 연세대학교 기독교문화연구소의 윤성덕 박사와 함께 매주 목요일에 교대로 강연을 맡아 진행하였으며, 이 내용을 책으로 출판하기로 약속했다. 그리고 마침내 고대 이집트 창세신화를 주제로 한 원고가 완성되어 한 권의 책으로 출판할 수 있게 되었다.

이 책은 기원전 2500년경부터 이집트 문명이 종말을 고할 때까지 수천 년간 전승되어 온 주요 창세신화를 원전과 함께 소개한다. 이를 통해 원전에 담긴 속뜻과 원전을 이해하는 데 꼭 필요한 배경 정보, 그리고 이집트 주변 문명에서 전승된 창세신화와의 비교 등을 일목요연하게 설명하려고 노력했다. 고대 이집트 문명과 신화에 관심이 있는 학자들에게 모쪼록 유용한 자료가 되기를 바라며, 내용상의 오류와 실수는 모두 필자의 책임임을 밝혀 둔다.

2025년 11월

유성환

| 차례 |

VII 신들과 창조주

VIII 멤피스 창세신화

IX 아마르나 종교개혁

X 초월적 창조주의 출현

| 표 목차 |

| 그림 목차 |

일러두기

1. 이 책은 기본적으로 「서울대학교출판문화원 편집 매뉴얼」에 따라 집필하였으며 상기 매뉴얼에 규정되지 않은 내용은 서울대학교 인문학연구원이 발행하는 『인문논총』의 「서울대학교 인문학연구원 학술지 발간 규정」을 준용하였다.
2. 한글맞춤법·외래어표기법·표준어 규정 및 『표준국어대사전』을 따랐다. 고대 그리스어·라틴어·아카드어[고(古)바빌로니아어]·히브리어 등의 표기는 우리말에 가장 가까운 발음으로 원어를 병행하여 표기하였다. 필요한 경우 일반적으로 통용되는 영어 표기 역시 병기하였다.
3. 고대 이집트 원문의 음역 및 번역은 모두 필자가 수행하였으며 음역은 유럽식 표준을 사용하였다. 한국어 번역에 따른 해석의 오류를 최소화하기 위해 원문은 가급적 직역하였으며 윤문(潤文)은 최소한으로 했다. 음역 및 번역과 관련한 착오 및 오류는 모두 필자의 책임이다.
4. 고대 이집트 서기관들은 표제·키워드·주석·새로운 장(章)의 시작 등을 붉은색으로, 본문을 검은색으로 각각 표기했다. 현대 이집트학에서는 붉은색으로 표기된 본문의 번역과 음역 부분에 밑줄을 쳐서 표시하는 것이 일반적인 관례이며, 이 책에서도 이를 따르기로 한다.
5. 원문 번역에서 대괄호는 원문에 표시되지 않은 내용의 부연 설명에, 특히 대명사의 경우 원래 대상을 지칭할 때 사용했다. 소괄호는 원문에는 없지만 문장의 의미를 명확하게 하기 위해 필자가 넣었다.
6. 번역 또는 음역 뒤에 물음표(?)가 붙은 단어는 원문이 훼손·소실·오염되어 판독과 해독이 불가능해 번역 또는 음역이 옮긴이나 다른 학자에 의해 유추되었다는 의미다.

7. 인용문에서 옮긴이가 생략한 경우는 줄임표(…)를 사용했다.

8. 고대 이집트 파라오 혹은 여타 고대 서아시아 국가의 왕의 경우, 괄호 안의 연도는 모두 재위 기간이다. 기타 그리스·로마 인명의 경우, 괄호 안의 연도는 모두 생몰 연도이며 재위 기간을 밝혀야 할 경우 따로 표기하였다.

9. 본문에 사용된 성서 구절의 인용 및 각 권의 명칭은 기본적으로 대한성서공회의 『성경전서 표준새번역』을 따랐다.

10. 외국어를 병기할 필요가 있을 경우, 해당 외국어 문자를 괄호 안에 병기하였으며 괄호는 따옴표 및 겹낫표(『』)와 홑낫표(「」) 바깥에 기재하였다. 아울러 단행본 저서, 논문집, 작품집, 잡지, 장편소설 등 서적으로 간주할 수 있는 것은 겹낫표로, 논문 및 신문기사, 예술 작품(미술·음악·단편소설·희곡·영화) 등은 홑낫표로 각각 표기하였다. 성서의 경우, 서명(書名)은 겹낫표로, 편명(編名)은 홑낫표로 각각 표기하였다. 신화의 경우, 기승전결의 완결된 구조를 갖춘 독립적인 작품으로 간주할 수 있는 것은 겹낫표로, 신화소(神話素) 혹은 단편적 서사들을 취합하여 신화의 전체적 내용을 추정해야 하는 경우에는 홑낫표로 각각 표기하였다.

고대 이집트의 주요 도시

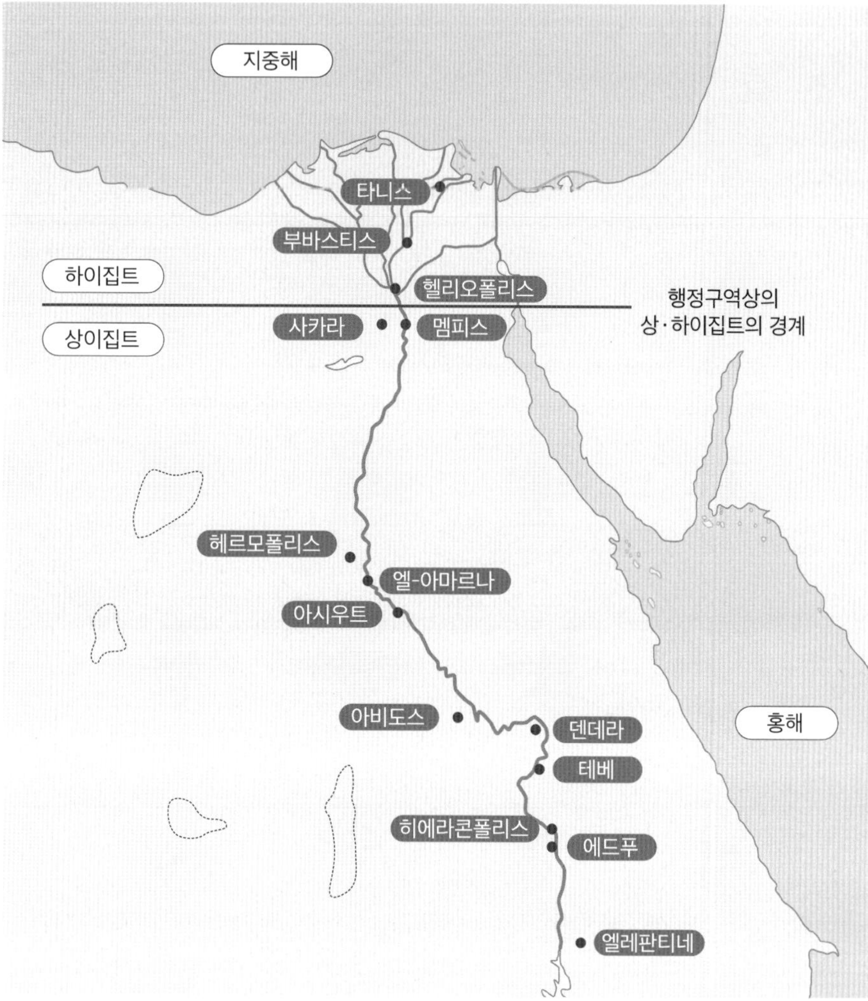
지중해
타니스
부바스티스
하이집트
헬리오폴리스
행정구역상의
상·하이집트의 경계
상이집트
사카라
멤피스
헤르모폴리스
엘-아마르나
아시우트
아비도스
덴데라
홍해
테베
히에라콘폴리스
에드푸
엘레판티네

고대 이집트 연대표

기원전 7000-5000년경	**나일강 유역에 정착생활 시작**
기원전 5300-3000년경	**선왕조 시대**
기원전 3000-2686년경	**초기왕조 시대**
기원전 2900년경	이집트 최초의 수도 멤피스 건설
기원전 2686-2160년	**고왕국 시대**
기원전 2650년경	조세르에 의해 계단식 피라미드 건설
기원전 2560년경	쿠푸에 의해 기자 고원에 대피라미드 건설
기원전 2160-2055년	**제1중간기**
기원전 2055-1650년	**중왕국 시대**
기원전 1985-1956년	제12왕조 아멘엠하트 1세 재위기
기원전 1956-1911년	제12왕조 센와세레트 1세 재위기
기원전 1830년경	『시누헤 이야기』 창작
기원전 1650-1550년	**제2중간기**
기원전 1550-1068년	**신왕국 시대**
기원전 1479-1425년	제18왕조 투트모세 3세, 이집트 역사상 최대 규모로 영토 확장
기원전 1390-1352년	제18왕조 아멘호텝 3세, 이집트 역사상 최전성기
기원전 1352-1336년	제18왕조 아멘호텝 4세/아켄아텐, "일신교 혁명" 시도
기원전 1274년	제19왕조 람세스2세, 히타이트와 카데쉬에서 전면전 수행
기원전 1259년	제19왕조 람세스2세, 히타이트와 세계 최초의 평화조약 체결
기원전 1069-664년	**제3중간기**
기원전 664-332년	**후기왕조 시대**
기원전 343년	이집트 토착왕조의 마지막 파라오 넥타네보 2세의 치세 종료
기원전 332년	마케도니아의 알렉산드로스 3세, 페르시아로부터 이집트 "해방"
기원전 332-30년	**그리스 지배기**
기원전 30년	프톨레마이오스왕조의 마지막 파라오 클레오파트라 7세 사망
기원전 30-기원후 395년	**로마 지배기**
기원후 394년	필레 신전에 성각문자가 마지막으로 새겨짐
기원후 641년	**아랍 지배기**

I

신화생성적 사고

우주를 대하는 두 가지 태도

신화가 어떻게 창작되었고 어떤 구조로 무엇을 말하려고 하는가를 파악하기 위해서는 신화적 서사를 만들고 그것을 일상생활이나 종교적·주술적 의례에 적용했던 고대인들이 가지고 있었던 신화생성적 사고(mythopoeic thought)를 이해해야 한다. 그렇다면 신화생성적 사고란 무엇인가?

신화생성적 사고를 설명하기 위해서는 어느 정도 단순화의 위험성을 무릅쓸 필요가 있는데, 인간이 주변 세계를 인식하고 해석하는 방법을 크게 두 가지 상반된 사고 체계로 구분해야 하기 때문이다. 이런 이분법에 근거한 서로 다른 사고 체계 중 하나는 현대인의 객관적·논리적 사고방식이고, 다른 하나는 고대인의 주관적·사변적(speculative) 사고방식이다(Frankfort et al., 1977: 3-27).

객관적·논리적 사고방식

우선 현대인의 객관적·논리적 사고방식부터 살펴보자. 현대인은 자신이 주체(subject)가 되어 주변 세계를 객체(object)로서 주도적으로 관찰하려 한다. 다시 말해, 주체는 대상을 파악할 수 있는 능력을 소유한 주도적인 관찰자이고 이 관찰자를 제외한 주변의 모든 존재, 즉 우주·자연계와 사회는 객체가 되어 주체의 관찰 대상이 된다. 이때 주체가 객체를 관찰하는 이유는 주체에게 매우 중요한 주변의 현상과 법칙을 파악하고 이해하여 자신이 처한 여러 가지 문제를 해결하고 지속적인 생존을 보장하기 위해서다. 직면한 문제를 해결하기 위해서는 그에 대한 해답을 찾아야 한다. 따라서 객체에 대한 주체의 주도적인 관찰은 관찰의 대상인 객체와 일정한 거리를 유지한 채 이루어지는데, 이와 같은 적절한 거리는 주체가 객체를 초월하여—다시 말해, 객체 밖에서—그 객체를 비판적이고 객관적으로 관찰하는 것을 가능하게 한다.

또한 이와 같은 비판적·객관적 관찰을 위해서는 관찰 대상을 그 주변의 다른 대상들이나 배경에서 분리시키고, 그 크기를 효율적인 관찰이 가능할 정도로 쪼개야 한다. 따라서 주체의 비판적·객관적 관찰은 관찰 대상을 다른 대상과 배경으로부터 분리한다는 점에서 분절적(articulative)이며, 대상의 크기를 잘게 나눈다는 점에서 분석적(analytic)이다. 이렇게 전체에서 분리한 후 나누고 쪼개어 관찰한, 즉 분석한 대상은 그 결과에 따라 다시 특정 범주에 포함되어야 한다.

문제에 대한 해답을 찾기 위한 이와 같은 관찰은 기본적으로 "어떻게 이런 현상이 발생하게 되었는가?" 하는 발생 원인을 찾는 질문에서 출발하며, 따라서 그에 대한 답은 해당 현상과 유사한 혹은 대치되는 수많은 다양한 현상의 배후에 있는 일관된 법칙으로 귀결된다. 요컨대, 비판적·객관적 관찰을 통해 밝혀지는 것은 현상을 가능하게 하는 특정한 법칙이다. 이처럼 관찰 대상의 본질과 그 배후에 있는 원인을 비판적·객관적 관찰을 통해 단계적으로 탐구하는 활동을 우리는 철학과 과학이라고 부른다. 철학자가 인간이 선천적으로 가지고 있는 논리 능력을 통해 세계에 대한 근본원리나 인간의 본성과 삶의 의미 등을 탐구한다면, 과학자는 관찰과 실험을 통해 자연과 인간 세계에서 작동하는 보편적이고 타당한 법칙을 연구한다.

철학·과학을 통해 밝혀진 보편적인 법칙(universal law) 아래서 관찰의 대상이 되는 현상은 모두 전형적인 사건(typical event)으로 설명된다. 예를 들어, 바람이 부는 이유를 현대인의 객관적·논리적 사고방식으로 바라본다면 두 지점 간의 기압 차이에 의해 기압이 높은 쪽에서 낮은 쪽으로 공기가 이동하는 것이라는 설명이 가능하다. 지구를 비롯한 행성에서 발생하는 모든 바람은 이 보편타당한 법칙을 따르므로 비판적·객관적 관찰자에게 모든 바람은 예외가 존재하지 않는 전형적 사건이다.

이와 같은 전형적 사건은 특정한 과정을 통해 항상 동일한 결과를 달성하는 것을 가능하게 한다. 예를 들어, 동일한 양의 화학물질을 동일한 과정을 통해 처리하거나 합성하면 그 결과는 언제 어디서나 동일해야 한다. 따라서 만일 결과가 동일하지 않다면 그것은 법칙의 문제가 아니라 과정의 문제로 인식된다. 전형적인 사건의 가장 큰 장점은 그것이 예상 가능하며, 이를 통해 해당 사건에 적절히 대비하거나 그 양상이나 과정 등을 변경시키는 것 역시 가능하다는 점이다. 실제로 우리가 누리고 있는 수많은 문명의 이기利器들과 자연의 폭압적인 힘으로부터 인간을 보호하는 수많은 시스템들은 모두 무한한 현상의 배후에 존재하는 보편적인 법칙을 파악하여 이들 현상을 전형적 사건으로 범주화했기 때문에 가능했다.

여기서 주목할 지점은 비판적·객관적 관찰자와 관찰 대상 간의 관계다. 객관적·논리적 사고 체계에서 엄정한 관찰자가 그 어떤 주관적 견해나 감정 없이 일정한 거리를 두고 바라보는 모든 대상은 배후의 원인에 의해 발생한 결과일 뿐이다. 다시 말해, 객체는 스스로의 의지나 활력이 전무한 비인격적 존재로서 분석의 대상에 불과하다. 이것을 한마디로 정의하면 비판적·객관적 관찰자, 즉 현대인과 우주·자연계·사회와의 관계는 '나와 그것의 관계'(I-It Relationship)가 되는 것이다. 예컨대, 태양이 지평선에 떠오르는 일출 현상을 과학적으로 설명하면 다음과 같다.

> 일출 혹은 해돋이는 태양원반의 상단이 지평선 혹은 수평선에 접하는 순간부터 점차 모습을 드러내는 현상을 말한다. 지구는 24시간에 1회 서에서 동으로 자전하기 때문에 지표면에 위치한 관측자의 입장에서는 태양이 동쪽 지평선에서 떠오르는 것처럼 보인다. 황색왜성黃色矮星 계열의 항성인 태양과 지구 간의 거리는 평균 약 1억 4,960만 킬로미터(1AU)이며 이 때문에 지구에서 보이는 태양은 약 8분 19초 전의 태양이다. 아울러 태양원반의 상단이 지평선에 접하여 보이는 순간 지구를 둘러싼 대기의 밀도로 인해 태양 광선은 대기를 통과할 때 굴절되어 보인다. 대한민국 서울을 기준으로 한 일출 시간은 하지 오전 5시 11분, 동지 오전 7시 43분이다. 일출 및 일몰 시간이 계절에 따라 차이를 보이는 이유는 지구의 자전축이 태양에 대하여 23.5도 기울어진 상태에서 지구가 (대한민국이 위치한 위도 37도를 기준으로) 시속 1,337킬로미터(초속 371미터)의 속도로 자전하기 때문인데, 이처럼 기울어진 자전축은 북반구를

중심으로 여름에는 태양과 가까워지고 겨울에는 태양과 멀어지면서 지표면에 태양빛을 받는 각도가 달라지기 때문이다.

주관적·사변적 사고방식

이와 달리 각각의 현상을 신화라는 구조를 통해 설명하기 위해 신화를 생성해 내는 고대인들에게 자신은 우주·자연계·사회와 일정한 거리를 둔 채 관찰에만 전념하는 냉철한 객관적 관찰자가 아니다. 고대인은 자신을 우주·자연계·사회와 분리된 존재가 아니라 그 안에 포함된 부분이라고 생각한다. 이렇게 되면 고대인은 이들을 비판적·논리적 관찰을 통해 파악하는 주도적 관찰자가 아닌 수동적 경험자로서, 우주·자연계·사회의 다양한 현상이 그에게 부과되는 강렬한 인상(impression)이라는 생각을 갖게 된다. 그리고 그러한 인상은 분절적이 아니라 비분절적(inarticulate)이며 분석적이 아니라 전일체적(holistic)이고, 전형적이 아니라 개인적(personal)이며, 독보적인(unique) 현상이 된다.

이와 같이 주관적이고 사변적인 태도에서 받게 되는 인상을 통해 파악할 수 있는 것은 "어떻게 이런 현상이 발생하게 되었는가?"에 집중하는 발생 원인이 아니라 "누가 이런 사건을 발생시키는가?", 즉 현상의 배후에 존재한다고 생각되는 행위자의 의지·의도다. 이 경우 모든 사건은 보편적인 원인에 의해 발생하는 전형적인 사건이 아니라 모두 다른 의지·의도에 의해 유발된 개별적인 사건(individual event)이다. 예를 들어, 고대인에게 바람이 부는 이유는 서로 다른 장소 사이의 기압 차이에 의한 공기의 이동으로 설명되지 않는다. 그가 들판에서 맞이하는 시원한 바람과 그가 바다에 있을 때 몰아닥치는 폭풍은 그에게 완전히 다른 인상으로 다가온다. 시원한 바람의 배후에는 그에게 우호적인 행위자의 의도가, 바다에서의 무시무시한 폭풍에는 그에게 적대적인 행위자의 의도가 각각 숨어 있다. 아울러 고대인은 이런 현상들을 자신의 주도적인 관찰로 파악하는 것이 아니라 특정한 의지를 가진 행위자가 현상을 통해 자신의 모습을 구체적으로 드러내는 것, 즉 현현顯現(epiphany)이라고 해석한다.

그렇다면 객관적·논리적 사고방식에 기반한 냉철한 관찰에 따라 파악된 현상과 주관적·사변적 사고방식에 따라 수동적으로 받아들여진 인상 간의 차이를 보다 구체적으로 살펴보자. 객관적·논리적 사고방식에 따르면 사과가 나무에서 떨어지는 것, 바닷물이 하루에 두 번 해안으로 밀려왔다가 빠지는 것, 해가 매일 아침 동쪽에서 떠오르는 것은 모두 중력의 법칙, 즉 만유인력의 법칙(law of universal gravity)을 통해 설명 가능하다. 사과가 나무에서 떨어지는 것은 사과에 작용한 지구의 중력 때문이고, 밀물과 썰물 현상이 발생하는 것은 지구의 바다에 작용한 공전하는 달의 중력 때문이며, 해가 아침에 떠오르는 것 역시 태양의 중력장 안에 있는 지구가 공전하면서 동시에 자전하기 때문이다.

이처럼 객관적·논리적 사고방식에서는 표면적으로는 아무런 관련이 없는 다양한 현상을 하나의 보편타당한 법칙으로 설명하는 것이 가능하다. 그러나 주관적·사변적 사고방식에서는 이들 사건은 배후에 존재하는 특정 행위자의 의지·의도를 반영하는 개별적 사건들이다. 사과가 나무에서 떨어지는 것은 사과가 어머니 대지의 품으로 돌아가고자 했기 때문이고, 조석 현상이 발생하는 것은 바다의 신이 대지를 연모戀慕하여 달려들었다 돌아갔기 때문이며, 태양이 매일 떠오르는 것은 태양신이 밤이라는 죽음을 극복하고 새롭게 부활한 찬란한 자태로 다시 현현했기 때문이다.

『아텐 대찬가』 2-3열(*Amarna* VI, 17-19)

하늘의 지평선에서 당신께서 나타나심은 완벽하시다.
오 살아 있는 아텐[태양원반]이시여, 생명을 정하시는 분,
당신께서 동쪽 지평선에서 떠오르실 때,
모든 땅을 당신의 완벽함으로 채우신 후에,
당신께서는 아름다우시고 위대하시고 빛나시고,
모든 땅 위에 높이 계시나니.
당신의 광선은 땅들을 아우르니,
당신께서 창조하신 모든 것의 경계에 이르기까지.

당신께서는 태양 안에 계시고 그들의 경계에 이르시니,
당신께서는 사랑하는 아들을 위해 그들을 복속시키시니,
당신께서는 멀리 있으나 당신의 빛은 땅 위에 있으니,
당신께서는 그들의 얼굴에 있음이라.

따라서 고대인과 우주·자연계·사회와의 관계는 냉철한 '나와 그것의 관계'(I-It Relationship)가 아니라 '나와 그대의 관계'(I-Thou Relationship)가 되며 주변의 모든 현상은 우주적 존재들의 의지가 반영된 사건으로 설명된다.[●] 이때 주관적·사변적 사고방식에서 해당 사건을 유발하는 다양한 힘들은 의식과 의지를 가진 인격적 존

재로서 인간과의 상호작용이 가능하다. 여기서 태양이나 폭풍같이 고대인들에게 강렬한 인상을 남기고, 동시에 인간의 삶에 압도적인 영향을 미치는 존재들은 중요한 인격체로 신격화된다. 그리고 신화를 가장 단순한 정의인 '신들이 등장하는 이야기'로 규정한다면 이들과 같은 우주적 존재들의 '활동'은 신화적 서사로 설명된다. 이처럼 주변에서 발생하는 다양한 현상을 신적인 존재가 자신의 의지·의도를 드러내는 사건, 즉 신화로 설명하는 사고 체계가 바로 '신화생성적 사고'다.

● 객관적·논리적 사고방식에 따른 '나와 그것의 관계'가 유발할 수 있는 편향성 혹은 '비대칭성'과 관련하여 다음 지적을 음미해 볼 만하다(슈테펜츠·하베쿠스, 2021: 18-19). "계몽시대 이후 수백 년에 걸쳐 우리가 훈련한 과학자의 관점은 복잡한 세계를 가장 작은 단위들로 분해한다. 결국 원자에 이를 때까지, 심지어 원자도 더 쪼갤 수 있음을 발견할 때까지 말이다. 세계는 조작 가능하게 되고, 한눈에 굽어볼 수 있게 되었다. 숲속이나 사바나 초원을 떠돌던 우리 조상들을 늘 두려움에 떨게 하던 그런 세계는 사라졌다. 그렇게 작은 부분들로 분해하고 원인과 결과를 따지는 접근법은 우리 인류를 크게 발전시켰다. 그리고 그 여파로 우리는 실상을 보지 못하게 되었다. 왜냐하면 숲이란 무엇인지 서술하려면 숲의 나무들만 세는 것으로는 충분하지 않기 때문이다. '과학기술적인 방식으로 세계와 맺는 관계는 침묵 속에서 세계와 관계하는 것이다'라고 사회학자 하르트무트 로자(Hartmut Rosa, 1965년-현재)는 말한다. 어쩌면 지나친 단순화일지도 모른다. 지식은 때때로 우리를 경탄하게 하니까. 그러나 세계를 오로지 지성만으로 파악하고자 하는 사람은 세계의 일부만 받아들이게 될 것이다."

신화적 서사의 특징

신화생성적 사고를 통해 만들어진 신화적 서사는 우주와 인간 사이의 관계를 규정하고 설명한다는 점에서 고대인의 세계관, 즉 (인류의 기원을 포함한) 우주의 기원·우주의 구조·우주적 존재와 인간과의 관계 등을 파악할 수 있는 단서를 제공한다. 고대인의 신화적 서사의 주요 특징을 정리하면 다음과 같다.

객관적 인과관계의 부재

고대인의 주관적·사변적 사고방식에 따라 생성된 신화적 서사에서 개별 사건은 주위 환경과 분리되지 않으며, 모든 조건에 일관되게 적용될 수 있는 하나의 보편타당한 법칙을 규명하는 것을 목표로 하지 않는다. 요컨대, 신화적 서사는 사건의 원인을 규명하는 데 귀납적·연역적 논증을 사용하지 않는다.

설명의 능력(기원 신화)

신화적 서사는 우주적 존재('Thou')의 현현, 즉 이들이 드러낸 의지와 그에 따른 결과를 설명할 수 있어야 한다. 다시 말해, 신화적 서사는 우주의 기원·구조·구성 요소들이 비롯된 근원과 이들이 현재와 같은 구조 혹은 상태에 이르게 된 경위를 설명할 수 있어야 한다. 신화적 서사가 우주적 존재의 현현을 더 이상 설명할 수 없을 때 이들은 전설(legend)·민담(fairy tale) 등으로 격하된다.

구체적 언어와 이미지의 활용

신화적 서사에서 우주적 존재는 물리적 실체가 없는 경우라 할지라도 언제나 우의寓意(allegory), 즉 (이름·호칭 등과 같은) 구체적인 언어와 이미지를 사용한 비유를 통해 우주적 존재들의 현현을 드러낸다. 이때 우의는 고대인이 현현을 겪고 나서 인지한 추상적 사고를 표현하는 방법이다. 요컨대, 신화적 서사는 형이상학적 진지眞知조차 항상 구체적인 이미지와 이야기를 통해 표현한다(Lévi-Strauss, 1962: 25-32).

제의·주문의 근거

모든 현상을 구체적 언어와 이미지로 전환하는 신화생성적 사고에서는 "매일 아침 태양이 떠오르는 이유는 무엇인가?"라는 질문에 대해, "자애로운 창조주-태양신이 하늘을 일주하며 인간을 비롯한 모든 피조물에게 빛과 온기를 제공하기 위해서다"라는 설명이 가능하다. 객관적·논리적 사고방식이든 주관적·사변적 사고방식이든 주변의 현상을 설명하고자 하는 시도를 한다는 점에서 이와 같은 시도는 "동일한 목표에 대한 상이한 시도"로 정의할 수 있다.

이와 같은 시도의 결과로 파악된 배후의 법칙이나 이유는 '지식'(knowledge)이 된다. 객관적·논리적 사고 체계를 통해 도출된 지식은 소유와 활용의 대상이 된다. 앞서 언급한 것처럼 이와 같은 과학적·공학적 지식은 고도의 문명을 건설하는 밑거름이 되었다. 반면, 주관적·사변적 사고방식을 통해 파악된 지식은 선포宣布(proclamation)의 대상이 된다. 고대인들이 신화생성적 사고를 통해 파악한 신화적·주술적 지식은 특정 현상의 배후에 있는 인격적 존재를 선포함으로써 해당 존재와 인간계 간의 관계를 정립하고 우주적 질서의 유지에 (의례적·주술적으로) 기여한다.

예를 들어, 고대인이 주관적·사변적 사고 체계를 통해 매일 아침 일출의 이유를 앞서 언급한 자애로운 창조주-태양신의 활동으로 파악했다면, 즉 우주적 존재의 현현이라고 이해했다면 그는 이렇게 확립된 지식을 신화·찬가(hymn)·주문 등의 형식으로 선포한다. 그 이유는 고대인들의 사고 체계에서 이러한 의례적·주술적 선포가 고대인들의 생존과 번영에 유리한 현상 혹은 질서를 유지할 수 있게 해주고, 동시에 생존과 번영에 불리한 현상을 예방하거나 그 강도를 감소시킬 수 있는 힘을 가지고 있기 때문이다.

우주적 존재의 본질이나 의지를 밝힌 신화적 서사에서 인격적 행위자로 대상화된 자연계의 힘은 인간과 의사소통이 가능한 강력한 존재로 '의인화'되며, 그 결과 인간의 필요에 따라 이렇게 의인화된—다시 말해, 신격화된—존재와 그 존재의 활동에 대한 설명에는 수많은 의미와 메시지가 치환(displacement)·응축(condensation)된 '상징 언어'가 채용된다. 그 이유는 우선 언어가 대상의 본질을 완전히 지시하지 못한다는 근원적 결함 때문이고, 아울러 인간의 능력으로는 인식능력과 지력을 초월하는 존재를 완전히 파악하는 것이 불가능하기 때문이다. 그러나 상징 언어와 이미지를 동원한다 하더라도 이들 언어·이미지는 마치 도넛 모양의 원환면圓環面

(torus)처럼 본질에 최대한 근접한 후에는 다시 반대편으로 미끄러져 나올 수밖에 없다. 이때 본질과 언어·이미지의 원환면 사이의 간극을 메워주는 것이 바로 '형언할 수 없는 신비', 즉 μυστήρια 비의秘儀(mysteria)다. 신격화된 존재의 본질에 대한 선포, 비밀스러운 지식에 대한 연구와 명상, 그리고 인간의 필요에 따라 신적 존재와 인간 간의 관계를 매개하는 "상징적 몸짓"으로 구성된 의례, 이들이 체계적으로 조직되고 기능하면서 신화생성적 사고에 기반한 '종교'가 출현하게 된다.

상징 언어의 작동 원리

앞서 살펴본 것처럼 신화적 서사는 우주적 존재의 권능·속성·원리를 언제나 구체적인 이미지와 이야기를 통해 표현된다. 이때 사용되는 치환·응축된 상징 언어는 은유와 대유를 기본으로 하는데, 은유(metaphor)·대유(synecdoche)와 같은 비유법은 현생인류(호모 사피엔스)의 마음 구조 속에 "유동적 지성"이 작용하기 때문이다(나카자와 신이치, 2005b: 79-93). 유동적 지성이란 현생인류의 뇌가 담당하는 다양한 지능 영역—예컨대, 기본적으로 장착된 일반 지능, 집단생활을 가능하게 해주는 언어와 사회적 지능, 주변 환경의 지형과 동식물 등의 정보를 다루는 박물적 지능, 도구를 만드는 데 사용되는 기술적 지능—이 엄격하게 분화되지 않고 서로 중첩되면서 이와 같은 이질적 영역을 횡단하는 마음의 움직임을 말한다. 이 유동적 지능이 의미 영역을 중첩시키는 비유와 상징을 가능하게 하며, 이런 특별한 작용이 이전의 호미니드(hominid)와 현생인류를 구분하는, 다시 말해 인간을 인간답게 만들어 주는 핵심 요소라 할 수 있다(Mithen, 1999: 168-212).

예를 들어, 현생인류 이전의 호미니드는 '꽃'이라는 대상에 박물적 지능만 활성화시키기 때문에 색깔·향기·모양·크기·식용 여부 등 물리적인 꽃의 특성 이외의 다른 것을 떠올리지 않는다. 그러나 현생인류의 경우에는 서로 중첩된 지능 영역에 유동적 지성이 움직이면서 하나 이상의 의미 영역이 활성화된다. 가령 '늑대'라는 대상을 볼 때, 유동적 지성의 횡단에 의해 박물적 지능뿐만 아니라 사회적 지능 영역도 같이 활성화되어 '늑대'와 관찰자가 떠올린 사회 속의 특정한 대상("사냥꾼")이 중첩되며, 그 결과 "그는 마치 늑대 같다"와 같은 직유 혹은 "그는 한 마리 늑대다"와 같은 은유가 가능해지는 것이다. 이처럼 서로 다른 대상에 대한 언어적 중첩의 하부구조에는 이들 대상이 공유하는 특질이 있는데, 예로 든 '늑대'과 '사냥꾼'의 경우에는 관찰자가 느낀 '예민함'·'용맹함'·'끈기' 등과 같은 속성이 일종의 공통분모로서 이들 둘의 중첩을 매개하는 것이다.● 이처럼 유동적 지성의 흐름은 비유를 통해 (언어의) 축어적逐語的 사용이라는 한계를 넘어서게 함으로써 시와 같은 고도의 상징적이며 함축적인 언어예술을 가능하게 했으며, 동시에 이와 유사한 구조를 가진 종교('신화생성적'이라는 용어의 영어 대응어인 'mythopoeic'을 직역하면 '신화-시적'이라는 사실에 주목하라)와 예술을 탄생시켰다.

유동적 지성의 활동 결과로 현생인류가 보유하게 된 상징 언어는 그 구조가 꿈의 그것과 매우 유사하다. 꿈은 개인이 처한 여

● 여기서 비유의 대상을 '원관념'(tenor)이라고 하고 비유를 위해 사용되는 대상을 '보조관념'(vehicle)이라고 한다. 유사성은 원관념과 보조관념이 공유하는 혹은 공유한다고 생각되는 특질, 즉 '공통분모'를 의미하고 차이점은 이들 사이의 표면적 불일치를 뜻한다. 원관념-보조관념의 유사성 결합을 통해 구현되는 상징적 언어는 그 다의성(多義性)으로 인해 다양한 해석을 가능하게 하는데, 이것 역시 신화가 사용하는 상징적 언어의 또 다른 특징 중 하나라 할 수 있다.

러 상황을 상징 언어로 치환하여 파악하는 무의식이 잠을 자는 동안 의식의 검열을 피해 표면화된 것으로 해석할 수 있고, 그렇다면 무의식의 표현 방식인 꿈은 신화를 기술하는 데 사용되는 상징적 언어와 동일한 구조와 원리로 작동한다고 해도 무리가 없을 것이다. 바로 이런 구조적·기능적 유사성 때문에, "꿈은 개인의 신화이며 신화는 탈개인화된 (인류의) 꿈"이라는 선언이 가능한 것이다 (Campbell, 1972: 19; Jung, 1975: 88; 나카자와 신이치, 2005a: 64-66).●

한 여성 환자의 꿈●●

커다란 백마가, 내가 어디로 가든 뒤를 따라오는 꿈을 꾸었습니

● 이에 대하여 프리드리히 니체(Friedrich Wilhelm Nietzsche, 1844-1900년)는 저서 『인간적인, 너무도 인간적인』(*Menschliches, Allzumenschliches*)에서, "잠을 자는 동안 그리고 꿈을 꾸는 동안 우리는 초기 인류의 전 사유 과정을 통과한다. 꿈은 우리를 인간 문화의 초기 상태로 인정하고, 이들을 보다 잘 이해할 수 있는 방법을 제공한다"라고 기술한 바 있으며, 스위스의 정신분석가이자 분석심리학의 개척자인 카를 구스타프 융(Carl Gustav Jung, 1875-1961년)은 '집단무의식'에서 발생하는 꿈은 무한한 진화과정을 통해 형성된 인간의 집단정신에서 발생하는 생물학적인 것으로서 심층 시간으로부터 인간의 정신에 축적되어 있는, 시공을 초월하여 반복적으로 나타나는 보편적 패턴-메시지인 "원형"(archetype), 요컨대 신화의 구성체인 동시에 무의식에 기원하는 집단적 본성의 형태 혹은 이미지를 제시한다고 보았다. 그러나 꿈과 신화 사이에는 차이점도 존재하는데 꿈의 당사자인 개인은 원형적 의미나 패턴을 인식하지 못하며 이런 패턴에 대해 환희·공포·신비 등과 같은 정서적 반응을 보인다. 반면, 신화는 집단적으로 느끼고 이해하고 참여할 수 있는 구조적 이미지로서 일정한 플롯에 의해 전개되는 서사시와 유사하다(이경재, 2002: 135-139).

●● Clement Wood, *Dreams: Their Meaning and Practical Application* (New York: Greenberg Publisher, 1931), pp. 92-93. 다음 출처에서 재인용. Joseph Campbell, *The Hero with a Thousand Faces*, Bollingen Series XVII (Princeton: Princeton University Press, 1972), p. 8.

> 다. (…) 나는 무서워서 이 말을 밀어버리고 말았습니다. 또 따라오나 싫어 뒤를 돌아다 보았더니, 이 말이 남자로 보이는 게 아니겠어요. 나는 그에게 이발관으로 돌아가 갈기를 깎아 버리라고 했고, 그는 내가 시키는 대로 했습니다. 이발관에서 나온 그는 사람 같았지만 발과 얼굴은 여전히 말이었습니다. 그는 내 뒤를 따라다녔는데, 그가 내 뒤로 바싹 다가섰을 때 나는 꿈에서 깨어났습니다.
>
> 나는 35세, 두 아이가 있는 기혼 여성입니다. 14년 전 결혼했는데 남편은 나에게 충실한 것 같습니다.

이 여성 환자의 심적 상태, 짐작하건대 14년간의 결혼생활에 찾아온 위기감에 따른 불안감을 드러내는 진술은 "남편은 나에게 충실한 것 같습니다"일 것이다. 아마도 이 여성 환자는 남편이 아닌 다른 남성(들)에게 끌리는 감정을 가지게 되었고, 자신이 처한 사회의 통념이나 윤리의식을 위반한 이런 감정에 무의식적으로 저항했을 것이다. 이와 같은 무의식적 저항은 앞서 언급한 것처럼 의식의 검열을 피해 꿈을 통해 표출되었는데 여기서 다른 남성(들)에 대한 감정은 '말', 보다 구체적으로는 '커다란 백마'로 표상된다. 여성 환자의 꿈이 전개되면서 이 말은 이발관에서 변용을 거쳐 사람에 근접한 외모를 가지게 되지만, 그 본질인 성적 본능은 완전히 제거되지 않고 발과 얼굴은 여전히 말의 모습, 다시 말해 동물적 성질, 수성獸性으로 표현된다. 여기서 얼굴과 발이 여전이 말인 남성은 이미지의 응축을 통해 사회적 윤리의식에 반하는 성애적 본능, 사회적 금기에도 불구하고 수시로 찾아오는 통제할 수 없는 이끌림, 그리고 그에 따른 위기감 등 이 여성 환자가 가지고 있는 복잡한 감정을 구체적으로 가시화하는 상징이 된다.

프랑스의 상징주의 화가 오딜롱 르동(Odilon Redon, 본명 Bertrand-Jean Redon, 1840-1916년)의 1905년 작품인 「여성과 켄타우로스의 결투」(Lutte entre Femme et Centaure)에서 전개되는 상황은 앞서 살펴본 여성 환자의 꿈과 매우 유사하다(그림 1-1 참조). 그림 속의 여성은 상반신은 사람이고 하반신은 말인 κένταυρος '켄타우로스'(centaur)에 온몸으로 저항하고 있다. 반인반마 종족인 켄타우로스는 고대 그리스신화에서 일반적으로 호전적이고 음탕한 존재로 묘사되며 인간의 '저열한 본성'을 상징하는 데 자주 사용된다. 또한 오딜롱 르동은 신화적인 모티프를 자유롭게 조합하여 기존의 신화와는 무관한 상징적이고 몽환적인 작품을 많이 남겼다.

앞서 자신의 꿈을 이야기한 여성 환자와 오딜롱 르동이 직간접적으로 만났을 가능성은 극히 희박하다. 따라서 여성 환자의 꿈과 오딜롱 르동의 작품은 각기 독자적으로 생성된 심상이 전자는 언어로, 후자는 조형예술로 표현된 것이라 할 수 있다. 이 두 사례를 통해 다음의 세 가지 사실을 알 수 있다. (1) 인간의 무의식과 그 무의식의 시각적 표현인 꿈은 신화적 서사와 구조적·기능적 유사성을 가진다. (2) 신화적 서사에는 성애적 본능이나 그에 따른 위기감과 같은 복잡한 감정이나 인간의 저열한 본성과 같은 추상적인 개념도 언제나 구체적인 언어와 이미지로 표현된다. (3) 모든 인간과 사회는 의식적·무의식적으로 자신들이 처한 상황을 신화적 서사로 구성할 수 있는 고유한 선천적 능력을 가지고 있다.

특히 신화적 서사에서 추상적인 개념을 구체적 이미지로 표현하는 과정은 언어에서 공통된 속성을 매개로 표면적으로는 아무

[그림 1-1]
「여성과 켄타우로스의 결투」,
오딜롱 르동 1905년 작품

런 연관성이 없는 여러 대상을 치환·응축시키는 은유·대유와 같은 비유법을 활용하는 것과 동일하다. 예를 들어, "자율적 판단에 따라 변화에 유연하게 적응하며 쾌활하고 개방적인 성격"과 이와는 정반대라고 할 수 있는 "지시를 충실히 이행함으로써 현재의 질서를 유지하는 것을 중시하며 심각하고 폐쇄적인 성격"을 구체적인 시각적 이미지로 표현해야 한다면 어떻게 해야 할까? 1991년 디즈니(Disney) 사에서 제작한 애니메이션 「미녀와 야수」(Beauty and the Beast)에서는 이렇게 상이한 성격을 가진 두 인물이 각각 시계의 모습을 한 콕스워스(Cogsworth)와 촛대로 묘사된 루미에르(Lumière)로 등장한다. 여기서 시계는 폐쇄적인 몸체 속에서 한 치의 오차도 없이 정확히 맞물려 작동하는 부품들이 매초 정확한 시각을 지시하는 질서의 구현체로서 일사불란한 업무 수행을 통해 지속되는 질서—여기서는 현상 유지—를 표현한다. 한편으로 두 팔의 역할을 하는 초꽃이가 양옆으로 활짝 벌려진 모습을 한 촛대는 타자를 포용할 수 있는 열린 자세, 즉 변화에 적응할 수 있는 유연성과 개방성을 시각적으로 구체화한다(김용석, 2000: 58-60).

고대 이집트를 비롯한 다양한 고대 문명 역시 「미녀와 야수」에 등장하는 상이한 성격의 두 인물을 묘사한 것과 유사한 방법과 과정을 사용해 선·악, 정의·불의, 조화·불화, 시간·영원, 자애·분노 등과 같은 추상적 개념이 거의 모두 물신物神(fetish), 상징, 신상神像 등과 같은 시각적·조형적 이미지를 통해 표상됐다.● 이렇게 시각화된 형상들, 다시 말해 시각적 비유들은 단순히 관람자의 미적 쾌락을 충족시키기 위해 재현된 이미지가 아니라, 구체화하고자 하는 대상의 본질 혹은 현현을 마주한 사람들이 그것을 감각적으로 인지할 수 있도록 하기 위해 형상화한 것이다. 그리고 이와 같은 형상화는 표현의 대상이 되는 원관념의 상징인 동시에 특정 환경 혹은 문맥에 맞는 주술적 기능을 수행한다. 요컨대, 고대 이집트의 모든 시각적 기호는 감상의 대상이 아니라 해석의 대상이며, 심미적 측면만큼 혹은 그 이상 기능적 측면이 중시된다(Robins, 2000: 12-29).

은유·대유의 원리는 품사를 적절히 활용(conjugation)하고 연결시켜 문장을 생성하는 문법 규칙을 통해 설명 가능하다(조이한·진중권, 1999: 214-254; 나카자와 신이치, 2005a: 64-66). 각 품사를 적절한 형태

● 물신이란 초자연적인 힘이 깃들어 있다고 간주되었던 인공적 물건으로서 원시종교에서는 숭배의 대상이었다. 물신 대신 서물(庶物)·주물(呪物)과 같은 용어가 사용되는 경우도 있다.

로 활용하여 특정 문장의 성분으로 만든 뒤 이들을 정해진 문법 규칙에 따라 결합하는 것을 연사라고 한다. 문법 규칙에 따라 생성된 유사한 구조의 문장을 예로 들면 다음과 같다.

[표 1-1] 문법 규칙에 따라 생성된 유사 구조 문장

<table>
<tr><td rowspan="6">범렬축·선택축
(↓)
= 유사 연상
(잠재성)</td><td colspan="3">연사축·결합축(→) = 인접 연상(현실성)</td></tr>
<tr><td>일출은</td><td>새로운 하루의 주기를</td><td>구현한다.</td></tr>
<tr><td>케프리는</td><td>새로운 태양의 주기를</td><td>상징한다.</td></tr>
<tr><td>젖먹이는</td><td>새로운 인생의 주기를</td><td>체현한다.</td></tr>
<tr><td>봄은</td><td>새로운 계절의 주기를</td><td>시작한다.</td></tr>
<tr><td>…</td><td>…</td><td>…</td></tr>
</table>

여기서 문장성분들이 문법 법칙에 따라 결합하여 문장이 생성되는 가로축을 연사축連詞軸(syntagmatic axis)이라고 한다. 연사축·결합축은 '인접 연상'에 따라 문장을 구성할 수 있는 의미상 가까운 낱말들(예: 일출-새롭다-하루-구현하다)이 연결되어 하나의 문장을 성립하며 이들 낱말은 모두 실제로 문장 속에서 구현된다(현실성). 반면, 일출과 유사한 속성을 공통분모로(주기의 첫 단계) 묶일 수 있는 낱말들(유사 연상, 예: 주어의 자리에 올 수 있는 일출-케프리-젖먹이-봄)이 '유사 연상'에 따라 범주를 이루는 세로축을 범렬축凡列軸(paradigmatic axis)이라고 하는데, 범렬축·선택축의 낱말들은 문장이 구성될 때 하나의 어휘가 선택되면 나머지는 잠재적인 상태로 남을 수밖에 없다(잠재성).

이때 범렬축·선택축에서 하나의 의미 범주를 이루는 어휘를

연사축·결합축으로 끌어와 문장으로 결합시킬 때 은유·대유와 같은 비유가 발생한다. 예컨대, 세로축인 범렬축·선택축에서 젖먹이와 봄을 가로축인 연사축·결합축 위에서 결합시키면 "젖먹이는 봄이다"라는 은유가 발생한다. 이처럼 범렬축·선택축에서 모종의 유사성으로 범주를 이루는 어휘들을 연사축·결합축에서 결합함으로써 구현되는 은유·대유와 같은 비유는 상징 언어가 복잡다단한 구조를 이루는 시와 같은 운문에서 집중적으로 사용되는데, 이태극李泰極(1913-2003년)의 시 「삼월은」은 앞서 언급한 "젖먹이는 봄이다" 혹은 "봄은 젖먹이다"와 같은 비유(은유)가 실제로 사용된 예라 할 수 있다.

> 진달래 망울 부퍼 / 발돋움 서성이고
> 쌓이던 눈은 슬어 / 토끼도 잠든 산속
> 3월은 어머님 품으로 / 다사로움 더 겨워—
> 멀리 흰 산 이마 / 문득 다금 언젤런고
> 구렁에 물 소리가 / 몸에 감겨 스며드는
> 3월은 젖먹이로세 / 재롱만이 더 늘어—
> – 이태극, 「삼월은」

여기서 봄의 첫 번째 달인 "3월"은 처음에는 "어머님 품"으로, 아래에서는 "젖먹이"로 각각 표현되는데, 앞에서는 "3월"이라는 원관념이 '포근함', '따스함'을 공통분모로 하는 "어머님 품"으로, 뒤에서는 '시작', '새로움', '미숙함'을 공통분모로 하는 "젖먹이"로 각각 표상되었다는 것을 알 수 있다. 치환·응축을 통한 은유·대유와 같은 비유는 상징 언어뿐만 아니라 무의식, 즉 꿈이 사용하는 이미지나 고대와 현대의 종교적 상징 이미지에서도 찾아볼 수 있다.●

신왕국 시대(기원전 1550-1068년) 파라오의 왕묘에 그려진 일출의 도상에서는(그림 1-2 참조) 태양이 지평선 위로 떠오르는 것을 (1) [추동推動] 대지의 여신이 태양원반을 지평선 밖으로 밀어내는 것, (2) [탄생] 하늘의 여신이 어린 태양신을 출산하는 것, (3) [변신] 태양신이 자신의 모습을 아침의 태양에 해당하는 신성갑충 '케프리'(Khepri)로 변신하여 지평선 위로 모습을 드러내는 것 등으로 표상했다. 이들은 원래 하나의 도상이 채택되면 다른 도상들은 잠재적 위치에 머물러야 하는 동일한 범주, 즉 [태양원반-어린 태양신-신성갑충]일출 범주에 속하며 따라서 범렬축·선택축 상에 놓인다. 그런데 아래 그림에서는 이들을 모두 연사축·결합축으로 현실화하려는 시도, 다시 말해 범렬축·선택축 전체가 그대로 묘사된 것을 볼 수 있다. 여기서 이와 같은 도상이 전하고자 하는 메시지는 다음과 같다. "대지의 여신이 지평선 밖으로 밀어낸 태양원반은 하늘의 여신이 출산한 어린 태양신이면서 동시에 태양신의 아침 모습인 '케프리'다."

● 문법 규칙에서의 연사와 범렬은 실어증에서는 인접장애와 유사장애로, 주술에서는 감염주술과 동종주술로, 정신분석학에는 응축과 치환으로 각각 대응될 수 있다(진중권, 1994: 485-507).

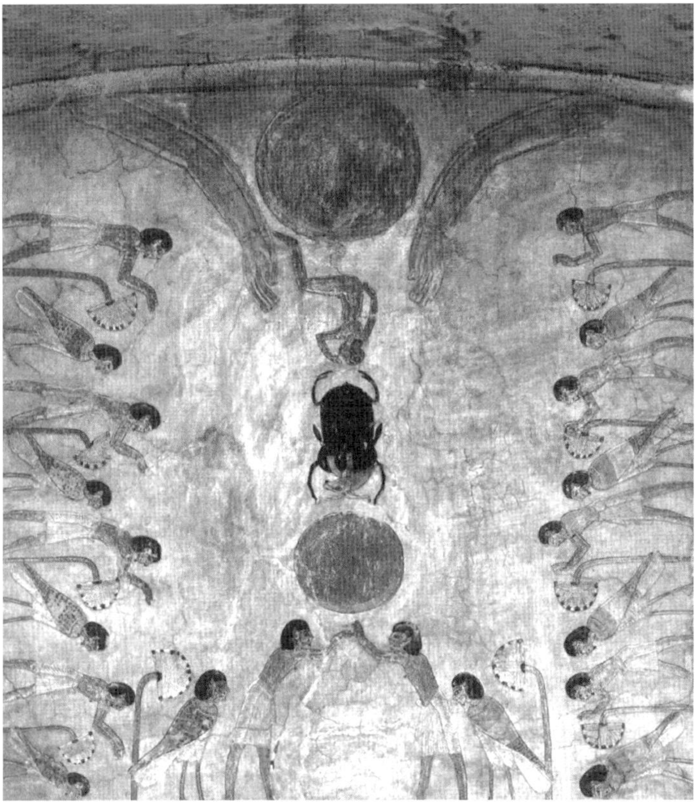

[그림 1-2] 타웨세레트와 세트나크트의 왕묘 현실 부조

신왕국 시대 제19왕조의 마지막 파라오인 타웨세레트(Tausret, 기원전 1188-1186년) 여왕의 분묘(KV14) 현실(burial chamber) 내벽에 새겨진 『동굴의 서』(Book of Caverns) 장면. 『동굴의 서』는 신왕국 시대에 등장한 지하 세계에 관한 장례 문서 중 하나이다(「이집트 신화의 출처 ①: 장례 문서」 참조). 둥근 천정 바로 아래에는 대지의 여신이 태양을 지평선 위로 밀어내는 모습이 그려져 있고 그 아래 어린아이, 신성갑충(케프리), 태양원반이 차례로 그려져 있다. 양옆에는 인간들과 인간의 혼인 바(ba)들이 떠오르는 태양신을 향해 경배드리고 있는 모습이 묘사되어 있다. 제20왕조의 첫 번째 왕인 세트나크트(Sethnakht, 기원전 1186-1069년)는 이후 이 왕묘를 개조하여 자신의 분묘로 사용했다.

결론과 요약
: 신화 서사는 상징적 형태의 철학

신화생성적 사고 체계, 즉 주관적·사변적 사고방식에서 당사자 주변의 사태는 배경과 분리되어 논리적이고 비판적인 방식으로 분석되는 대신, 해당 사태를 통해 현현한 존재의 의도를 총체적으로 파악하려는 시도를 통해 해석된다. 따라서 개별적이고 독보적인 각각의 사태 배후에 있는 존재는 인간과의 교류와 의사소통이 가능한 인격적 행위자다. 이처럼 우주를 구성하는 당사자와 주변의 모든 자연현상을 '나와 그대의 관계'로 상정하는 물활론物活論적(animistic) 사고방식은 인간에게 강렬한 인상과 압도적인 영향력을 미치는 자연의 여러 존재화 현상, 그리고 그것을 유발하는 힘을 신화적으로 기술한다.

신화생성적 사고 체계를 통해 생성되는 신화적 서사는 무의식의 표출인 꿈과 마찬가지로 치환·응축된 상징 언어, 즉 은유·대유와 같은 비유에 기반하여 대상과 현상을 표현한다. 또한 이와 같은 표현 방식은 조형예술에서는 상징적 도상과 이미지로, 인간의 인식능력을 초월하는 우주적 행위자와의 교류와 의사소통을 위한 의례에서는 상징적 행위(제스처)를 통해 구현된다.

전제와 그에 따른 논증에 기반한 객관적·논리적 사고 체계의 대척점에서 주변의 현상을 설명하고 해석한다는 점에서 신화생성적 사고 체계와 그 결과 생성되는 신화 서사는 그 자체로 상징적 형태의 철학이라 할 수 있다(Cassirer, 1953: 9).

더 들어가기 1

'논리 이전'의 대증적 문명 vs. 논증적 문명

신화 서사를 상징적 형태의 철학으로 보는 관점에서는 객관적·논리적 사고 체계가 우주와 인간을 탐구하는 데 본격적으로 사용되기 시작한 고대 그리스 이전의 문명을 '논리 이전'(pre-logic)의 문명으로 칭한다. 그렇다면 이 '논리 이전'의 문명과 '논리 이후'의 문명 사이에는 어떤 차이가 있을까?

우선, 태양신의 상징적 속성을 열거한 범렬축·선택축상의 [태양원반-어린 태양신-신성갑충](일출) 범주에 따르면, 아침의 태양신은 대지의 여신이 밀어낸 태양원반, 하늘의 여신이 출산한 어린 태양신, 태양신이 스스로를 변신한 모습 가운데 하나인 신성갑충 중 하나다. 그렇다면 무엇이 태양신의 진짜 본질인가? 이 문제를 전통적 형식논리학의 기본 원리인 (1) 동일률(同一律, law of identity) (2) 모순율(矛盾律, law of contradiction) (3) 배중률(排中律, law of excluded middle)을 통해 살펴보자.

- **동일률**: 모든 대상은 그 자체와 같다[A=A]는 긍정 판단이다. 다시 말해, "태양은 태양이다"라는 명제를 참으로 보는 논리적 판단이다.
- **모순율**: 어떤 대상이 그것인 동시에 그것이 아닐 수는 없다[~(p·~p)]는 부정 판단이다. 요컨대, "태양은 태양인 동시에 달이다"라는 명제는 참이 될 수 없으며, 이 명제가 참이 되려면 "태양은 태양인 동시에 달이 아니다"가 되어야 한다.
- **배중률**: 모든 명제는 참이거나 거짓이며 이들 사이의 중간은 없다[pVp]

라는 추론의 원리이다. 이 원리에 따르면 "태양은 태양이거나 또는 태양이 아니다"는 참이 될 수 없다.

이와 같은 형식논리학의 원리에 따르면 "아침의 태양은 대지의 여신이 밀어낸 태양원반이다"라는 명제가 참일 때, "아침의 태양은 하늘의 여신이 출산한 어린 태양신이다"라는 명제와 "아침의 태양은 태양신이 스스로를 변신한 모습 중 하나인 신성갑충이다"라는 논리는 참이 될 수 없다. 그러나 앞서 살펴본 고대 이집트 왕묘의 벽화와 마찬가지로 고대 이집트의 신화와 도상은 서로 모순되는 명제들이 모두 동시에 동일한 진릿값(truth value)을 가지고 있는 것으로 취급된다. 다시 말해, 하나 이상의 진릿값을 인정하는 양가성(兩價性, ambivalence) 혹은 '모순의 병존'이 가능한 것이다. 이와 같은 현상은 고대 이집트인들이 신의 속성을 파악할 때 형식논리학의 원리를 따르지 않았다는 것을 의미한다. 요컨대, 그들은 신의 속성이 단 하나의 논리적 명제로 한정되지 않는다고 보았으며 오히려 현대인의 눈에는 모순으로 보이는 명제, 즉 속성 혹은 본질이 많으면 많을수록 좋다고 생각했다. 다시 말해, 이집트인들은 양가성을 넘어 다가성(多價性, multivalence)을 추구했던 것이다.

이와 같은 현상은 찬가 혹은 『멤피스 창세신화』(Memphite Cosmology)와 같은 일부 종교 해석적 문헌을 제외하면 신들의 속성을 일관되고 논리적으로 설명하는 '신학'이 존재하지 않았다는 사실로 인해 더욱 심화·확대되는 경향을 보였다. 그리고 이처럼 정확한 도식과 범주를 사용한 분석이 불가능한, 일견 복잡하고 일관성 없는 고대 이집트인들의 설명은 이집트의 만신전(萬神殿, pantheon)을 체계적이고 명시적으로 분류하고자 했던 현대의 이집트학자들을 끊임없이 좌절시켰다. 동일한 맥락에서, 한 명의 신이 여러 호칭(epithet), 즉 속성을 언급한 간단한 언명을 가지거나, 또 신들이 동일한 호칭을 서로 공유하는 것, 그리고 신들이 다른 신들의 속성을 서로 흡수하여 신들 간의 영역과 권능이 고대 그리스의 신들만큼 분명하게 구획되지 못하는 것 역시 앞서 살펴본 것과 같은 신과 우주의 속성에 접근하는 데에서 고대 이집트인들이 취했던 '비논리적' 혹은 '사변적' 사고방식과 무관하지 않다.

고대 이집트와 같이 논리 이전의 주관적·사변적 세계관에 기반한 문명을 편의상 '대증적(對症的) 문명'으로 규정해 보자. 그렇다면 대증적 문명의 특징은 무엇일까? 이것을 파악하기 위해서는 대증적 문명 속에서 살아온 고대인들이 특정 상황에 어떻게 대처했는지를 살펴볼 필요가 있다.

- **이집드 지혜문힉—『프타호텝의 교훈서』**(Instructlon of Ptahotep), **20번 교훈**, 10. 8-11

  "만일 그대가 뛰어나다면 가정을 이루라. 집 안에서 그대의 아내를 사랑하라. 그녀의 배를 채우고 그녀의 등을 따뜻이 입히라. 기름이 그녀의 육체에 약이 되리라. 그대가 살아 있는 한 그녀를 행복하게 하라."

- **이집트 의학 파피루스—『에드윈 스미스 외과 파피루스』**(Edwin Smith Surgical Papyrus), **증례 2번**, I. 12-14

  "만일 그대가 머리에 뼈까지 보일 정도로 갈라진 상처를 입은 사람을 진단한다면, 그대의 손을 그 위에 얹고 상처의 맥박을 재라."

- **메소포타미아의 법전—바빌로니아 『함무라비 법전』**(Codex Hammurabi), **제205조**

  "만일 사람[자유인]의 노예가 어떤 사람의 뺨을 쳤다면 그의 귀가 잘릴 것이다."

그렇다면 여기서 무엇이 문제일까? 신화생성적 사고 체계에서 모든 사건이 개별적이고 독보적인 사건인 것처럼 위의 문헌들이 다루고 있는 개별 상황들 — 즉, (1) [지혜문학] "누군가가 뛰어난 역량을 가지고 있다면" (2) [의학 파피루스] "환자가 두피 내부의 뼈가 보일 정도로 갈라진 상처를 입었다면" (3) [법전] "자유인의 노예가 다른 자유인의 뺨을 때렸다면"— 에 대한 해결책은 해당 상황에 국한된 대증적 처방들이다. 보다 구체적으로, 고대 이집트와 메소포타미아의 지혜문학·의학 파피루스·법전의 경우 해당 문서의 서두에 그 문서에 사용되는 용어나 개념, 그리고 결론의 근거가 될 논지 전개의 근거, 즉 전제(前提, premise) 등이 제시되지 않는다. 이번에는 『린드 수학 파피루스』(Rhind Mathematical Papyrus) 50번 문제의 제목을 살펴보자. “지름이 9케트인 원의 면적 구하기.”● 이 제목 뒤에는 원의 면적을 구할 때 사용되는 계산법과 계산의 각 단계가 곧바로 이어진다. 여기서 주목할 점은 고대 이집트와 메소포타미아의 다른 문서와 마찬가지로 『린드 수학 파피루스』의 앞부분에도 점·선·면·도형 등 기하학의 기본적인 요소들 — 50번 문제의 경우에는 원(“평면 위의 일정한 점에서 같은 거리에 있는 점들의 집합”) — 에 대한 개념 혹은 정의가 제시되지 않는다는 사실이다. 그렇다면 대증적 문명 이후 등장한 “논증적(論證的) 문명” 시대에 활약한 수학자 에우클레이데스(Εὐκλείδης, 기원전 300년경)의 『원론』(Στοιχεῖα)의 서두에는 무엇이 등장하는지 들여다보자.

• 에우클레이데스의 공리(公理, axiom)

1. 임의의 점과 다른 한 점을 연결하는 직선은 단 하나뿐이다.
2. 임의의 선분은 양끝으로 얼마든지 연장할 수 있다.
3. 임의의 점을 중심으로 하고 임의의 길이를 반지름으로 하는 원을 그릴 수 있다.
4. 직각은 모두 서로 같다.
5. 두 직선이 한 직선과 만날 때, 같은 쪽에 있는 내각의 합이 2직각(180도)보다 작으면 두 직선을 연장할 때 2직각보다 작은 내각을 이루는 쪽에서 만난다.

『원론』의 제1권에는 앞으로 이어질 기하학적 내용을 이해하는 데 핵심적인 정의와 공준(公準, postulate)·공리 등이 체계적으로 설명되어 있다. 그리고 여기서 제시된 공준·공리에서 에우클레이데스는 수학적 정리(定理, theorem)를 이끌어 낸다. 다시 말해, 공준·공리는 정리를 확립하는 데 전제가 되는데, 이처럼 어떤 상황에 대한 설명 혹은 해법을 제시할 때 논리적

● 제목에 등장하는 “케트”(khet)는 고대 이집트인들이 사용했던 길이의 단위 중 하나다. 1케트는 약 52.5미터다.

판단의 가장 기본적인 근거가 되는 전제를 제시하는 것은 '논증적 문명'의 가장 기본적인 특징이다. 다시 한번 고대 바빌로니아의 『함무라비 법전』으로 돌아가보자. 법전의 서문에는 함무라비가 신의 인정과 축복 아래 영토를 확장하고 정의를 확립한 왕이라는 내용이 서술되어 있을 뿐 왕정의 기본적인 전제는 무엇인지, '사람', '자유인'과 '노예' 등과 같이 법전에서 (빈번하게) 사용되는 용어는 어떻게 정의되는지는 전혀 언급되지 않는다.

종합하면, 주관적·사변적으로 우주를 파악하는 신화생성적 사고가 지배적인 '대증적 문명'은 어떤 현상이나 사태를 설명하거나 해법을 제시할 때 필요한 판단의 근거가 되는 전제를 상정하지 않는다. '대증적 문명'에서 사건은 배경 혹은 원인에서 완전히 분리되지 않는 개별적 성격을 가지며 그에 대한 판단 역시 대증적, 다시 말해 근본적이지 않은 일차적 판단이 주류를 이룬다.

이에 반해 '논증적 문명'은 마치 건물의 초석처럼 모든 현상이나 사태에 대한 설명이나 해법을 제시할 때 그에 따른 접근 방식의 기본적 전거(典據), 즉 대전제를 수립하는 것에서 출발한다. 이때 대전제로부터 파생된 소전제들은 대전제를 위반할 수 없으며, 대전제는 (마치 유일신교의 유일신-창조주처럼) 모든 판단과 결론의 가장 원초적인 근거가 된다. 따라서 대전제가 다르면 이후 그에 따른 모든 판단과 결론 역시 달라질 수밖에 없다. 법체계를 예로 들어 보면, 모든 법에 우선하는 최상위 기본법인 헌법이 대전제가 될 것이다.

대전제 1—『대일본제국 헌법』(1889년 2월 11일 공표)

짐(朕)은 국가의 융창(隆昌)과 신민(臣民)의 경복(慶福)으로 마음의 기쁨을 삼으며, 짐의 선조로부터 내려 받은 대권에 의하여 현재와 장래의 신민에 대하여, 이 불마(不磨)의 대전(大典)을 선포하노라.

제1조. 대일본제국은 만세일계(萬世一系)의 천황이 다스리는 전제군주제국이다.
제2조. 황위(皇位)는 황실전범이 전하는 바에 따라 남자 황손이 이를 계승한다.
제3조. 천황은 신성하며 불가침하다.

제4조. 천황은 국가의 원수로 통치권을 총괄하며 본 헌법의 규정에 따라 이를 행한다.
제5조. 천황은 제국의회의 협찬을 바탕으로 입법권을 행사할 수 있다.
제6조. 천황은 법률을 재가하며 그 공포와 집행을 명할 수 있다.

대전제 2 — 『대한민국 헌법』(헌법 10호: 1987년 10월 29일 전부 개정)

제1조. 대한민국은 민주공화국이다.
제2조. 대한민국의 주권은 국민에게 있고, 모든 권력은 국민으로부터 나온다. (…)
제10조. 모든 국민은 인간으로서의 존엄과 가치를 가지며, 행복을 추구할 권리를 가진다. 국가는 개인이 가지는 불가침의 기본적 인권을 확인하고 이를 보장할 의무를 진다.

대전제 1 — 『대일본제국 헌법』에서 불가침, 즉 침범할 수 없는 것은 '천황'이다. 그러나 대전제 2 — 『대한민국 헌법』에서 침범할 수 없는 것은 '기본적 인권'이다. 이와 같은 대전제의 차이가 '신민'과 '국민'의 지위와 권리, 그리고 국가 구성원에 대한 정부의 태도와 정책 등에서 얼마나 큰 차이를 초래했는지는 굳이 과거의 고단하고 굴절된 역사적 실례를 들지 않아도 충분히 실감할 수 있을 것이다.

결론적으로, '논증적 문명'은 모든 면에서 이후 논리적 전개를 가능하게 하는 (대)전제를 상정하고 수립하는 것에서 시작하는 반면, '대증적 문명'은 각각의 사태에 대한 무수한 실증적 대응을 제시한다고 할 수 있다. 요컨대, '논증적 문명'이 굳건한 토대가 갖추어진 일극적(一極的) 피라미드형이라면, '대증적 문명'은 (마치 교리가 없는 다신교 체제와 같이) 수많은 접점(node)으로 연결된 관계망이 서로가 서로에게 영향을 미치면서 끊임없이 변모해 가는 다극적(多極的) 구조의 순열(順列, permutation) 혹은 장(場, field)이라 할 수 있다.

II

고대 이집트 신화의
형식과 구조

이집트 신화의 형식

대개 신화라고 하면 신들끼리, 혹은 신과 인간, 동물이 서로 협력하고 갈등하면서 전개되는 이야기라는 이미지가 떠오른다. 실제로 고대 그리스신화는 신들과 반신반인(demigod), 그리고 영웅들의 이야기가 기승전결을 갖춘 완결된 서사구조 속에서 흥미진진하게 전개되는데, 이 때문에 이들 신화는 오늘날에 이르기까지 판타지 소설과 영화, 게임 등 다양한 대중문화에서 채택·변용되어 인기를 누리고 있다. 고대 이집트와 시기적·지리적으로 근접한 메소포타미아 문명에서도 바빌로니아의 창세 서사시인 『에누마 엘리쉬』(Enūma Elîš)와 고대 중근동 전체가 공유했던 영웅 서사인 『길가메시 서사시』(Epic of Gilgamesh) 등과 같은 신화 서사가 존재한다.[•] 그러나 고대 이집트의 경우, 고왕국 시대와 중왕국 시대에는 완결된 서사구조를 가진 이야기가 독립적인 작품으로 창작되지 않았으며,

---

• 길가메시 서사시의 원형이 되는 이야기들은 기원전 2700년경부터 발견되며, 기원전 1200년경 수메르와 바빌로니아의 판본 등을 정리한 「표준 바빌로니아 판본」(Standard Babylonian Version)이 집대성되었으며, 기원전 7세기의 구마사제 신-레케-우닌니(Sin-leqe-uninni)에 의해 12개의 토판(土版)으로 정리되었다(배철현, 2002: 59-92).

신왕국 시대에 이르러서야 비로소 「오시리스 신화」(Osirian Cycle) 가운데 왕위를 찬탈한 세트(Seth)와 적법한 왕위 계승자인 호루스(Horus)가 이집트 왕권을 두고 다투는 에피소드를 집대성한 『호루스와 세트의 대결』(Contendings of Horus and Seth) 정도만이 텍스트로 정리되었다. 그렇다고 해서 고왕국·중왕국 시대에 창세신화를 비롯한 다양한 신화가 존재하지 않았던 것은 아니다. 다만 이들이 (적어도 문헌상으로는) 하나의 이야기, 즉 앞서 언급한 기승전결을 갖춘 완결된 서사구조로 정리되지 않았다는 것이다. 그렇다면 신왕국 시대 이전에 텍스트로 기록된 신화는 어떤 모습이었을까?

> **『피라미드 텍스트』 532번 주문**(PT 1255c–1256b)
> 이시스가 왔도다. 네프티스가 왔도다.
> 그들 중 하나는 서쪽에서, 그들 중 (다른) 하나는 동쪽에서
> 그들 중 하나는 날카롭게 우는 새로서, (…) 그들 중 (다른) 하나는 솔개로서
> 그들이 오시리스를 찾은 후에, 그의 동생 세트가 그를 네디트로 던진 후에●

이 텍스트는 죽은 왕이 내세에서 부활하여 영생을 누리는 것을 돕기 위해 장례 의례가 진행되는 동안 낭송되었던 주문이다. 이

● 여기서 "네디트"(Nedit)는 동사 '던지다'에서 파생된 지명으로 '(오시리스의 시신이) 던져진 곳', 즉 '(오시리스의 시신이) 유기된 곳'을 의미한다. 이 역시 주문과 찬가에서 자주 찾아볼 수 있는 발음의 유사성을 활용한 언어유희 중 하나다. 네디트는 가상의 장소로 역사상 실재했던 지명이 아니다.

와 같은 주문은 제5왕조의 마지막 왕인 우나스(Unas, 기원전 2375-2345년)를 위해 건설된 피라미드 내부의 현실玄室/묘실墓室(burial chamber)과 전실前室(antechamber) 벽에 처음으로 새겨지기 시작했는데, 그 출처가 피라미드 내부라는 이유에서 이들 주문을 『피라미드 텍스트』(Pyramid Texts)라고 부른다. 532번 주문은 「오시리스 신화」에서 세트가 오시리스(Osiris)를 살해한 후 시신을 내던지자 오시리스의 아내인 이시스(Isis)와 자매인 네프티스(Nephthys)가 유기된 오시리스의 시신을 수습하는 모티프를 바탕으로 하고 있는데, 왕과 오시리스를 동일시함으로써 왕[페피 1세(Pepy I, 기원전 2321-2287년)]의 시신 역시 오시리스처럼 수습되어 영원히 부패하지 않는 상태로 영생을 누릴 수 있으리라는 염원이 반영된 것이다.

주문을 창작하거나 실제로 활용하는 당사자의 입장에서 정말로 중요한 것은 신화에서 일어난 사건, 즉 '신화적 선례'(mythological precedence)를 이용하여 주문의 목적을 달성하는 것이지 인용된 신화를 상세하게 기술하거나 설명하는 것이 아니었다. 요컨대, 주문과 관련된 신화는 주문을 작성한 사람도, 그리고 주문을 낭송하는 사람도 이미 잘 알고 있다는 전제하에 주문이 작성되었다고 할 수 있다. 그러므로 이런 주문에서 신화는 신화 서사를 구성하는 최소 단위인 '신화소'神話素(mytheme) 이상의 수준으로 표출되지 않는다.●

● 신화소 개념을 제시하고 보편화시킨 사람은 구조주의(structuralism)와 문화상대주의(cultural relativism)를 제창한 프랑스의 인류학자 클로드 레비스트로스(Claude Lévi-Strauss, 1908-2009년)다. 그는 의미를 구별하는 음운론상의 최소 단위인 음소(音素, phoneme), 의미를 가진 언어의 최소 단위인 형태소(形態素, morpheme) 등을 사용하는 구조주의 언어학의 영향을 받아 신화 서사를 구성하

문제는 우리가 이집트 신화를 재구성할 때 의존해야 하는 원전 자료 중 대다수가 이와 같은 주문이라는 사실이다. 장례 주문과 마찬가지로 재구성에 참조되는 또 다른 자료는 찬가다. 그렇다면 이집트 신화 서사의 보고寶庫라 할 수 있는 주문과 찬가는 어떤 성격과 특징, 그리고 구조와 용도를 가지고 있었는지, 아울러 어떤 변천 과정을 거쳤는지를 좀 더 자세히 살펴보도록 하자.

는 최소 단위를 신화소로 개념화했다.

이집트 신화의 출처 ①
: 장례 문서

『피라미드 텍스트』와 같이 망자의 영생과 부활을 위한 주문을 모아 놓은 문서를 장례 문서라고 하는데, 이는 이집트 문학작품 중 가장 방대하게 보존된 장르다. 장례 문서가 이렇게 잘 보존된 이유는 종교가 이집트인의 생활 전반에 걸쳐 막대한 영향력을 행사했기 때문이기도 하지만, 주로 파피루스나 석편石片(오스트라콘)과 같이 내구성이 떨어지는 기록매체에 쓰인 행정 문서와는 달리 상당수가 신전·분묘의 벽면, 오벨리스크[方尖塔](obelisk)·석비 같은 내구성 높은 석조 구조물의 표면에 성각문자聖刻文字(hieroglyphs)의 형태로 새겨졌기 때문이다. 또한 장례 문서가 쉽게 파손될 수 있는 파피루스나 목재 표면에 기록되는 경우에도 이들 문서들은 중요한 부장품 중 하나로 정성스럽게 매장되었기 때문에 다른 성격의 문서들보다 보존될 확률이 높았다.

고대 이집트의 종교 문서는 크게 망자를 위한 주문으로 구성된 장례 문서(funerary text)와, 찬가와 기도로 이루어진 봉헌 문서(devotional text)로 나뉜다. 그중에서 특히 문명의 초창기부터 작성되기 시작한 다양한 종류의 장례 문서는 망자의 혼이 죽은 뒤에도 소멸하지 않고 부활하는 것을 돕는 한편, 내세 여행에서 망자의 안전을 기원하고, 망자가 신들 앞에서 심판을 마치고 무사히 명계冥界의 일원으로 통합되는 데 필요한 각종 주문으로 구성되어 있다.

『피라미드 텍스트』

앞서 살펴본 것과 같이 장례 문서의 시초는 고왕국 시대의 『피라미드 텍스트』다. 세계에서 가장 오래된 종교 문서로도 알려진 『피라미드 텍스트』는 의례, 주술과 관련된 문서들로 구성되어 있다. 제5왕조의 마지막 파라오 우나스 왕부터 파라오들의 피라미드 내부(현실과 전실, 복도)에 최초로 새겨지기 시작했으며, 제6왕조(기원전 2345-2181년)가 끝날 때까지 모든 왕의 피라미드 내부에 새겨졌다. 후대의 종교 문서와 달리 『피라미드 텍스트』는 그 형식이 엄격하게 정해진 전례서典禮書가 아니라 왕의 부활과 영생을 돕는 주문(spell 혹은 utterance)이었기 때문에 — 따라서 주문 대부분은 '언명'(recitation)이라고 하는 일종의 표제로 시작한다 — 왕마다 모든 주문을 모아놓은 실제 혹은 가상의 저본底本(레퍼토리)에서 자신이 원하는 주문을 취사선택할 수 있었는데, 이처럼 왕들이 개인적으로 취사선택한 텍스트는 내용과 길이에서 다양한 차이를 보인다. 지금까지 약 1,000개 정도의 주문이 알려져 있으며, 그 길이는 짧게는 몇 단어에서 길게는 수 페이지에 달한다. 상당히 많은 주문이 지금까지 채집되었지만 대개 봉헌(offering)·봉헌 의례(offering ritual)·부활 의례(resurrection ritual) 등과 관련된 내용이 대다수를 차지한다.

우선, 봉헌과 관련한 주문은 각 봉헌물이 바쳐질 때 암송되었다. 이때 봉헌물을 받는 망자는 명계의 왕인  "오시리스"라고 불렸으며, 주문의 말미에 등장하는 봉헌물은 이집트 신화에서 치

유와 회복의 권능이 있는  “호루스의 눈”(Eye of Horus)으로 불렸다. 이들 봉헌 주문들은 다른 주문에 비해 길이가 짧으며 봉헌물의 이름을 이용한 언어유희가 빈번하게 사용되었다.

『피라미드 텍스트』 142번 주문(PT 87a–b)

오시리스 우나스여, 호루스의 눈을 받으시오.

그것은 그대로부터 나뉠 수 없으니. (…) (봉헌물:) 편병片餠(잘린 빵) 2 덩어리.

위 예문의 경우, “자르다”, “나누다”를 의미하는 동사 “샤”가 사용된 문장 “니 샤에스 이르에크” 즉, “그것은 그대로부터 나뉠 수 없다”가 “잘린 빵”을 뜻하는 “샤트”, 즉 “편병”과 언어유희 관계를 이룬다.

한편, 봉헌 의례는 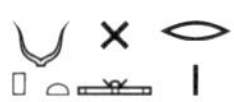 “개구 의식”, 즉 ‘입을 여는 의식’(Rite of Opening Mouth)과 관련된 주문으로 시작되었다. 개구 의식이란 봉헌물이 바쳐지기 전에 망자(파라오)의 입을 열어줌으로써 그의 시각·청각·후각·미각·촉각의 오감을 깨우기 위한 의례였다. 목수들이 사용했던 끌처럼 생긴 특수한 의례용 기구를 망자의 입에 대고 입을 열어주는 것과 같은 의례를 행하면, 그때부터 망자는 입을 사용하여 말하고 먹을 수 있게 되며 이와 함께 살았을 때 가지고 있던 다섯 가지 감각을 모두 사용할 수 있게 된다.●

● 이후 신왕국 시대가 되면서 『피라미드 텍스트』의 개구 의식은 별도의 전례서인

다른 주문들에 비해 제법 길이가 긴, 부활 의례와 관련된 주문들은 망자의 영혼인  "바"(ba)를 미라로부터 자유롭게 해주기 위해 사용되었던 주문들이다. 대개  "그대는 살아서 떠났습니다. 그대는 죽어서 떠난 것이 아닙니다"(CT I, 187e)로 시작되는 이들 주문은 '바'와 미라의 결합을 통해 망자의 부활이 매일 실현될 수 있도록 도와주는 역할을 했다. 봉헌 의례·부활 의례와 관련된 주문들은 미라가 안치된 석관과 피라미드의 현실에 새겨졌다.

피라미드의 전실과 복도에 새겨진 주문들은 망자의 바가 밤을 지나 새벽에 부활할 때 암송하는 것으로서 망자가 밤에 직면하게 되는 여러 가지 위험에서 무사히 벗어나는 데 필요한 주문들로 구성되어 있다. 원래 일인칭으로 작성된 주문들은 이후 피라미드에 새겨지는 과정에서 주어 혹은 목적어가 각 파라오의 이름으로 대체되면서 삼인칭을 기본으로 개작되었다.

고왕국 시대의 『피라미드 텍스트』는 처음에는 왕묘에만 새겨졌으나 귀족들의 분묘 벽화에서도 『피라미드 텍스트』에서 언급된 것과 동일한 의례가 발견되는 것을 고려할 때, 텍스트가 일반인의 의례에서 암송되었을 가능성도 있다. 다만 이들 분묘에서는 봉헌 의례 대신에 분묘 주인에게 제공되는 봉헌물의 종류나 수량이 명기된 봉헌물 목록(offering list)이 일람표 형식으로 내벽에 새겨져 있

『개구 의식 전례서』(Mouth-Opening Ritual)로 발전했다. 주로 왕실 분묘와 귀족의 분묘에 새겨진 이 전례서는 총 75장에 달하는 '장면'(scene) 혹은 '막'(act)으로 구성되어 있는데, 여기에 기술된 절차에 따라 개구 의식을 담당한 신관은 망자를 형상화한 인물상의 입을 열고 각종 부장품을 망자에게 봉헌해야 한다.

다. 그러나 봉헌 의례에 언급된 봉헌물이 대개는 같은 순서로 일람표에 기록되어 있는 것으로 보아 고왕국 시대의 귀족들 역시 왕과 동일한 봉헌물을 받고 싶어 했던 것으로 보인다.

『코핀 텍스트』

제1중간기(기원전 2160-2055년)가 되면서 일부 귀족들이 『피라미드 텍스트』의 부활 의례와 관련한 주문과 다른 주문을 자신의 관과 현실 벽에 새겨 넣기 시작했다. 또한 출처가 『피라미드 텍스트』인 주문들과 함께 그와 유사한 내용을 다루고 있는 새로운 주문들이 등장하기 시작했는데, 이런 주문들이 주로 망자의 관에 새겨졌기 때문에 이를 통칭하여 『코핀 텍스트』(Coffin Texts)라고 부른다. 지금까지 알려진 『코핀 텍스트』 주문은 약 1,200개 정도이며 거의 대부분이 초기와 중기 이집트어로 작성되었다. 또한 주문 중 상당수는 일인칭 화자 시점으로 작성되어 있으며, 『피라미드 텍스트』와 마찬가지로 망자의 바가 분묘를 무사히 통과하여 영생을 부여받은 영혼인  "아크"(akh)로서 새로운 생명을 얻을 수 있도록 돕는 것을 목적으로 하고 있다.

한편, 『코핀 텍스트』에는 「명계의 안내서」(Netherworld Guides)로 정의될 수 있는 새로운 장르의 장례 문서가 포함되기 시작했는데, 이와 같은 '안내서'에는 망자의 바가 명계를 무사히 통과할 수 있도록 명계 내부가 지도와 함께 상세하게 설명되어 있다. 이와 같은 안내서 중에서는 명계의 여러 장소를 지도로 세밀하게 묘사한 『두 길의 서』(Book of Two Ways)가 가장 유명하다(그림 2-1).

[그림 2-1]
두아의 관 바닥에 그려진 『두 길의 서』

중왕국 시대 이집트 중부 데이르 엘-바르샤(Dier el-Barsha)의 영주 제후티호텝(Djehutyhotep)의 주치의였던 두아(Dua)의 관 바닥에 그려진 『두 길의 서』 삽화에는 명계의 길이 굵은 검은색 선으로 표시되어 있다.

『사자의 서』

제2중간기(기원전 1650-1550년)로 접어들면서 장례 문서는 다양한 유형으로 분화하기 시작하는데, 그중 가장 중요한 문서가 바로 『사자의 서』(Book of the Dead)다. 그러나 『사자의 서』라는 명칭은 현대 학자들이 인위적으로 붙인 이름이며, 고대 이집트인들은 이 장례 문서를 17번 주문의 표제를 인용하여 「매일 낮 동안 (무덤 밖으로) 나가기 위한 주문」(Spells of Coming Forth by Day)이라고 불렀다. 『사자의 서』에는 대개 100여 개의 주문이 수록되었으며, 이 중 일부는 『피라미드 텍스트』와 『코핀 텍스트』에서 유래했다. 그러나 분묘의 내벽이나 목관의 표면에 새겨진 이들 두 장례 문서와는 달리 『사자의 서』는 파피루스 위에 신관문자(hieratic)로 작성되었으며 본문과 함께 다양한 삽화(vignette)가 그려졌다.

『사자의 서』에서 가장 유명한 주문은 17번과 125번이다. 17번 주문에는 「낮 동안 나가기」라는 표제가 붙어 있으며, 앞서 언급한 것과 같이 이 표제가 『사자의 서』 전체를 대표하는 제목으로 사용되었다. 『코핀 텍스트』 주문 335번에서 유래한 주문 17번은 태양신 레(Re)가 밤에 오시리스와 결합하여 새로운 생명을 얻는다는 내용을 다루고 있으며, 워낙 중요한 주문으로 인식되는 바람에 판본 대부분에는 주문의 숨겨진 의미를 명확하게 해주기 위한 주석이 붉은색으로 쓰여 있다.

『코핀 텍스트』 335번 주문(CT IV, 188a-193c)

=『사자의 서』 17번 주문

나는 스스로 발현한 위대한 신이다.

그는 누구인가? *그는 눈, 신들의 아버지다.*

(나는) 그의 이름을 창조한 이, 9신계의 주, 신들로부터 물러나지 않을 존재이다.

그는 누구인가? *그는 그의 태양원반 안에 계시는 아툼이다.*

어제는 나에게 속하며 (그러므로) 나는 내일을 안다.

어제에 관해 말하자면 그는 오시리스이다, 내일에 관해 말하자면 그는 태양신이다.

『사자의 서』 125번 주문은 유명한 '최후의 심판'(Final Judgment)과 관련한 내용을 다루고 있다. 고대 이집트인들의 사생관死生觀에 따르면, 망자가 오시리스의 왕국으로 들어가서 영생을 누리기 전 마지막으로 진행되는 절차인 '최후의 심판'에서는 망자의 심장을 마아트(Ma'at)를 상징하는 타조 깃털과 함께 저울에 올려 그 무게를 재는 재판이 진행된다. 이때 '두 마아트의 대전大殿'이라고 불리던 재판정에서는 상·하이집트의 노모스(nomos)를 대표하는 판관 42명이 대전 양쪽에 앉아 재판을 담당하게 되는데 주문의 핵심이 되는 내용은 바로 '부정고백'否定告白(Negative Confession)이다. 부정고백이란 망자가 판관들 앞에서 전생에 특정한 잘못을 저지르지 않았다는 사실을 고백하는 내용으로 구성되어 있는데, "나는 타체넨(Ta-tjenen, 멤피스의 신)의 이름을 말하지 않았습니다", "나는 내 아버지에게 반박하지 않았습니다. 나는 내 어머니를 무시하지 않았습니다", "나는 사람을 죽이거나 죽이라고 명령하지 않았습니다", "나는 다른 사람의 아내와 사랑을 나누지 않았습니다", "나는 강탈하지 않았습니다", "나는 거짓말을 하지 않았습니다", "나는 탐욕을 부리지 않았습니다" 등과 같이 당시의 윤리관을 엿볼 수 있는 내용을 담고 있다. 최후의 심판은 언제나 망자가 심판을 무사히 통과하고 명계의 일원이 되는 것으로 마무리되는데, 이때 삽화에서는 살아 있는 사람들의 왕인 호루스가 명계의 왕인 부왕 오시리스에게 의로움을 인정받은 망자를 인도하는 장면이 묘사되어 있다.

「하계의 서」

신왕국 시대에 접어들면서 앞서 언급한 바 있는 『코핀 텍스트』에 수록된 『두 길의 서』와 마찬가지로 명계의 내부를 묘사한 장례 문서들이 왕묘의 벽면에 새겨지기 시작했다. 이와 같은 장례 문서를 통칭하여  "암두아트"(Amduat, 직역하면 "두아트에 존재하는 자/것") 혹은 「하계下界의 서」(Books of Netherworld)라고 부른다. 이

「하계의 서」는 명계를 12개 영역으로 나누는데, 이들 영역은 밤을 구성하는 12시간에 대응한다. 제20왕조 람세스 시대(기원전 1295-1069년)에 이르러서는 이와 같이 세분화된 영역에 대한 구체적인 지식이 담긴 『관문의 서』(Book of Gates), 『동굴의 서』(Book of Caverns) 등과 같은 전문적인 문서들이 등장하였다.

다른 장례 문서와 마찬가지로 신왕국 시대에 등장한 문서들 역시 시기적으로 앞선 중기 이집트어로 쓰인 경우가 많다. 이처럼 이미 잊힌 고어체를 사용한다는 것 이외에도 장례 문서들은 여러 가지 특징을 공유하고 있다. 우선 『피라미드 텍스트』와 『코핀 텍스트』, 그리고 『사자의 서』를 제외한 신왕국 시대의 다른 장례 문서들은 모두 성각문자로 작성되었으며 분묘의 벽 혹은 관의 표면에 그려지거나 새겨졌다. 『사자의 서』는 대부분 신관문자로 작성되었으나, 종종 신관문자보다 더 심한 흘림체인 민용문자民用文字(demotic)로도 작성되었으며 주로 파피루스에 쓰였다. 모든 장례 문서는 위에서 아래, 즉 수직 방향으로 표기되었는데, 일부 주문의 경우 주술적인 이유로 인해 역순으로 읽어야 하는 경우도 있었다.

또한, 일부 『피라미드 텍스트』와 『코핀 텍스트』 필사본에서는 뱀과 같은 위험한 동물이 성각문자로 사용된 경우 해당 동물이 분묘의 주인에게 해를 입히지 못하게 하기 위해 문자의 이미지를 둘로 나누어 놓기도 했다(예: 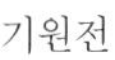). 중왕국 시대 제12왕조(기원전 1985-1773년) 말기와 제13왕조(기원전 1773-1650년 이후), 그리고 제2중간기에 이르는 짧은 과도기 사이에 이와 같은 관행이 널리 퍼져 『코핀 텍스트』 전체에 걸쳐 성각문자 중 생물체를 묘사한 문자를 표기할 때 몸통 윗부분만이 쓰이는 경우도 있었다(CT I, 145b-d).

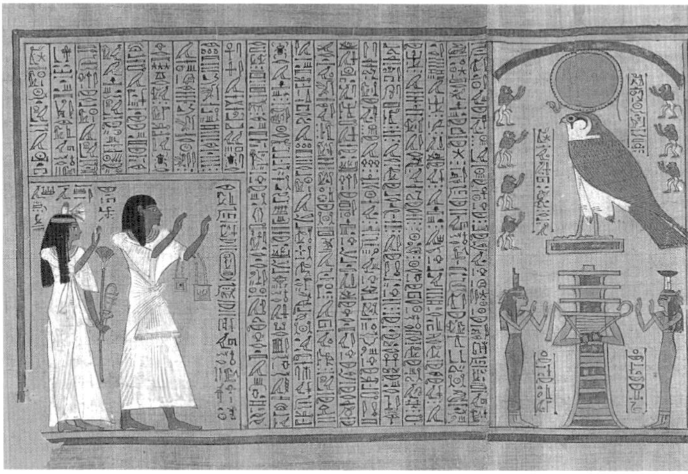

[그림 2-2] 후네페르의 『사자의 서』

신왕국 시대 제19왕조 세티 1세 치세에 서기관으로 활동했던 후네페르(Hunefer)의 『사자의 서』. 후네페르와 그의 아내 나샤(Nasha)가 태양신 레-호라크티와  "제드" 기둥(Djed Pillar; Gardiner, 1957: 502, R11)의 모습을 한 오시리스에게 경배를 드리고 있다.

 "'평화로이 거하라, 내가 그대와 하나가 되겠노라'라고 아름다운 서방(의 여신)께서 말하시네." 이와 같은 관행은 비록 오래 지속되지 않았지만 신왕국 시대에 들어서면서 빗금이나 칼 등을 이용하여 장례 문서에 사용된 위험한 문자를 '살해하는' 방법으로 진화했다(예: ,).

이집트 신화의 출처 ②
: 봉헌 문서

장례 문서와 함께 종교 문서의 다른 한 축을 이루는 것이 봉헌 문서인데, 이는 다시 기도문과 찬가로 나뉜다. 그러나 봉헌 문서에서 기도문이 차지하는 비중은 매우 적다. 고대 이집트인들이 오래전부터 자신의 신들에게 기도를 드린 것은 사실이지만 현존하는 기도문 중 대부분은 제20왕조 람세스 시대(기원전 1295-1069년) 이후에 후기 이집트어로 작성된 것이며, 그 이전에 발견된 봉헌 문서의 대부분은 찬가다.

찬가는 신의 아름다움이나 훌륭함을 기리고 칭송하는 문학작품이므로  "숭배"와  "찬양" 혹은 "찬미"가 핵심 개념이 되는데, 실제로 찬가에는  「오시리스를 숭배함」(Sethe, *Lesestücke*, 63. 12) 혹은  「오시리스에 찬미를 바침」(Sethe, *Lesestücke*, 63. 4) 등과 같은 제목이 붙어 있다. 기도문과 마찬가지로 찬가도 신에게 직접 호소하는 형식을 취하지만 신에게 축복이나 행운, 신적인 개입을 기원하는 경우는 드물고, 대개는 대상이 되는 신의 신격이나 권능을 찬양하는 내용이 주를 이룬다.

찬가는 고대 이집트의 문학 장르 중 세련된 기교가 가장 돋보이는 장르다. 대개는 짧고 간결한 어구가 짝을 이루는 '대구'對句

(distich: thought couplet)의 구조를 하고 있으나 종종 '3행련구'三行聯句(tristich: triplet)가 사용되는 경우도 있었다. 문법적으로는 찬미의 대상이 되는 신, 즉 명사를 수식하는 분사 구문이 가장 많이 사용되었는데 『하피 찬가』(Hymn to the Inundation)가 그 대표적인 예 중 하나다(「부록 1. 이집트의 지리」 참조).

『하피 찬가』와 같은 찬가는 단순히 신(들)의 호칭을 무작위로 모아 놓은 목록이 아니라 찬양 대상이 되는 신의 신격과 중요성을 드러내기 위해 치밀하게 구성된 창작물이다. 대개 찬가의 저자는 찬양 대상이 되는 신이 보유한 속성을 가능한 한 많이 나열하는 동시에('다가적' 사고방식), 신의 특별한 속성이 그가 숭배되는 형상을 통해 드러날 수 있도록 발음의 유사성에 기반한 언어유희를 사용한다. 일례로, 테베(Thebes)의 주신 아문(Amun) 찬가의 저자는 다음과 같은 언어유희를 통해 신의 속성을 드러내고자 한다.

『파피루스 불라크 17』(*p. Boulaq* 17, 10–11. 1)

모든 땅을 만드신 이, 모든 존재하는 것을 만드신 창조주 "아툼-케프리"(Atum-Khepri)라는 당신의 이 이름으로.

고대 이집트인들은 만물의 궁극적인 작동 원리에 대해 고민하고 자신들이 탐구하고 발견한 것을 철학적인 저술로 남긴 고대 그리스인들이나 유일신의 존재와 신성을 신학이라는 학문적인 틀 안에서 체계적으로 논증하고 기술하려고 했던 중세 유럽의 신학자들과 달랐다. 신들의 속성과 활동을 신성한 권위를 가진 단 한 권의 정전화正典化된(canonized) 경전으로 정리하는 전통이 없었던 고대 이집트에서 찬가는 당시 이집트인들이 상상한 신들의 속성을 파악할 수 있는 단서를 가장 많이 제공해 주는 종교 문서다.

다행히 여러 편의 찬가가 보존되어 있지만 실제로 찬가가 어떻게 사용되었는지를 알려 주는 사료는 그렇게 많지 않다. 신을 위한 찬가는 신전의 일상적인 의례에서 낭송되거나 불렸을 것으로 추정된다. 앞서 언급한  "두아"("숭배")는 명사  "두아두"("아침" 혹은 "새벽")와 어근을 공유하며, 따라서 「오시리스를 숭배함」과 같은 제목이 붙은 찬가는 매일 새벽 신전의 아침 의례 때 신상 앞에서 낭송되었을 것이다. 실제로 일부 찬가 중에는 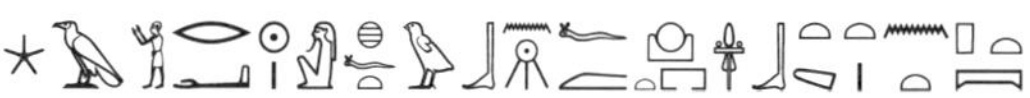 「그분께서 하늘의 아케트 동편으로 오르실 때 태양신을 숭배함」과 같은 제목이 붙어 있다(BD 15A 1 La). 한편, 제목을 통해 찬가에 따라서 한낮이나 일몰 때 낭송되었다는 사실을 알 수 있는 작품도 있으며, 매시간마다 낭송되었던 찬가를 모아 놓은 찬가 모음집도 존재한다.

간결하지만 세련되고 다의적인 의미를 함축한 어구가 대구를 이루는 찬가는 형식적인 측면에서 현대시를 연상시킨다. 실제로 일부 찬가에는 특별한 후렴구나 합창부가 있어 신전의 합창단이 두 편으로 나뉘어 돌아가면서 찬가를 낭송하거나 불렀다는 것을 알 수 있다. 그러나 고대 이집트의 찬가는 현대시와 달리 각운(end-rhyme)이 사용되지 않았으며, 대개는 다른 문서들과 마찬가지로 연(verse)이 특별히 구분되지 않은 채 순차적으로 쓰였다.

종교적인 성격의 찬가는 아니지만 인생의 의미를 통찰한 또 다른 장르의 시로는 소위 『하프 연주자의 노래』(Harper's Song)라고 불리는 작품이 있다. 신왕국 시대의 필사본 두 점을 통해 오늘날까지 전해져 내려오는 『하프 연주자의 노래』는 원래는 제11왕조(기원전 2055-1985년) 혹은 제17왕조(기원전 1580-1550년경)의 왕묘 내벽에 새겨졌을 것으로 추정되는데,● 시간의 무상함을 강조하는 첫 번째 연과 살아 있는 동안 삶을 즐기라고 충고하는 두 번째 연에 이어, 이 두 연을 요약·반복하는 후렴으로 구성되어 있다.

『하프 연주자의 노래』(*p. Harris* 500, 7. 2-3)

하루를 즐기라 — 그것에 대해 걱정하지 말라.●●
보라, 자신이 소유한 것을 취하도록 허락받은 자는 없으며,
떠나간 자 중에 다시 돌아온 자도 없도다.

● 이렇게 추정하는 이유는 『하프 연주자의 노래』의 고대 이집트어 제목, 즉 시가의 첫 부분이 "하프를 연주하는 가수 앞에 계신 인테프(Intef) 폐하, 진실된 목소리의 장제전(葬祭殿)에 (새겨진) 노래"이기 때문이다. 제11왕조와 제17왕조의 왕 가운데 인테프라는 이름을 가진 왕들이 여러 명 존재하는데, 신왕국 시대의 필사본이 이들 왕 중 정확히 누구를 지칭하는지는 밝혀지지 않았다. 이들 왕조의 왕묘가 훼손되어 실제 『하프 연주자의 노래』는 소실되었으나, 아마도 시와 함께 왕이 하프 연주자의 노래를 듣고 있는 모습이 벽에 새겨져 있었을 것으로 추정된다. 한편, 당시의 음유시인이라 할 수 있는 하프 연주자들은 모두 맹인으로 묘사된다. 『하프 연주자의 노래』보다 길이가 짧은 작품이 중왕국 시대(기원전 2055-1650년)에 제작된 『넵앙크의 석비』(Stela of Nebankh)에도 새겨져 있는데, 이 석비에도 맹인 연주자들이 연주하는 모습이 묘사되어 있다. 『하프 연주자의 노래』가 연주되었던 곳은 왕실이 주최하는 주연(酒宴)으로 추정되지만, 당시 궁전에서 이 맹인 연주자들이 정확하게 어떤 상황이나 맥락에서 공연을 했는지는 알 수 없다.

●● 이와 같은 태도는 로마의 시인 퀸투스 호라티우스(Quintus Horatius Flaccus, 기원전 65-8년)가 저술한 『송가』(*Carmina*)의 마지막 시구를 상기시킨다(Ode, 1:11). *Dum loquimur, fugerit invida aetas: carpe diem, quam minimum credula postero* "지금 우리가 말하는 동안에도, 인생의 시간은 우리를 시기하며 흐른다네. 오늘을 붙잡게, 내일이라는 말은 최소한만 믿고."

결론과 요약
: 이집트 신화 서사의 4가지 범주

앞서 살펴본 장례 문서·봉헌 문서와 같은 종교 문서에서 단편적으로 발견되는 신화소들을 취합하여 이집트 신화 서사를 재구성해보면 다음과 같이 크게 네 범주로 구분될 수 있다(Pinch, 2002: 57-98).

창세신화

- **창조 이전의 상황**: 원발자-창조주 출현 이전에는 무한하고 어두운 물만 스스로 존재하고 있었으며, 이 '태초의 대양'(Primeval Ocean)이란 성격을 가진 여덟 명의 신으로 구체화된다.
- **원발자-창조주의 출현과 우주의 창조**: 태초의 대양에서 자재하고 있던 '원발자-창조주'가 자신을 발현(evolution)시킴으로써 자발적인 창조 행위(체액 분출, 인식 및 발화)가 시작되고 창조적 발현을 통해 우주는 일자一者(monad)에서 다자多者(multitude)로 분화하며 현재 모습을 갖추기 시작한다.
- **공간의 창조와 우주적 질서의 구현**: 다자로 이행하는 창조 과정에서 천상·지상·지하로 이루어진 공간이 형성되고 이 공간을 배경으로 원발자-창조주는 지배자-태양신으로서 최초의 일출, 즉 현현을 통해 자신의 의지와 주권(sovereignty)을 드러낸다. 일출과

일몰에 따른 태양 주기는 그 규칙성을 통해 '영원한 동일성'(영원불변, Eternal Sameness)을, 태양의 빛과 온기에 따른 우주 만물의 흥망성쇠를 통해 '영원한 반복성'(영겁회귀, Eternal Recurrence)을 모두 구현한다.

인류 창조·멸망 신화

- **인류 창조**: 종교 문서에는 신이 인간을 창조한 이유와 방법에 대하여 서로 다르게 묘사하고 있다. 『코핀 텍스트』 80번·714번·1130번 주문 등에 따르면 원발자-창조주가 자신의 체액을 방출하여 후대의 신들을 창조한 것과 마찬가지로, 원발자-창조주의  "레미트"("눈물")에서  "레메취"("인간")이 창조된다. (이와 같은 설명 역시 발음상의 유사성에 기초한 언어유희에 따른 것이다.)
- **태양신의 직접 통치**: 지배자-태양신은 우주의 질서를 체현한 자신의 딸 마아트와 함께 지상에서 신적 질서가 완벽하게 구현된 신국神國(god-given nation), 즉 이집트를 다스린다. 그러나 태양신이 노쇠하면서 이시스 여신이 태양신의 진정한 이름을 알아내기 위해 계략을 꾸미고 마침내 태양신의 정수(혹은 소스 코드)라 할 수 있는 진정한 이름을 알아낸다.
- **인류의 반란과 절멸 위기**: 태양신이 노쇠하자 인류가 반란을 일으킨다. 태양신은 이들을 응징하기 위해 질병을 관장하는 여신 하토르-세크메트(Hathor-Sekhmet)에게 인류를 학살하라고 명령한다. 하토르-세크메트가 인류를 멸망시키기 직전, 태양신은 자신을 따르는 신관들에게 하토르-세크메트의 분노를 잠재울 수 있는 방법을 알려 주고 인류는 절멸을 면한다. 태양신은 이후 하늘

로 거처를 옮기고 신성한 왕권은 후대의 신들로 이양된다.

오시리스 신화

- **오시리스의 선정과 살해**: 태양신의 왕위는 오시리스까지 이어지며 오시리스는 이집트에 선정을 베풀지만 세트에 의해 살해당한다. 세트는 오시리스의 시신을 절단하여 유기하고, 오시리스의 아내 이시스가 이를 수습하여 미라로 만든다. 세트는 오시리스의 왕위를 찬탈하고 이시스는 오시리스를 잠시 부활시켜 아들 호루스를 잉태한다.
- **호루스의 탄생과 성장**: 이시스는 세트의 핍박을 피해 이집트 북부의 습지에서 호루스를 출산하고 장성할 때까지 양육한다. 세트는 어린 호루스를 제거하기 위해 여러 가지 방법을 동원하지만 호루스는 이시스의 도움으로 위기를 극복하고 성장하여 마침내 세트에게 왕위를 반환할 것을 요구한다.
- **호루스와 세트의 대결·호루스의 승리**: 호루스의 도전에 세트가 응하면서 이들 둘 사이의 대결이 진행된다. 이 과정에서 이시스 역시 아들 호루스를 도와 많은 활약을 한다. 각종 계략과 속임수가 동원된 육체적 대결에서도 우열이 가려지지 않자 마침내 신들을 배심원으로 한 재판이 진행되고 법적 공방 끝에 호루스가 최종적으로 승소한다. 승소한 호루스는 마침내 적법한 왕위 계승자로서 이집트의 통치자로 즉위한다.

종말론 서사

- **묵시론적 종말론의 부재**: 고대 이집트의 시간관은 선형적이 아니

라 순환적이었으므로 유일신교에서 찾아볼 수 있는 우주와 역사의 종말을 세부적으로 다룬 종말론은 존재하지 않는다. 따라서 이집트의 종말론은 종교적으로 중요한 함의를 지닌 묵시론적 예언이라기보다는 일종의 '창세신화의 거울상'(mirror image) 정도라 할 수 있다.

- **태초의 대양으로의 회귀**: 『사자의 서』 175번 주문에 따르면 원발자-창조주는 뱀으로 변신하여 다시 태초의 대양으로 귀환할 것이라고 예언한다. 『코핀 텍스트』 1130번 주문에서는 수백만 년의 시간이 지난 후 하늘과 땅의 구분이 사라지고 지상의 모든 것은 거대한 환란患亂을 겪을 것이라고 한다.

종교 문서에 산재한 단편적인 신화소를 취합하면 이와 같이 고대 이집트의 중요한 신화들을 시간적·논리적 순서로 재구성할 수 있다. 그러나 앞서 언급한 것처럼 고대 이집트에서는 — 왕위를 둘러싼 호루스와 세트의 투쟁을 다룬 『호루스와 세트의 대결』을 제외하면 — 이와 같은 신화들이 기승전결의 완전한 구조를 갖춘 신화 서사로 기록되지 않았으며, 이들 신화가 체계적이고 종합적으로 기술되기 시작한 것은 그리스·로마 지배기(기원전 332년-기원후 394년)부터다. 이에 관한 가장 대표적인 예로는 플루타르코스(Πλούταρχος, 46-119년)가 저술한 『이시스와 오시리스에 대하여』(De Iside et Osiride)를 들 수 있다. 대중적으로 『영웅전』이라고 알려진 『대조對照 전기』(혹은 『비교 열전』, Βίοι Παράλληλοι)의 작가인 플루타르코스는 당시 지중해 전역으로 확산되던 이시스 신앙의 추종자들에게 「오시리스 신화」를 체계적으로 소개하기 위해 당시까지 알려진 오시리스와 이시스에 관한 신화를 채집·정리·분석하여 한 권의 책으로 묶어 정리한 후 『이시스와 오시리스에 대하여』라는 제목으로 출간했다. 헤로도토스(Ἡρόδοτος, 기원전 484-425년)가 정작 이집트인들은 자세한 기록을 남기지 않은 미라 제작 과정을 꼼꼼하게 기록한 것과 같이(『역사』, 2. 86-90), 너무 당연하게 여겨 이집트인들이 기록으로 남길 생각조차 하지 않았던 것들을 진기하게 보고 이에 대한 체계적인 기록을 남기려고 했던 사람들이 이방인이었던 그리스·로마의 저술가라는 점은 새삼 역사의 아이러니로 다가온다.

III

창조 이전의 세계

「헤르모폴리스 창세신화」

창세신화가 존재하는 다양한 문화권, 특히 고대 서아시아 문화권에서는 애초에 아무것도 존재하지 않는 무無의 상태에서 우주나 인간이 창조되는 경우는 드물다. 대개는 창조 활동이 이루어지기 이전에 무언가가 이미 스스로 존재하고 있는데 고대 중근동에서는 이것이 무한하게 존재하는 물로 표상된다. 예를 들어, 기원전 3100년경부터 메소포타미아 남부 지역을 중심으로 찬란한 도시 문명을 건설했던 수메르인들은 우주를 구성하고 그 안에서 활동하는 다양한 신들이 등장하기 전에 𒀭𒇉 "남무"(Nammu)라고 하는 거대한 심연(abyss) 혹은 바다가 존재하고 있었다고 생각했다. 또한 고대 그리스인들의 신화에도 창조 이전에 "틈"이나 "공허" 또는 "심연"을 의미하는 χάος "카오스"(Chaos)가 있었다고 언급하고 있다.

고대 이집트의 창세신화 중에서도 창조 이전의 상황을 구체적으로 다루고 있는 신화가 있는데, 바로 「헤르모폴리스 창세신화」(Hermopolitan Cosmology)다. 고대 이집트의 주요 종교도시들은 제각각 자신들의 주신主神을 중심으로 한 창세신화를 가지고 있었다. 초기의 이집트학자들은 이들 종교도시가 서로 경쟁 관계에 있었으며, 따라서 각각의 창세신화는 모두 각 지역의 고유하고 독자적인 세계관을 반영한다고 생각했다. 그러나 지금은 고대 이집트인들이 지역에 상관없이 공유했던 하나의 일관된 창세신화가 있었고, 각자 서로 다른 관점과 단계에 초점을 맞춰 창세신화를 이해하고자 하는 다양한 시도를 펼친 것으로 보고 있다. 이런 관점에서 본다면 이들 신화는 경쟁적 관계가 아니라 상호 보완적 관계라 할 수 있다.

고대 그리스어로 "헤르메스의 도시"라는 의미를 가진 Ἑρμοῦπόλις "헤르모폴리스"(Hermopolis)는 수도 카이로에서 남쪽으로 약 325킬로미터 떨어져 있으며, 이집트 북부인 하이집트와 남부인 상이집트의 경계에 위치하고 있다. 고왕국 시대(기원전 2686-2160년)부터 이 지역의 주도州都 역할을 한 유서 깊은 도시인 헤르모폴리스의 주신은 원래 지혜의 신이자 달의 신인  혹은  "토트"(Thoth)였는데, 그리스인들은 문자의 신이자 태양신의 서기관 역할을 수행했던 토트를 제우스의 전령신이었던 Ἑρμῆς "헤르메스"(Hermes)와 동일시했으며 그 결과 이 도시는 "헤르메스의 도시"로 불리게 되었다.

「헤르모폴리스 창세신화」에 따르면 창조주가 출현하여 우주를 만들기 전에는 그 끝을 알 수 없는 바다만이 존재했는데, 이집트인들은 이 무한한 대양大洋을 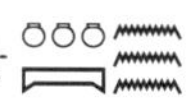 "물에 속하시는 이"(Watery One), 다시 말해 "태초의 대양"(Primeval Ocean)이라고 불렀다. 태초의 대양 역시 우주의 다른 요소와 마찬가지로 누(Nu) 혹은 눈(Nun)이라는 이름을 가진 신으로 여겨졌으며, 다른 모든 존재들보다 먼저 존재한 누/눈에게는  "신들의 아버지"라는 호칭이 부여되었다.

태초의 대양
누/눈

수메르의 남무와 마찬가지로 세상이 만들어지기 전에 자재했던 누/눈 또한 여러 가지 고유한 특성을 가지고 있었다. 문제는, 아무도—심지어 신들조차—이 원시의 대양을 보지 못했다는 것이다. 그렇다면 고대 이집트인들은 '신들의 아버지'라고 불렸던 이 태초의 심연이 보유하고 있었던 속성을 어떻게 파악할 수 있었을까? 그들은 창조 이전의 상태가 자신들이 지금 알고 있는 세계와는 정반대였을 것이라고 추정했다.

다시 말해, 이들은 창조된 세계에는 마른 땅과 공기, 즉 공간이 존재하지만 창조 이전의 우주에는 모든 창조적 가능성을 품은 '물'밖에 없었을 것이라고 생각했다. 또한 지금의 세계는 모든 것이 활기차고 생기 넘치지만 창조 이전의 우주는 그런 것을 전혀 찾아볼 수 없는 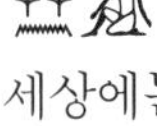 "활기 없는" 정적과 부동不動의 세계였다. 아울러 창조된 세상에는 이런저런 경계가 있는 반면, 태초의 대양은  "무한한" 실체였으며, 창조된 세상은 태양빛이 충만한 밝은 곳이지만 태초의 대양은 끝없는 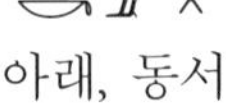 "어둠"에 갇혀 있었다. 끝으로, 창조된 세상은 위와 아래, 동서남북 등 방향이 분명하고 파악 가능한 공간이지만, 태초의 대양은 모든 것이

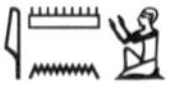 "숨겨진" 혹은 "비밀스러운" 동시에 그 경계와 위치를 가늠할 수 없는 어지럽고  "혼란스러운" 곳이었다.● 이와 같은 창조 이전의 바다가 가지고 있던 상태를 정리해 보면 다음과 같이 요약된다.

- **대양의 본질**: 마른 공간이 없는 물로만 이루어진 **바다** 혹은 **심연**: "물"
- **대양의 성격**: (1) 아무것도 움직이지 않는 **비활성 상태**: "활기 없는"
  (2) 끝이 없는 **무한한 실체**: "무한한"
  (3) 빛이 없는 완전한 **암흑 상태**: "어두운"
  (4) 경계와 차원을 파악할 수 없는 **미분화**未分化 **상태**: "숨겨진"

인간의 이해와 능력을 넘어서는 자연과 사회 속의 모든 힘들을 신으로 표상하고 숭배했던 고대 이집트인들은 태초의 대양은 물론 태초의 대양이 가진 속성들 역시 신격화했는데, 신격화된 이들 속성은 고왕국 시대 말기에 등장한 『피라미드 텍스트』에서부터 이미 발견된다. 이집트인들에게 태초의 대양은 창조주가 우주를 만들 때 필요한 창조적 권능을 제공해 줄 뿐만 아니라, 창조 이

● 여기서 혼돈은 고대 그리스인들이 생각했던 창조 이전의 무질서 상태, 즉 이질적인 요소들이 마구 뒤섞여 있어 갈피를 잡을 수 없는 상태를 뜻하는 것이 아니라, 방위나 위계가 없어 자신의 위치를 정확하게 알 수 없는 상태를 말한다. 한편, 본문에서 "혼란스러운"을 의미하는 형용사는 동사 "테넴"에서 파생했는데, 이 동사의 원래 뜻은 "길을 잃다"이다.

후에도 여전히 남아 창조된 세상의 배경 혹은 창조적 능력의 원천과 같은 역할을 수행했다. 이와 같은 맥락에서 태초의 대양과 함께 신격화된 대양의 속성들 역시 창조에 관여하는 신들로서의 역할을 담당했다. 일례로, 제1중간기(기원전 2160-2055년)와 중왕국 시대(기원전 2055-1650년)에 창작된 대표적인 장례 문서인『코핀 텍스트』에는 망자가 대기의 신 슈(Shu)와 동일시되어 그의 권능을 부여받을 수 있도록 도와주는 주문이 있는데, 이 주문에서는 태초의 대양의 속성이 '물기'(wateriness), '무한'(infinity), '암흑'(darkness), '혼돈'(lostness) 등 신격화된 네 명의 남신으로 간단하게 언급된다.

『코핀 텍스트』 76번 주문(CT II, 3d–6a)

내가 바로 슈, 아툼께서 창조하신 자이니 레가 그 속에서 발현했느니라.

나는 자궁에서 생겨나지 않았고 알에서 형성되지 않았으며 잉태를 통해 잉태되지 않았으니

아툼께서 그의 입의 재채기로 나를 테프누트와 함께 뱉어 내셨노라. (…)

나는 **무한**으로부터, **물기**로부터, **혼돈**으로부터, **암흑**으로부터 거듭하는 무한을 낳는 자이니라.

신들을 낳는 내가 바로 슈이니라.

헤르모폴리스의 8신계

이후 후기왕조 시대(기원전 664-332년)에 이르러서는 이들 남신의 배우자들이 등장하는데, 이는 창조의 과정을 남성성과 여성성의 결합에 의한 탄생과 동일한 것으로 보았기 때문이다. 이렇게 남녀가 짝을 이룬 여덟 명의 신은 각각 대양의 본질, 즉 '무기력'(inertness)을 상징하는 누/눈과 나우네트(Naunet), 무한함을 상징하는 헤흐(Heh/Huh)와 하우네트(Haunet), 어둠을 상징하는 케크(Kek/Kuk)와 카우네트(Kaunet), 혼돈과 숨겨진 신비를 상징하는 아문(Amun)과 아마우네트(Amaunet)였다.

이들 여덟 명의 신들은 하나의 동아리로 취급되었는데 고대 이집트인들은 이것을  "8신계"八神界 혹은 "8주신 체계"(Ogdoad)라고 불렀다. 조형예술에서 이 8신계의 신들 중 남신들은 개구리의 머리에 남성의 몸을 가진 신들로, 여신들은 뱀의 머리에 여성의 몸을 가진 신들로 각각 묘사되었다(그림 3-1 참조). 물가에 서식하며 조건이 충족되었을 때 엄청난 수로 급격하게 번식하는 양서류인 개구리와 사지가 없는 원초적인 모습으로 땅과 물을 자유롭게 기어다니는 파충류인 뱀은 모두 원시 대양이 가지고 있는 창조적 권능과 생식력을 상징하는 동시에 창조주가 등장하기 전부

[그림 3-1]

덴데라 하토르 여신 신전에 묘사된 헤르모폴리스의 8주신

프톨레마이오스 12세 네오스 디오니소스 혹은 아울레테스(Πτολεμαῖος Νέος Διόνυσος - Αυλητής, 기원전 80-51년) 치세인 기원전 54년 착공하여 로마 지배기 트라야누스(Caesar Nerva Trajanus, 53-117년) 황제 치세까지 공사가 지속된 하토르 여신 신전 내벽에 묘사된 헤르모폴리스 8주신. 본문에서 언급한 것처럼 남신들은 개구리의 모습을, 여신들은 뱀의 모습을 하고 있다.

터 자재했던 태고의 존재를 표현하기에 매우 적합한 동물들이었다. 이들의 조합을 정리하면 다음과 같다.

- **8주신 체계:** (1) **누/눈 – 나우네트**: 대양의 본질과 비활성 상태
  (2) **헤흐 – 하우네트**: 대양의 무한함
  (3) **케크 – 카우네트**: 대양의 암흑
  (4) **아문 – 아마우네트**: 대양의 혼돈 혹은 신비함(파악 불가능한 속성)

앞서 언급한 것처럼, 이들 8신계의 신들은 이집트 중부 헤르모폴리스에서 숭배되었다. 이 도시의 주신은 주로 따오기나 흰 비비 원숭이로 묘사되었던 토트였다. 이 때문에 그리스 지배기(기원전 304-30년)에는 토트와 비슷한 신격을 가진 헤르메스와 동일시되

어 헤르모폴리스로 불렸으나, 고대 이집트의 지명은 8신계의 신들을 더 중요하게 여겨  "케메누", 즉 "8(신)의 성읍"이라고 불렸다. 이 지명은 콥트어 ϢMOYN "쉬문"을 거쳐 오늘날의 아랍어 지명 الأشمونين "엘-아쉬무네인"(el-Ashmunein)으로 이어져 내려오고 있다.●

이들 8신계의 신들을 중심으로 한 창세신화를 「헤르모폴리스 창세신화」라고 하는데, 엄밀하게 말하면 창세신화라기보다는 창조 이전의 상황을 신격화된 본질이나 속성을 통해 설명하려고 했던 신화생성적 시도라고 할 수 있다. 또한 현재 우리가 파악하고 있는 8신계 신들에 대한 신격이나 역할은 대부분 그리스 지배기에 알려진 것들이다. 이 당시 작성된 종교문서에는 8신계의 신들을 "최초의 존재들 (…) 발현을 시작한 가장 오래된 신들 (…) 그들의 시대에 시작을 연 이들"로 정의한다. 이전의 문헌에는 대개 이들의 이름만이 간단히 언급되어 있다. 그러나 그리스 지배기에 비로소 구체적인 설명이 제시되는 8신계와 「헤르모폴리스 창세신화」는 고왕국 시대에 이미 존재했던 것으로 추정되는데, 그 이유는 앞서 언급한 '8(신)의 성읍'이라는 지명이 고왕국 시대 제5왕조(기원전 2465-2323년)까지 거슬러 올라가기 때문이다.

● 한편, '8주신 체계'를 뜻하는 영어 Ogdoad는 그리스어 ογδοάς "여덟"에서 유래했다. 여러 신들을 하나의 동아리로 묶어 숭배하는 것은 고대 그리스의 올림포스 12주신 체계에 비견될 수 있다.

8주신들의 주요 특징

그렇다면 고대 이집트 창세신화에서 헤르모폴리스 8신계의 신들이 차지하는 중요성이나 역할, 그리고 다른 문화권의 창세신화와 비교했을 때의 차이점은 무엇일까?

첫 번째로 주목을 끄는 것은 헤르모폴리스 8신계로 파악된 태초의 대양의 속성과 『구약성서』의 「창세기」에 묘사된 창조 이전의 상태 사이의 유사성이다. 「창세기」 제1장 2절에 따르면 우주가 창조되던 시점에, וְחֹשֶׁךְ עַל־פְּנֵי תְהוֹם וְרוּחַ אֱלֹהִים מְרַחֶפֶת עַל־פְּנֵי הַמָּיִם׃ "어둠이 깊은 물 위로 뒤덮여 있었고 그 물 위에 하느님의 기운이 휘돌고 있었다"라고 기술되어 있는데, 다시 말해 חֹשֶׁךְ "어둠" 혹은 "흑암"黑暗은 תְהוֹם "깊은 물" 혹은 "심연", 즉 태초의 대양을 뒤덮고 있다. 이와 같은 묘사를 「헤르모폴리스 창세신화」에 언급된 태초의 대양에 대한 속성과 비교해 보면, 「창세기」에서 언급된 "어둠"과 "깊음"은 「헤르모폴리스 창세신화」에서 제시된 "어둠" 및 "무한"과 각각 비교될 수 있으며, 아울러 2절의 앞부분에서 땅을 묘사하는 데 사용되었던 명사구 תֹהוּ וָבֹהוּ "혼돈과 공허"는 「헤르모폴리스 창세신화」의 "혼돈" 혹은 (숨겨진) "신비"에 대응한다(Hoffmeier, 1983: 42-45; Currid, 1997: 65-66; 김인철, 2019: 60-64). 이와 같은 유사성은 창조 이전의 상태에 대한 유사한 생각이 고대 서아시아 전역에서 공유되었다는 것을 시사한다.

둘째로, 헤르모폴리스 8신계의 신들이 초기 종교 문서에 비중 있게 다루어지지 않는다는 점에 주목하여 이들을 루마니아 출신의 미국 종교학자 미르체아 엘리아데(Mircea Eliade, 1907-1986년)가 제시한 *deus otiosus* "유휴신"遊休神, 즉 '활동하지 않는 신' 혹은 '은퇴한 신'으로 보는 견해가 있다. '활동하지 않는 신'이란 더 이상 창조된 세상의 질서나 인간의 일상생활에 개입하지 않는 최고신을 말하는데, 가장 대표적인 예가 고대 메소포타미아의 수메르신화에 등장하는 하늘신 𒀭 "안"(An)이다. 하늘신 안은 우주의 왕권을 자신의 아들인 대기의 신 𒀭𒂗𒆤 "엔릴"(Enlil)에게 양도하고 하늘로 올라가 버리는데, 승천 후에는 우주와 지상의 '안건'案件에 대해 더 이상 개입하지 않는다.

아울러 그리스신화에서 하늘신 Οὐρανός "우라노스"(Uranus)가 자신의 아들이자 시간의 신 Κρόνος "크로노스"(Cronus)에 의해 폐위된 후 신화의 무대에서 사라지는 것도 '활동하지 않는 신'의 예라 할 수 있다. 이집트의 창세신화에서는 한 명의 창조주가 스스로를 발현하여 세상을 창조한 후 헤르모폴리스 8신계의 신들은 더 이상 중요한 역할을 수행하지 않으며, 일부 종교문서에서는 태초의 대양에서 솟아오른 최초의 언덕을 이들 8주신의 무덤과 동일시한다. (이 경우, 8주신은 창조 활동이 마무리되면서 소멸한다.) 따라서 8주신을 우주가 창조된 후에는 더 이상 '활동하지 않는 신들'로 볼 수도 있다.

그러나 대체로 이들을 '활동하지 않는 신'의 범주에 포함시키지 않는 견해가 우세하다. 그 이유는 우선 '활동하지 않는 신'의 경우 전대의 신들과 후대의 신들 간의 갈등 혹은 투쟁의 결과 강제로 폐위되거나 은퇴하는 경우가 많지만 고대 이집트 신화에서는 이와 같은 신들 간의 갈등 혹은 투쟁이 없으며, 두 번째로 '활동하지 않는 신'에 대해서는 일상적인 신전 의례와 같은 숭배 의식이나 신탁과 같은 신과 인간 사이의 교류가 이루어지지 않는 반면, 헤르모폴리스의 8주신들은 고대 이집트 역사 전반에 걸쳐 다양한 신전 의례를 통해 숭배되고 기억되었기 때문이다(Hollis, 1998: 61-72).

끝으로, 앞서 '유휴신' 개념을 설명할 때 잠시 언급된 신들 간의 갈등과 투쟁에 대한 문제다. 고대 메소포타미아, 특히 바빌로니아 창세신화인 『에누마 엘리쉬』에서는 창조 이후 처음 출현한 신들과 보다 활동적인 후대의 인격신들 사이의 갈등과 투쟁이 신화의 중심 모티프를 이룬다. 여기서 태초의 바다인  "티아마트"(Tiamat) 여신이 전대의 신들을 이끌고 후대의 신들을 공격하는데, 이에 맞서 후대의 신들로부터 "신들의 왕"으로 추대된 바빌로니아의 주신  "마르둑"(Marduk)이 티아마트 여신과 건곤일척의 대결에서 승리하면서 우주의 지배자가 된다.

그리스신화에서도 신들 간의 세대 갈등이 묘사되어 있는데, Ζεύς "제우스"(Zeus)는 올림포스 신들의 지배권을 확립하는 과정에서 Τιτᾶνες "티탄 신족神族"과의 전쟁인 Τιτανομαχία "티타노마키아"(Titanomachy)와 Γίγαντες "기간테스 신족"과의 전쟁인 Γιγαντομαχία "기간토마키아"(Giganto-machy)를 치르게 되며 ― 바빌로니아의 마르둑과 마찬가지로 ― 지모신 Γαῖα "가이아"(Gaia)가 제우스에게 복수하기 위해 Τάρταρος "타르타로스"(Tartarus), 즉 무간지옥과 결합하여 낳은 괴물인 Τυφῶν "티폰"(Typhon)과도 일전을 벌인다. 그러나 이처럼 전대의 신들과 후대의 신들이 지배권을 두고 다투는 신화소는 고대 이집트에서는 전혀 찾아볼 수 없다. '신들의 아버지'로 불렸던 태초의 대양은 물론, 그 본질과 속성을 체현한 헤르모폴리스의 8주신들은 가장 오래된 신들로서 창조주 이후에 등장하는 후대의 신들과 조화롭게 공존했으며 지속적인 숭배의 대상이었다. 그리고 무엇보다 이들은 창조주가 새로운 세상을 만드는 기반을 조성하는 창조의 조력자들이었다.

신들의 시간

고대 이집트인들은 세상이 창조되는 시점을 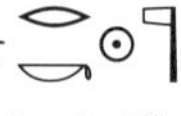 "신의 시간", 혹은 보다 구체적으로  "태양신의 시간"이라고 불렀으며, 이와 함께 "신들의 시간"이라는 말도 사용했다. '신의 시간'과 '태양신의 시간'은 우주가 한 명의 창조주에 의해 만들어졌다는 관점에 따른 것이다. 반면, '신들의 시간'이라는 말은 우주가 창조되는 시점에 이미 헤르모폴리스 8주신들이 존재했으며, 창조의 시점에 이들로 대표되는 각기 다른 신적인 요소와 권능이 서로 작용·반응·협력하면서 우주가 창조되었다는 관점을 반영한 것이다. 고대 이집트에는 표준화 혹은 정전화된, 다시 말해 교조적으로 고착화된 창세 서사가 따로 존재하지 않았으며, 그 결과 다양한 창세신화가 지역별·시대별로 공존했다. 따라서 다음 장에서 자세히 살펴볼 「헬리오폴리스 창세신화」(Heliopolitan Cosmology)와 같은 주류 신화에서는 창조주가 혼자서 만물을 창조하는 것으로 묘사되지만 다른 문헌, 특히 후기왕조 시대의 종교 문헌에서는 헤르모폴리스 8신계의 신들이 창조주의 창조 작업에 일정 부분 기여하는 모습을 보인다.

후기왕조 시대의 종교 문헌에서는 8신계의 신들을 "태양원반의 아버지들이자 어머니들 (…) 태양원반을 위호衛護하며 부유浮游하시다 태양의 수련이 솟아오른 높은 언덕에 서 계시게 되었다"라고 묘사하고 있다. 여기서 고대 이집트인들이 우주가 창조되던 순간의 모습을 어떻게 상상했는지를 엿볼 수 있다. 그들에게 세상의 시작, 즉 '신(들)의 시간'은 바로 태초의 대양이 물러나며 최초의 대지臺地가 드러나는 시점이었다. 이와 같은 신화적 상상력에는 매년 나일강의 범람기가 끝날 무렵 물이 빠지면서 물에 잠겼던 들판이 고지대부터 다시 모습을 드러내는 것을 지켜보았던 초기 정착민의 경험이 반영되어 있다. 요컨대, 매년 발생하는 나일강의 범람이 모든 식물이 무성하게 자랄 수 있는 비옥한 토지를 제공하는 것과 마찬가지로 태초의 대양은 처음으로 솟아오른 땅에 최초의 생명인 수련睡蓮(water lily)이 자라날 수 있는 창조적 원천을 제공하였으며, 이 수련의 꽃에서 "어둠 이후의 빛"을 발산하는 태양이 태어나게 되는 것이다.

여기서 태양신의 모태인 수련이 개화하는 데 필요한 창조력을 보유한 태초의 대양은  "메헤트-웨레트"(Mehet-Weret), 즉 "거대한 홍수"의 여신으로 여겨졌으며, 대개는 강가에 서식하는 야생 암소로 표상되었다(그림 3-2). 후기왕조 시대의 전승에 따르면, 메헤트-웨레트는 태양신을 출산한 후 자신의 뿔로 아들인 태양신을 하늘 위로 밀어 올린 것으로 전해진다. 우주적 질서가 아직 구축되지 않은 이 시점에서 메헤트-웨레트는 이후 창조주가 수립하게 될 우주적 질서와는 부합할 수 없는 통제 불가능한 원초적 존재들도 창조하게 되는데, 그중 하나가 태양신의 항해를 가로막는 거대한 물뱀  "아포피스"(Apophis)다(그림 3-3). 고대 이

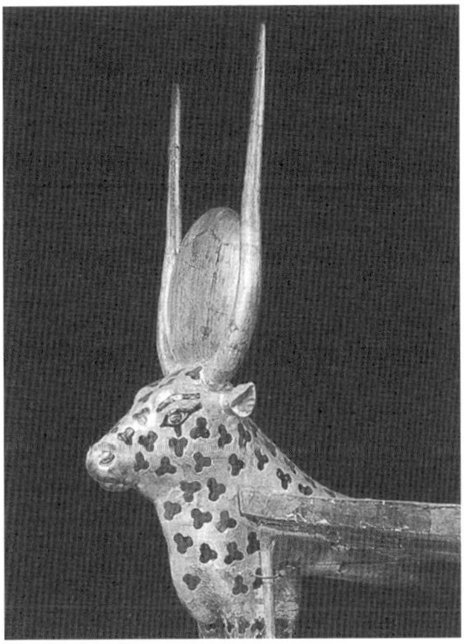

[그림 3-2]

투탕카멘의 왕묘에서 발견된 메헤트-웨레트 침상

테베 서안 왕가의 계곡에 조성된 신왕국 시대 제18왕조 투탕카멘의 왕묘(KV64) 전실에서 발견된 메헤트-웨레트 침상. 왕이 이 침상에 누우면 태초의 대양 속의 장소수-내양신과 동일시될 수 있다. 또한 이 맥락에서 메헤트-웨레트는 투탕카멘을 등에 태워 내세로 인도하는 자애로운 암소 여신의 역할을 수행한다.

[그림 3-3] 람세스 1세의 왕묘에 묘사된 아포피스

테베 서안 왕가의 계곡(Valley of the Kings)에 조성된 신왕국 시대 제19왕조 람세스 1세(Ramesses I, 기원전 1295-1294년)의 왕묘(KV16) 내벽에 묘사된 아포피스. 이 벽화에서는 태양신 아툼에 의해 퇴치되고 있는 모습으로 묘사되어 있다.

집트인들은 태양신 역시 자신들과 마찬가지로 전용  "범선"을 타고 하늘과 지하 세계를 운행한다고 생각했는데, 아포피스는 태양신의 범선, 즉 태양선이 밤에 지하 세계의 수로를 지날 때 수로의 물을 모두 마셔 버림으로써 태양신을 좌초시키는 태양신의 적 중 하나다.

태초의 언덕에서 솟아난 첫 번째 수련은  "네페르툼"(Nefertum)이라는 신으로 표상되었다. 피어 오른 수련을 머리에 이고 있는 청년으로 묘사되는 네페르툼은 멤피스(Memphis)의 주신인  "프타"(Ptah)의 아들로서 태양신의 현현 중 하나인 수련을 상징하며 동시에 수련의 향기를 통해 태양신의 원기를 북돋아 주는 역할을 한다. 한편, '최초의 언덕', 즉 우주가 창조된 순간에 모습을 드러낸 마른 땅 역시 신격화되어  "타체넨"(Ta-tjenen), 즉 "구분된 땅"으로 여겨졌다. 여기서 '구분된 땅'이란 태초의 대양이 물러나면서 물에 잠긴 땅과 '구분된' 땅을 말한다.

고대 이집트 신전의 지성소에는 신전의 주인인 주신의 신상과 그 신상이 안치되는 범선 모양의 가마를 올려 둘 수 있는 좌대座臺가 설치되었는데, 이 좌대는 태초의 언덕을 형상화한 것으로서 각각의 신전이 '신(들)의 시간'에 최초로 솟아오른 땅 위에 건설되었다는 다가적인 신화적 믿음을 반영한 것이다. 앞서 언급한 신화적 믿음을 액면 그대로 반영할 경우, 수많은 신전이 태초의 언덕 위에 동시에 건설될 수밖에 없는데, 일견 현대인의 눈에는 모순되어 보이는 이런 시각은 모든 태초의 언덕이 물리적 실체가 아니라 상징적이며 상호 보완적인 신화적인 장소라고 생각했던 고대 이집트인들에게는 별다른 거부감 없이 받아들여졌다.

「헤르모폴리스 창세신화」에 기반한 여러 전승에 따르면, 타체넨, 즉 태초의 언덕에서 태양이 떠오르면서 우주창조의 과정이 모두 마무리되고 이후부터는 일정한 주기의 영원한 반복이 시작되는데, 이때 '최초의 일출', 즉 첫 번째 태양이 떠오르는 모습은 고대 이집트어 동사  (당당하게 혹은 위엄을 갖추고) "나타나다" 혹은  "등장", "현현"을 의미하는 성각문자로 구현되었다. 이들 성각문자는 모두 태양빛이 언덕 위로 뻗어 나오는 모습을 한 성각문자  "카"(kha; Gardiner, 1957: 489, N28)에 기반하고 있는데, 이 성각문자의 초기 형태 —  "카" — 를 통해 이것이 태양이 떠오르기 직전 태초의 언덕 위로 태양빛이 찬란하게 방사放射되는 모습이라는 것을 알 수 있다. 아울러 최초의 언덕에 처음 떠오르는 태양의 형태 역시 전승에 따라 앞서 언급한 수련 혹은 네페르툼 이외에도 뱀 혹은 악어가 낳은 '우주알'(cosmic egg)을 깨고 나오는  "베누" 즉 "불새"•

• 이 단어에서 고대 그리스어인 헬라어 φοῖνιξ "피닉스"(phoenix) 혹은 "불사조"가 파생되었다. 동양에서는 불사조가 봉황(鳳凰)과 동일시되지만 고대 이집트 성각문자 혹은 도상에서는 본문과 같이 왜가리(학명: *Ardea cinerea* 혹은 *Ardea purpurea*)로 묘사된다. '피닉스'가 고대 이집트에서 유래한 것이라고 밝힌 사람은 헤로도토스다(『역사』, 2. 73). "또 다른 신성한 새가 있는데, 이름이 포이닉스이다. (…) 헬리우폴리스 주민들에 따르면, 그 새는 500년에 한 번씩 나타난다고 하는데 아비 새가 죽었을 때이다. (…) 그 새의 깃털 일부는 금빛이고 일부는 붉은색인데, 외모와 크기는 독수리를 쏙 빼닮았다. 나로서는 도무지 믿기지 않지만, 포이닉스는 다음과 같은 일을 해낸다고 한다. 포이닉스는 아라비아를 출발하여 몰약으로 싼 아비 새의 유해를 헬리오스[태양신]의 신전으로 나른 다음 그곳에 묻는다는 것이다." 원문의 한국어 번역은 다음을 참조하였다. 헤로도토스, 『역사』, 천병희 옮김(도서출판 숲, 2009), 204쪽. 이후 로마의 시인 푸블리우스 오비디우스 나소(Publius Ovidius Naso, 기원전 43년-기원후 17년), 로마의 박물학자 가이우스 플리니우스 혹은 대(大)플리니우스(Gaius Plinius Secundus Major, 23-79년) 등과 같은 고대 저술가에 의해 유럽으로 전승된 피닉스/불사조 신화에

혹은 나체의 어린이 태양신 혹은 숫양 머리를 한 신 등 각기 다른 존재로 묘사된다. 이와 같은 다채로운 묘사는 고대 이집트인들이 그 양상과 권능에 따라 태양신을 굉장히 다양한 이미지로 상상했다는 것을 짐작할 수 있게 해준다(Tyldesley, 2011: 55-56).

따르면, 피닉스/불사조는 태양의 재생이라는 속성을 상징하며 일단 죽은 후 타버린 자기 유해의 재에서 다시 부활하는 새로 알려지게 되었으며 이후 기독교 문화에서 예수 그리스도 혹은 성모 마리아를 상징하게 되었다. 미국에서는 1906년 대지진 이후 재건한 샌프란시스코의 상징으로 사용되었으며 영국의 아동문학 작가인 조앤 K. 롤링(Joanne K. Rowling, 1965년-현재)의 대표작 중 하나인『해리 포터와 불사조 기사단』(*Harry Potter and the Order of the Phoenix*)의 실사판 영화에서는 주인공 해리 포터가 앨버스 덤블도어(Albus Dumbledore) 교수의 연구실에서 불사조가 스스로를 불사른 후 재에서 부활하는 장면을 목격한다.

결론과 요약
: 영구적인 시간 순환의 시작

이집트 중부 헤르모폴리스를 종교적 중심지로 한 여덟 명의 신들은 헤르모폴리스 8신계를 구성한다. 이들은 네 쌍의 남신과 여신으로 구성되어 있는데, 창조 이전에 스스로 존재했던 태초의 대양의 본질과 속성이 구체적으로 표상된 것이다. 요컨대, 누/눈-나우네트는 대양의 본질과 비활성 상태를, 헤흐-하우네트는 무한함을, 케크-카우네트는 빛이 출현하기 전의 암흑을, 아문-아마우네트는 혼돈과 파악 불가능한 신비한 속성을 각각 상징한다.

일부 후기 전승에 따르면 이들은 창조주가 출현하여 우주를 창조할 수 있는 여건을 조성했으며 이 과정에서 변신, 심지어는—최초의 언덕이 이들의 무덤이라는 묘사에 근거할 때—죽음에 이른다. 헤르모폴리스를 중심으로 한 창세신화에서는 이들의 창조력은 최초로 솟아오른 언덕으로 응집되고 이 대지를 무대로 최초의 태양이 수련·불새·어린이 신 등 다양한 모습으로 떠오른다. 모든 생명의 근원이 되는 태양신이 활동할 수 있는 공간을 구성하여 태초의 대양이 물러나면서 만들어진 이 공간, 최초의 언덕에서 처음 발생하는 사건인 최초의 일출은 영구적인 시간의 순환이 시작됨을 알린다.

IV

원발자의 출현
: 일자에서 다자로

「헬리오폴리스 창세신화」

앞서 언급한 「헤르모폴리스 창세신화」가 창조 이전의 우주를 설명함으로써 창조 활동의 배경을 주로 설명한다면, 실제 창조 과정은 「헬리오폴리스 창세신화」에 구체적으로 기술되어 있다고 할 수 있다. 카이로 근교에 위치한 Ἡλιούπολις 헬리오폴리스(Heliopolis)는 헬라어의 Ἥλιος "태양"과 πόλις "도시"가 합쳐진 지명으로 명실상부한 태양신의 신성한 도시였다. 고대 이집트어로는 𓉺𓏌𓊖 "이웨누", 즉 "기둥들"이라고 불렸는데, 이와 같은 지명은 태양신을 위해 건립된 수많은 𓉺𓏤 "기둥"들로 이루어진 거대한 열주식 신전이 존재했다는 사실을 미루어 짐작하게 해준다. 이 지명은 『구약성서』에서 אֹן 혹은 אוֹן "온"(On) 등으로 언급되었으며(「창세기」, 41:50; 「에제키엘」, 30:14-17), 이후 콥트어로도 역시 ⲱⲛ "온"으로 불렸다. 태양신과의 연관성은 이후 아랍어에도 그대로 반영되어 현재 이곳은 عين شمس "아인 샴스"(Ain Shams), 즉 "태양의 눈"으로 불린다.

고대 이집트인들은 후대의 유일신교 신학자들과는 달리 *creatio ex nihilo* "무로부터의 창조"를 상정하지 않았다. 「헤르모폴리스 창세신화」는 언제·어떻게·누구에 의해·무슨 목적으로 존재하게 되었는지는 알 수 없으나, 창조 이전에는 누/눈으로 표상되는 태초의 대양이 이미 스스로 존재하고 있었으며 여기서 마른 땅이 드러나고 그 위로 태양이 떠오르면서 우리가 알고 있는 세상이 만들어졌다고 설명한다. 「헬리오폴리스 창세신화」에는 이 태초의 대양에서 태양신이자 창조주가 마침내 모습을 드러내고 이어 스스로를  "발현"(evolution)시켜 우주를 창조한다. 이 창조주-태양신은 우주의 모든 기원을 끝까지 소급하여 올라갔을 때 마주치게 되는 단 하나의 원인이라 할 수 있는데, 이와 같은 존재를 '원발자'原發者(monad)라고 한다. 마치 현대 물리학의 빅뱅 이론(Big Bang Theory)에서 제시되는 특이점(singularity)과 같이 원발자는 세상의 모든 것, 즉 우주를 구성하는 모든 원소와 힘의 근원이다.

「헬리오폴리스 창세신화」에 따르면, 이 원발자는 태초의 대양에 의해 만들어진 것이 아니라—창조주는 결코 자신보다 선행하는 어떤 다른 존재에 의해 창조되지 않는다—원시의 바다 속에 스스로 존재하고 있다가 모습을 드러내었는데, 이 원발자가 바로 태양신  "아툼"(Atum)이다. 고대 이집트어의 형용동사  "템", 즉 "완전하다"에서 파생된 아툼의 원래 의미는 세상을 완성하는 '종결자'(finisher)인데, 원발자로서 아툼의 신격은  "완전함의 주" 혹은 "총체總體의 주"(Lord of Totality), 그리고  "궁극의 주"(Lord to the Limit)와 같은 다른 호칭을 통해 보다 구체적으로 보완된다.

나는 태양신의 아케트를 계승했으니 이는 내가 '완전함의 주'이기 때문이라.(CT VII, 321a–b)

앞서 언급한 것처럼, 아툼은 창조 이전부터 태초의 대양 속에서 아직 발현하지 않은 상태, 즉 '잠재태'(potentiality)의 상태로 존재했다고 생각되었다. 이와 같은 상태는 『코핀 텍스트』 714번 주문에서는 "알의 상태로", 다시 말해 발현하기 이전의 모습으로, 『코핀 텍스트』 80번 주문에서는 아직 활성화되지 못한 "무력한 상태로 누와 함께 홀로 있었다"라고 각각 묘사된다. 앞서 언급한 것처럼, 창조의 과정은 아툼이 이런 잠재태에서 벗어나 마침내 스스로를 발현시키면서 비로소 시작된다.● 아툼의 발현으로 인해 무한한

● 그리스어 δύναμις와 라틴어 *potentia*에 기원을 둔 '잠재태'와 마찬가지로 그리스어 *ενέργεια* 혹은 ἐντελέχεια와 라틴어 *actualitas*에 기원을 둔 '현실태'(actuality)는 아리스토텔레스(Ἀριστοτέλης, 기원전 384-322년)가 현실에 존재하는 실체를 인식하는 문제에서 형상과 질료의 관계를 설명할 때 사용한 개념들이다. 그에 따르면 형상은 질료 없이는 존재할 수 없고 질료는 형상이 되어야 비로소 그 존재 의의(raison d'être)를 가진다(목적론적 세계관). 또한 사물은 형상을 가져야만 현실성을 얻으며(현실태), 형상이 없는 질료는 가능성에 불과하다(잠재태). 그는 여기에 두 가지 개념을 더하여 '4인자론'을 확립했는데, 이 네 가지 인자(因子)는 질료인·형상인·동력인·목적인이다. 질료인은 사물의 재료이고, 질료가 목표로 하는 형상, 즉 형상인은 사물의 본질이다. 한편, 동력인은 사물을 질료에서 형상으로 변화시키는 힘이며, 앞서 언급한 세 가지 인자가 사물의 궁극적인 목적을 실현하도록 하는 것이 목적인이다. 예를 들어, 목수는 나무(질료인)를 가공하여(동력인) 의자(형상인)를 만들어 사람이 편리하게 앉을 수 있는 가구로서의 용도(목적인)를 구현한다. 아리스토텔레스는 이 네 가지 인자의 작용을 통해 만물의 운동과 변화가 제대로 작동하기 위해서는 구체적인 완전태가 존재해야 한다고 생각했으며 모든 사물의 궁극적인 목적인 완전태를, 스스로는 운동하지 않으면서 다른 모든 사물을 운동하게 만드는 궁극적인 원인, 즉 ὃ οὐ κινούμενος κινεῖ 혹은 *primum movens* "부동의 원동자"(unmoved mover 혹은 prime mover)라고 불렀다. 고대 이집트 창세신화에서 창조주-원발자는 자신의 모습을 발현함으로써 태초의 대양에서 비활성 상태로 있던 자신(잠재태)을 창조된 세상(현실태)으로 바꾼다. 이처럼 만물의 궁극적인 원인이라는 점에서 창조주-원발자는 아리스토텔레스의 부동의 원동자에 비유될 수 있으나 스스로의 모습·상태를 변화시켜 일자에서 다자로 발현한다는 점에서는 다른 모든 사물을 운동하게 만들

태초의 대양에 처음으로 빛이 깃들고 생명이 살 수 있는 유한한 공간이 만들어진다. 따라서 아툼은  "스스로 발현하신 이"로 불리는데, 이는 다른 신에 의해 창조되지 않은 최고신, 즉 원발자로서의 신격을 표현하는 호칭이다.

원발자의 신격을 규정하는 '스스로 발현하는 이'라는 호칭은 『구약성서』「출애굽기」 3장 13-14절에서 유일신이 모세(Moses)에게 자신을, אֶהְיֶה אֲשֶׁר אֶהְיֶה "나는 스스로 있는 자이다"라고 선언하는 대목을 상기시킨다. 유일신이 자신의 속성을 밝히는 이 부분을 기원전 3세기 고대 그리스어 번역은 *ἐγώ εἰμι ὁ ὤν* "나는 존재하는 그분이다"로, (기원후) 5세기의 라틴어 번역은 *ego sum qui sum* "나는 존재하는 그 존재이다"로 각각 처리했다. 이것은 신은 그 자신(의 본질)으로만 정의되는 존재라는 의미로 해석될 수 있는데, 이와 같은 해석은 고대 이집트의 '스스로 발현하는 이', 즉 자재하면서 자발적으로 발현하는 원발자의 속성과도 비교될 수 있다.

뿐 정작 자기 자신은 운동하지 않는 부동의 원동자와 구별된다.

원발자의 발현 : 신들의 탄생

원발자 아툼이 스스로를 발현하면서 다음 세대의 신들, 즉 한 쌍의 아들과 딸이 태어나는데, 이들이 각각 건조한 대기의 신  "슈"(Shu)와 습한 대기의 여신  혹은 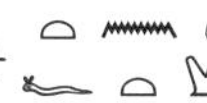 "테프누트"(Tefnut)다. 남신인 아툼이 슈와 테프누트를 탄생시킨 것을 설명하기 위해 고대 이집트의 종교문서는 '자위'(masturbation) 혹은 '재채기'(sneezing)나 '침 뱉기'(spitting)와 같은 행위가 행해졌다고 설명하는데, 여기서 '재채기'와 '침 뱉기'는 일종의 언어유희로서 고대 이집트인들은 발음이 유사한 단어들은 본질적인 속성을 공유하며 따라서 현대인이 보기에는 아무런 관계가 없는 자의적인 발음의 유사성을 통해 특정 개념의 본질이나 존재의 기원을 설명할 수 있다고 생각했다.

『코핀 텍스트』 74번 주문(CT II, 3d–6a)

내가 바로 슈, 아툼이 창조한 자이니 레가 그 속에서 발현했느니라.
나는 자궁에서 생겨나지 않았고 알에서 형성되지 않았으며
잉태를 통해 잉태되지 않았으니
아툼께서 그의 입의 타액으로 나를 테프누트와 함께 뱉어 내셨노라.

(…)

나는 무한으로부터, 물기로부터, 혼돈으로부터, 암흑으로부터
거듭하는 무한을 낳는 자이니라. 신들을 낳는 내가 바로 슈이니라.

여기서 동사  "이세쉬", 즉 "재채기하다"가 '슈'의 기원을, 또 다른 동사  "테프", 즉 "침을 뱉다"가 '테프누트'의 기원을 설명하는 데 사용되는데, 이와 같은 발상은 또한 창조주의 몸에서 나오는 모든 것 — 체액과 발화(명령) — 에는 그 자체로 창조의 권능이 있다는 고대 이집트인들의 믿음을 반영한다. 한편, 이렇게 고착된 발상은 『코핀 텍스트』 75번 주문에서 '재채기하다' 대신 '뱉어 내다'를 사용한 창조 행위로 변용되어 등장한다.

『코핀 텍스트』 75번 주문(CT I, 337c-340b)

그[아툼]는 그의 심장으로 나를 창조하셨으며 그의 창조력으로 나를 만드시었노라.
그는 그의 코로 나를 뱉어 내셨으니 나는 내뱉은 형체를 한 신,
존엄한 원발자가 창조하신 자, 그의 완벽함으로 하늘에 두루 퍼지는 자이니라.●

체액과 관련하여 재채기·침 뱉기 이외에도 자위가 원발자가

● 앞서 언급한 것처럼 아툼은 '스스로 발현하신 이', 즉 '원발자'로 묘사된다. 한편, "그의 완벽함으로 하늘에 두루 퍼지는 자"라는 표현은 대기의 신인 슈의 신격을 묘사한 것이다.

분화하는 수단으로 언급되기도 한다. 이것은 아툼이 통상 남신으로 표상되었기 때문이다. 자위를 통한 분화-창조에서 창조주가 자위에 사용한 '아툼의 손'은 그 자체로 아툼의 '딸', 즉 창조적 분화를 가능하게 한 여신(자궁)이 되었으며, 여성의 창조력을 상징하는 "하토르" 여신과 동일시되었다. 일부 전승에서는 자위로 인해 방출된 정액을 담은 손 혹은 정액을 삼킨 입 등이 다음 세대의 신들인 대기의 신 슈와 테프누트가 태어나는 자궁의 역할을 한다.

『피라미드 텍스트』 527번 주문(PT 1248a–d)

그는 헬리오폴리스에서 발기한 자로 발현하신 아툼이시니
그가 그의 성기를 그의 주먹에 쥐시고 그것으로 쾌락을 만들려고 하시니
아들딸 남매가 태어나니 바로 슈와 테프누트라.

이들 남매의 탄생은 공활空豁한 공간의 생성을 의미한다. 그리고 이들이 형성한 공간은 「헤르모폴리스 창세신화」에서와 마찬가지로 빛이 비출 수 있는 공간, 아니 태양신이 스스로 발현하는 순간부터 빛으로 가득 찬 공간이 된다.

고대 이집트어에서 비어 있는 물리적 공간으로서의 "대기"는 동시에 "햇빛" 혹은 "햇빛으로 가득한 대기"를 의미했다. 『구약성서』의 「창세기」에서 해와 달 같은 광명체光明體가 창조되기 전 이미 우주가 빛으로 충만하고 창조 이전에는 없던 시간과 공간의 구분이 생기는 이치는 바로 여기에 있다.

하늘과 땅의 분리

아툼의 자위 혹은 체액의 방출을 통해 다음 세대의 신들인 슈와 테프누트가 생겨남에 따라 태초의 대양에는 거대한 거품과 같은 공간이 만들어지게 되었다. 이 공간은 필연적으로 위와 아래로 나누어졌는데, 아래는 대지의 신  "게브"(Geb)가 되었고, 윗부분은 하늘의 여신  "누트"(Nut)가 되었다. 이와 같은 인식의 과정이 신화에서는 슈와 테프누트 사이에서 게브와 누트가 태어나는 것으로 묘사된다. 여기서 게브를 표기하는 데  '거위'(학명: *Anser albifrons*) 성각문자가 사용된 이유는 그 음가가 "겝"(geb)인 것도 있지만(Gardiner, 1957: 471, G38) 「헤르모폴리스 창세신화」에 기반한 전승 중 하나에서 최초의 언덕이 물에서 솟아오른 후 신성한 거위, 즉 "압성鴨聲(오리 울음)으로 정적을 깨시는 위대한 이"(Great Honker)가 출현하여 처음으로 우주의 정적을 깨고 태양신이 탄생하게 될 우주알을 낳는다는 이야기를 반영한 것이기도 하다.[●]

한편, 고대 메소포타미아와 고대 그리스 등 다른 문화권에서

● 이와 같은 발상은 닭의 울음, 즉 '계명성'(鷄鳴聲)이 아침을 알린다는 동아시아의 발상과도 일맥상통한다.

는 하늘이 남신, 대지가 여신으로 표상되는데 고대 이집트는 이런 면에서 예외라고 할 수 있다. 고대 이집트에서 대지가 남신, 하늘이 여신으로 표상된 이유에 대해서는 여러 가지 추정이 가능하다. 첫째, 문법적 성(gender)이 신들의 성(sex)을 결정했을 가능성이 있다. 고대 이집트어에서  "땅"은 남성명사인 반면,  "하늘"은 여성명사다. 그러므로 땅과 하늘을 담당하는 신들의 성별이 각 명사의 문법적 성에 따라 정해졌을 가능성이 있다. 둘째, 대지의 남신과 하늘의 여신이 가진 신격이다. 대지를 다스리는 남신 게브는 다른 문화권에서 발견되는 대지의 여신들과는 달리 땅의 풍요나 생산성보다는 땅을 다스리는 왕권과 더 밀접하게 연관된 신이며, 따라서 그의 역할도 왕권이 적법한 절차에 따라 계승되는 것을 감독하는 데 맞춰져 있다.

고대 이집트에서 땅의 풍요나 생산성은 게브가 아니라 나일강 범람의 신인  "하피"(Hapy)가 담당했다. 아울러 하늘의 여신 누트 역시 다른 문화권의 하늘 신과는 달리 하늘에 깃든 범접할 수 없는 권위를 상징하기보다는 일몰 후 노쇠한 태양신을 품어 잉태한 후 아침에 다시 낳는 태양신의 어머니 역할을 한다. 다시 말해, 하늘 여신 누트의 주된 신격은 아침에는 태양신을, 밤에는 달과 별을 낳는 우주의 어머니 여신이었다(Roth, 2000: 187-201).

게브와 누트의 탄생으로 인해 후대의 신들과 다른 생명체들이 출현할 수 있는 무대가 완성된다. 한편, 남매이자 부부인 게브와 누트가 각각 하늘과 땅으로 나뉘게 된 것을 대기의 신 슈는 『코핀 텍스트』 76번 주문에서 다음과 같이 설명한다.

[그림 4-1] 네스타넵이셰루의『사자의 서』에 묘사된 게브와 누트

총 길이 37미터로 세계에서 가장 긴 파피루스 중 하나인『그린필드 파피루스』(Greenfield Papyrus)에 묘사된 게브와 누트. 바닥에 몸을 길게 펼치고 누운 남성이 게브이고, 굽힌 몸을 두 손과 발로 지탱하고 있는 여성이 누트이다. 이와 같은 모습은 고대 중국의 수학·천문학 문헌인『주비산경』(周髀算經)에 묘사된 '천원지방'(天圓地方) 우주관과 유사하게 둥근 하늘의 모습을 묘사한 것이다. 게브와 누트 사이에 두 손을 들어 하늘을 떠받치는 남성은 이 두 신의 아버지인 대기의 신 슈이다. 슈의 양쪽에는 숫양 머리를 한 엘레판티네(아스완)의 주신 크눔(Khnum)이 있다.『그린필드 파피루스』는 제3중간기 제21왕조 말기에서 제22왕조 초기에 활약했던 아문의 고위 신관 아문 피네젬 2세(Amun Pinedgem II)의 딸인 네스타넵이셰루(Nestanebisheru)의 부장품으로 제작되었던『사자의 서』다.

『코핀 텍스트』 76번 주문(CT II, 2b–f)

나[슈]는 내 딸 누트를 내 머리 위로 들어 올렸으니,

이는 내가 그녀를 아버지 아툼의 경계에 두기 위함이라.

나는 게브를 내 발 밑에 두었으니,

그 신[게브]은 내 아버지 아툼을 위해 땅을 엮느니라.●

● 슈가 "누트를 아툼의 경계에 둔다"라는 말은 하늘이 창조된 세계와 태초의 대양

신왕국 시대 말기에 목관에 새겨지거나 파피루스에 그려진 장례 문서의 삽화를 보면 게브가 (종종 발기한 상태로) 땅에 비스듬히 누워 있고, 누트가 두 팔과 두 발로 땅을 짚고 몸을 아치 형태로 굽힌 채 있으며, 그 사이에 대기의 신 슈 혹은 무한을 나타내는 무한의 신들 "헤흐"(Heh)가 두 팔을 들고 누트를 지탱하는 모습이 자주 발견된다. 이처럼 신격화된 하늘과 땅, 대기를 한 장면 속에 묘사한 삽화는 이후 고대 이집트인들이 생각한 창조된 세계를 대표하는 그림으로 고착되었다(그림 4-1 참조).

하늘과 땅이 나누어짐으로써 다른 생명체들이 존재할 수 있는 환경이 만들어졌다. 이제 원발자 아툼의 발현은 무한한 존재의 출현으로 이어진다. 그러므로 「헬리오폴리스 창세신화」는 일자에서 다자로, 단일에서 무한으로 이행하는 창조의 서사라 할 수 있다.

게브와 누트 사이에서 태어난 네 명의 형제자매 신들은 모두 하늘과 땅에 충만한 생명의 원천을 신격화한 존재들이다. 우선, (중왕국 시대 이후로는 로 표기) "오시리스"는 이상적인 남성적 생식력과 재생·부활의 권능을 상징하는 남신이었으며, "이시스"는 이상적인 여성적 생식력과 모성애를 상징하는 여신이었다. 신화에 따르면 이들은 어머니 누트 여신의 자궁에 잉태되었을 때부터 서로 사랑했다고 하는데, 이후 장성하여 이집트에서 가장 이상적이고 완벽한 부부가 된다. 한편, 오시리스의 동생 (중왕국 시대 이후로는 신왕국 시대에는 종종 로

의 경계면까지를 모두 포괄한다는 의미다. 아울러 게브가 "아툼을 위해 땅을 엮는다"는 말은 땅에서 일어나는 일을 경영한다는 것을 뜻한다.

[그림 4-2] 서기관 아니의 『사자의 서』에 묘사된 오시리스와 이시스·네프티스 자매

신왕국 시대 제19왕조 시대의 왕실 서기관 아니(Ani)의 『사자의 서』에 묘사된 오시리스와 이시스·네프티스 자매. 명계의 왕으로서 미라의 모습으로 왕좌에 앉아 있는 남성이 오시리스이고, 뒤에 서 있는 두 명의 여성이 각각 이시스와 네프티스다. 식물 신의 신격을 가지고 있는 오시리스는 피부색이 녹색 혹은 (죽음·대지 등을 상징하는) 검은색이며, 머리에는 남부 상이집트의 백색관 양옆에 깃털을 부착한 "아테프"(Atef) 관을 쓰고, 목자의 지팡이·도리깨·권세를 상징하는 지팡이 등을 손에 쥐고 있는 모습으로 묘사된다. 한편, 오시리스 앞에는 "오시리스, 제트/영원한 동일성의 주"(Osiris, Lord of Djet/Eternal Sameness)라는 설명이 써 있다(5장 2절 참조). 이 장면에서 '최후의 심판'을 통과하고 의인으로 인정받은 서기관 아니는 오시리스를 직접 대면하고 있는데 지금부터 명계에 진입하여 영생을 누릴 수 있는 신민의 자격을 얻게 된다.

표기) "세트"는 오시리스와는 반대되는 남성의 무분별한 성욕과 불임·불화와 혼돈을 체화體化한 남신이었다.● 이시스의 자매인 혹은 "네프티스"는 세트의 아내가 되는데, 세트-네프티스는 사랑과 헌신으로 하나가 된 오시리스-이시스와는 달리 남신과 여신이 짝을 이루는 신화적 구조에 따라 명목상의 부부로 맺어진다. 이런 이유 때문에 「오시리스 신화」에서 네프티스는 세트의 아내로서보다는 이시스의 자매로서 훨씬 더 많은 활약을 한다(그림 4-2 참조).

● 세트의 경우,  혹은 , 소위 '세트 동물'(Seth-animal)이 의미한정사나 표의문자로 사용되는 경우가 있다. '세트 동물'은 오카피(okapi, 학명: *Okapia johnstoni*)의 머리와 목, 당나귀의 귀, 멧돼지의 꼬리 등 여러 동물의 특징적인 부분을 혼합한 상상의 동물이다. 오카피는 아프리카 적도 연안의 열대우림에 서식하는 기린과의 포유동물로서 주로 나뭇잎을 먹는다. 기린보다 키가 작고 목이 기린에 비해 짧다. 목과 등에는 짙은 갈색의 털이 나 있으며 다리에는 줄무늬가 있다.

헬리오폴리스의 9신계

원발자 아툼을 정점으로 슈-테프누트, 게브-누트를 거쳐 마지막 세대를 구성하는 오시리스-이시스, 세트-네프티스 등 아홉 명의 신들을  "9신계"九神界 혹은 "9주신 체계"(Ennead)라고 부른다. 아울러 '9신계'라는 용어는 헬리오폴리스의 주신인 아홉 신의 동아리를 지칭하는 동시에 창조된 세계에 내재하는 원소와 이들 원소가 서로 조응照應하거나 길항拮抗하는 모든 힘들을 총칭하는 집합명사이기도 했다. 초창기의 종교문서에는 '9신계'가 와 같이 표기되었는데, 이와 같은 표기는 단순히 아홉 명의 신(× 9)을 의미할 뿐만 아니라 성각문자 체계에서 '3'으로 표현된 '복수'를 다시 복수로 만든 것(× 3), 즉 무한한 숫자를 상징하기 때문이다.

헬리오폴리스의 '9신계'에 속하는 신들은 종종 '아툼과 그의 9주신'(Atum and his Ennead)이라는 형태로 숭배되었다. 한편, '9신계'에 속하지는 않지만 오시리스와 이시스의 아들인 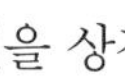 "호루스"는 '9신계'의 열 번째 신으로 이집트의 신성한 왕권을 상징한다. 요컨대 「헬리오폴리스 창세신화」는 아툼에서 게브-누트에 이르는 계보를 통해서는 우주가 창조된 연원을 설명하는 우주창조(cosmogony)

[표 4-1] 「헬리오폴리스 창세신화」의 9신계

원발자		"아툼"(Atum)		
제1세대 신들		"슈"(Shu)		"테프누트"(Tefnut)
제2세대 신들		"게브"(Geb)		"누트"(Nut)
제3세대 신들		"오시리스"(Osiris)		"이시스"(Isis)
		"세트"(Seth)		"네프티스"(Nephthys)
통치자		"호루스"(Horus)		

신화로서의 속성을 드러내고, 오시리스-이시스에서 호루스에 이르는 계보를 통해서는 신성한 왕권이 어떻게 신의 영역에서 인간의 영역으로 위임되었는지를 설명하기 위해 창작된 권력창조(cratogony) 신화의 속성을 보여 준다.

자신의 발현·분화를 통해 세상을 창조한 아툼은 창조주-신왕神王으로서 창조된 우주를 통치한다. 창조주가 보유한 '신성한 왕권'(sacred kingship)은 일단 아툼의 몸에서 탄생한 대기의 신 슈-테프누트로 전승된 이후 땅과 하늘의 신인 게브-누트, 지상의 생명계를 상징하는 오시리스-이시스 등 세대를 거쳐 전승되다 마침내 호루스를 통해 지상의 왕(호루스의 현신)에게로 위임된다. 앞서 언급한 것과 같이 호루스 역시 창조된 세계에 내재한 힘이 표상된 것인데, 권력창조 신화에서 호루스는 자연계의 가장 강력한 힘인 태양과 인간 세계의 가장 강력한 힘인 파라오를 동시에 상징한다. 우주의 최고 권력자로서 창조주-태양의 속성을 표현하는 호루스의 신격은 형용동사  "헤리", 즉 '아득히 멀다' 혹은 '요원遙遠하다'에서 파생된 신명神名 "호루스"의 원래 의미, 즉 "아득히 먼 곳에 계신 이"(the one far off) 혹은 "저 위쪽에 계신 이"(the one above)를 통해 짐작할 수 있다. 여기서 '아득히 먼 곳'과 '저 멀리 떨어진 위'는 모두 하늘을 의미하며, 대개는 태양빛이 가장 강렬한 한낮에 생성되는 상승기류를 타고 하늘 높이 솟아오르는 송골매의 모습으로 표상된다.

결론과 요약
: 고대 이집트인들의 빅뱅 이론

하늘과 땅의 분리, 그리고 태초의 대지 위로 솟아오르는 태양(신의 탄생)은 「헬리오폴리스 창세신화」의 정점을 이룬다. 새롭게 창조된 세상에서 처음 시작된 일출은 창조 행위의 완성과 동시에 영원한 생명의 순환, 즉 시간이 시작되는 것을 의미한다.● 요컨대, 창조 행위를 완성한 원발자-창조주는 규칙적인 상승과 하강으로 상징되는 영겁회귀의 순환 속에서 (우주의 지배자인) 빛과 온기를 제공하는

● 고대 이집트 창세신화에서 태양의 영구적인 상승과 하강 주기가 고착되면서 구현되는 시간의 탄생은 초기 기독교 교부 중 한 사람인 아우구스티누스(Augustinus Hipponensis, 354-430년)가 제시한 *creatio cum tempore* "시간과 더불어 이루어진 창조"의 개념과 유사하다. 아우구스티누스는 『고백록』(*Confessiones*) 11장에서 창조와 함께 시간이 시작되었으므로 창조 행위 이전 유일신은 시간 밖에 존재했으며 시간 밖에는 그 어떤 운동이나 변화도 없으므로 안식했다고 주장했다. 요컨대, 신은 시간 밖에서 안식하고 시간 안에서 활동했다는 말인데 이와 같은 주장은 고대 그리스의 철학자 플라톤(Πλάτων, 기원전 427-343년)의 영향을 받은 것으로 보인다. 플라톤은 만년의 저작인 『티마이오스』(*Τίμαιος*)에서 다음과 같이 말한다(37e). "우주가 생겨나기 전에는 주야도 연월도 없었는데, 그분[데미우르고스 = 창조주]은 우주가 구성되는 것과 동시에 그것들을 창조할 구상을 했으니까요. 이것들은 모두 시간의 부분들이고, '있었다'와 '있을 것이다'는 생겨난 시간의 양상들인데, 우리는 그런 줄도 모르고 이를 영원한 존재에 잘못 적용하고 있어요. 우리는 영원한 존재가 '있었다', '있다', '있을 것이다'라고 말하지만 '있다'만이 진실로 영원한 존재에 걸맞은 표현입니다."

태양신으로서 창조된 세상을 스스로 통치하면서 창조주-지배자의 신격을 갖는다. 이처럼 「헬리오폴리스 창세신화」는 아툼의 발현을 통한 창조 과정을 설명할 뿐만 아니라 창조된 세상에서 창조주-태양신이 지닌 역할도 규정한다.

창조된 세상의 기원과 구조, 내재하는 원소들과 힘들에 대한 포괄적인 설명을 제공하는 「헬리오폴리스 창세신화」의 가장 두드러진 특징은 수많은 다양한 구성 요소들이 단 하나의 원천, 즉 원발자의 발현에 그 기원을 두고 있다고 보는 관점이다. 다시 말해, 창조의 순간에 원발자, 즉 일자가 다자로 분화하면서 모든 것이 창조되는 것이다. 『코핀 텍스트』 80번 주문에서는 아툼이 슈와 테프누트를 낳았을 때를, "그가 하나였다가 셋으로 발현했을 때"로 표현한다(CT II, 39e). 그러므로 '9신계' 자체가 창조주-원발자 아툼과의 물리적 관계를 인간 세계의 계보로 설명한 사례라고 할 수 있다. 고대 이집트인들은 하나의 단일한 물리적 원천에서 어떻게 세상의 무한한 원소들이 생겨났는지를 설명하고자 할 때, 아툼이 후대의 신들을 낳는 것, 다시 말해 부모가 가진 창조적 질료로부터 아이들이 탄생하는 원리를 사용했다. 그러므로 이 신화를 현대인의 관점에서 본다면, 창조의 과정은 무한한 대양에 (슈와 테프누트로 표상되는) 공간이 만들어졌고, 이 공간에 (게브와 누트로 표상되는) '위'와 '아래'가 정해지면서 모든 생명체가 살 수 있는 터전이 생겨났으며, 이 생명의 무대에 생명의 기원과 속성을 설명할 수 있는 (오시리스-이시스, 세트-네프티스로 표상되는) 다양한 힘들이 실현된 것으로 이해될 수 있다.

좀 거칠게 말하자면, 「헬리오폴리스 창세신화」는 고대 이집트인들의 '빅뱅 이론'을 신화라는 형식을 빌려 단계적으로 설명했다

[그림 4-3] 빅뱅 상상도

고 할 수 있다. 빅뱅이 한순간의 거대한 폭발에 의해 촉발되며 공간·시간·물질이 동시에 생겨난 것과 마찬가지로, 고대 이집트인들이 생각한 세상과 시간 역시 아툼이 무한한 형태로 발현하는 순간, 즉 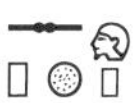 "최초의 순간"(First Occasion)에 시작되었다. 아툼이 발현을 시작한, 모든 것이 시작된 순간은 『코핀 텍스트』 76번 주문에서 대기의 신 슈가 자신을 '아툼이 발현한 날 창조된 이'로 묘사하는 데서도 찾아볼 수 있다. 빅뱅 이론에서와 같이 일단 시작된 창조는 거스를 수 없으며 그 이전과 그 이후는 완전히 다른 모습으로 바뀔 수밖에 없다.

더 들어가기 ②

「헬리오폴리스 창세신화」 이외의 창세신화

「헬리오폴리스 창세신화」는 이집트 창세신화의 '표준'이라 할 수 있다. 이집트에는 각 지역마다 다양한 창세신화가 존재하는데 대개는 「헬리오폴리스 창세신화」와 유사한 구조를 가지고 있다. 다시 말해, 세상이 존재하기 전에는 태초의 대양만이 자재하고 있었는데, 마침내 해당 지역의 주신이 창조주로 등장하여 자신의 신격·권능에 부합하는 창조 활동을 전개한다. 「헬리오폴리스 창세신화」 이외의 창세신화 중 가장 세부적이고 지적인 창세신화는 우리가 8장에서 체계적으로 살펴볼 『멤피스 창세신화』다. 이 창세신화는 아툼을 정점으로 하는 「헬리오폴리스 창세신화」의 9신계를 그대로 유지하면서도 체액 방출을 통한 아툼의 발현과는 다른 방식으로 우주를 창조하는 프타를 창조주로 상정한다. 요컨대, 『멤피스 창세신화』는 「헬리오폴리스 창세신화」를 기본으로 하여 프타를 창조주의 지위로 끌어올리려는 신학적 시도라 할 수 있다.

앞서 언급한 「헬리오폴리스 창세신화」와 『멤피스 창세신화』와 같은 주요 창세신화 이외에도 이집트 전역에서는 다양한 창세신화가 발견된다. 이 중 나일 삼각주 지역에 위치한 사이스(Sais)의 주신인 '네이스'(Neith) 여신, 엘레판티네(Elephantine)의 크눔(Khnum), 콥토스(Coptos)의 민(Min)과 관련된 창세신화를 살펴보자.

사이스의 네이스

이집트 서부 삼각주 지대에 자리한 사이스(Sais)의 주신인 "네이스"

여신은 고대 이집트 역사 초기부터 북부인 하이집트를 지배하는 대모신(Great Mother Goddess)으로 숭배되었으며, 창조주로서는 태양신을 스스로 잉태하고 출산한 처녀신(處女神)으로서의 신격을 가지고 있다. 이와 같은 παρθενογένεσις "처녀 출산"(parthenogenesis)의 신격과 활을 양쪽으로 겹쳐 놓은 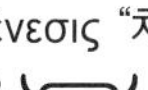 호전적인 상징(Gardiner, 1957: 503, R24-25) 등으로 인해 후대에는 Αθηνά "아테나"(Athena) 여신과 동일시되었다. 고대 이집트 도상에서 네이스는 하이집트의  "적색 왕관"(Red Crown; Gardiner, 1957: 504, S3)을 쓰고 활을 쏘아 태양신의 적을 물리치는 사냥과 전쟁의 여신으로 묘사된다.

네이스 여신을 중심으로 한 창세신화는 테베(Thebes)에서 남쪽으로 약 55킬로미터 떨어진 에스나(Esna, 아랍어로 إسنا)에 건립된 크눔 신전에 자세히 기록되어 있는데, 여기서 네이스는 태초의 대양에서 모습을 드러낸 후 발화(utterance), 즉 명령을 통해 최초의 언덕을 창조한다. 에스나 신전의 창세 서사에서는 이 언덕이 에스나라고 밝히고 있다. 앞서 살펴본 것과 같이 각 지방의 창세신화에서는 최초의 언덕이 그 지방의 신전이 건설된 곳, 더 정확하게는 지성소의 좌대가 안치된 곳이다. 한편, 이 최초의 언덕에서 휴식을 취한 여신은 이어 빛과 태초의 신들을 창조한 후 어린 태양신이 탄생할 것이라고 예언한다. 여신의 예언대로 지평선에 태양신이 출현하자 여신은 에스나를 떠나 사이스에 정착하여 주신이 된다(Watterson, 1996: 179-181). 이 신전이 그리스 지배기에 재건되었다는 사실을 고려할 때 신전의 창세 서사에 언급된 바, 여신이 에스나에서 사이스로의 이동했다는 이야기는 역사적으로 근거가 없는 것으로 보인다. 그러나 네이스 여신이  "신들의 어머니"라는 호칭으로 불렸다는 점, 그리고 이집트의 만신전에서 항상 권위 있고 지혜로운 여신으로 숭배되었다는 점 등을 고려할 때, 이집트 문명이 시작될 때부터 창조주의 신격을 가지고 있었던 것은 분명하다.

특히 창조주로 묘사될 때에는 발기한 남근을 보유한 양성구유(bisexual)의 여신으로 표상되는데, 이를 통해 고대 이집트인들이 네이스 여신을 남성의 생식력을 포괄하는 창조의 권능을 가지고 있는 총체적 창조주로 인식했다는 것을 알 수 있다. 아울러 네이스 여신은 나일강과도 밀접한 관계가 있다. 나일강과 태양신을 상징하는 악어신  "소벡"(Sobek)의 어머니이며, 아래 소개될 엘레판티네의 주신인 크눔과 마찬가지로 나일강의 범람을 조절할 수 있는 권능을 가졌다고 여겨졌다.

사이스에 위치한 네이스 여신의 신전은  "꿀벌의 영지"(Enclosure of Bee)라고 불렸는데 이것은 네이스 여신, 그리고 하이집트가 양봉(apiculture)과 밀접한 관계가 있다는 사실을 시사한다. 고대 이집트에서  "상·하이집트의 왕"(Dual King)이라는 단어는 직역하면 "골풀과 꿀벌에 속하시는 이"(he who belongs to the sedge and bee)라는 뜻이다. 여기서  "골풀"(Gardiner, 1957: 482, M23)은 상이집트를 상징하는 식물이고  "꿀벌"(Gardiner, 1957: 477, L2)은 하이집트를 상징하는 곤충이다. 이를 통해 꿀벌이 선사시대부터 이집트 북부를 의미하는 상징으로 사용되었으며, 벌로 대변되는 양봉술이 하이집트에서 유래되었다는 것을 미루어 짐작할 수 있다. 한편, 앞서 언급한 왕의 호칭에서 '골풀에 속하시는 이'가 단독으로 사용될 때는 통상 '왕'을 지칭하며 '꿀벌에 속하시는 이'가 단독으로 사용될 때는 일반적으로 '(신성한 왕권을 공유했던) 전대의 왕' 혹은 '세습권을 가진 왕'(hereditary king)을 각각 의미한다.

엘레판티네의 크눔

코끼리의 도시 Ἐλεφαντίνη "엘레판티네"(Elephantine)는 이집트 최남단 도시 아스완 맞은편에 위치해 있다. 고대 이집트어의  "코끼리의 도시"를 그대로 그리스어로 옮긴 이 지역의 지명에 대해서는 이곳이 이집트 본토에 서식하지 않는 코끼리를 볼 수 있는 장소였기 때문에 이렇게 불렸다는 설과 이곳이 중부 아프리카의 특산품 중 하나인 상아가 대량으로 거래되었기 때문에 이런 이름이 붙여졌다는 설 등이 있다.

엘레판티네의 주신은  "크눔"이다. 크눔은 사람의 몸에 숫양의 머리를 한 신으로 표상되며, 나일강의 범람을 관장하는 신으로 숭배되었다. 고대 이집트인들은 범람과 관련된 신들이 비밀스러운 지하동굴에서 물을 붓거나 어딘가 지하수를 막고 있는 마개를 빼면 나일강이 불어나서 범람이 발생한다고 생각했다. 대개는 범람의 신 하피나 크눔이 담당하는데 범람과 관련한 크눔의 역할은 세헬(Sehel) 섬의 바위에 새겨진 『기아(飢餓) 석비』(Famine Stela)에서 유추해 볼 수 있다. 그리스 지배기에 창작된 것으로 보이는 『기아 석비』는 고왕국 시대 제3왕조의 두 번째 파라오인 조세르(Djoser/Netjerikhet, 기원전 2667-2648년)가 메마른 날씨로 인해 7년간 계속되던 기근을 해결하기 위해 엘레판티네 총독에게 보낸 왕실 포고문의 형식을 차용하고 있다. 석비에 따르면, 조세르는 자신의 총리 대신 임호텝(Imhotep)에게 기근의 해결책을 마련하라고 지시하는데, 이에 임호텝은 고문서실에서 크눔이 나일강의 범람에 결정적인 역할을 한다는 사실을 알아낸 후 이를 왕에게 보고한다. 그날 왕은 침소에 들기 전에 임호텝이 조언한 일들을 행하고 이에 만족한 크눔이 왕의 꿈에 나타나 나일강의 범람을 약속한다. 이와 같은 텍스트는 나일강의 범람을 담당하는 풍요와 생식의 신으로서 크눔의 면모를 잘 보여 준다.

크눔은 또한 도공(陶工)처럼 녹로(轆轤, potter's wheel) 위에서 나일강의 풍부하고 질 좋은 흙으로 사람과 그의 혼을 빚어 만드는 신으로 묘사된다. 고대 서아시아 전역에서 점토는 벽돌과 토기 등 일상용품을 제작하는 데 사용되었으며, 이 때문에 수메르를 비롯한 메소포타미아에서는 신들이 점토로 인간을 만드는 신화소가 광범위하게 존재한다. 이집트에서는 이 역할을 크눔이 담당하는데, 이집트에 녹로가 도입된 것이 고왕국 시대 후반인 제5왕조(기원전 2494-2345년) 이후이므로 아마도 크눔과 관련된 신화소는 고왕국 시대 후반부에 도입되었거나 변형되었을 것으로 추정된다. 특히, 크눔이 흙으로 인간을 빚어내는 신화소는 중왕국 시대부터 본격적으로 발전하기 시작했던 것으로 추정되며, 신왕국 시대에 들어서는 인간뿐만 아니라 신을 비롯한 만물을 만들어 내는 창조주의 지위를 획득하게 된다. 그러나 창조주의 신격을 부여받은 이후에도 흙으로 인간을 빚어내는 장인으로서의 역할이 크눔의 가장 대표적인 이미지로 부각되었다. 한편 크눔 신전에서는 "녹로를 설치하는 축제"(Festival of Installing the Potter's Wheel)가 매년 거행되었으며, 이때 낭송된 『크눔 대찬가』(Great Hymn to Khnum)가 신전 벽면에 새겨져 있다. 이 찬가에는 신체의 각 부분이 크눔에 의해 어떻게 창조되는지가 해부학적으로 자세히 묘사되어 있다(Lichtheim, 1980: 109-115; Tyldesley, 2011: 70-75).

콥토스의 민

테베에서 북쪽으로 43킬로미터 떨어진 콥토스[Coptos, 현재 지명은 퀴프트(Qift), 아랍어로 قفط]의 주신인 "민"은 그 기원이 선사시대까지 거슬러 올라가는 유서 깊은 신이며, 이집트 역사 초기부터 항상 발기한(ithyphallic) 모습으로 묘사됨으로써 다산과 생식력을 과시했다. 선왕조시대(기원전 5300-3000년경) 유적에서는 나무로 만든 남근이 부착될 수 있도록 구멍이 뚫려 있는 석회암으로 제작된 4미터 높이의 거석 민의 조각상이 발견되었는데, 이를 통해 민은 이집트 역사 초기부터 발기한 모습으로 표상되었다는 사실을 알 수 있다. 신왕국 시대 이후 민은 아문과 습합하여 아문-민(Amun-Min)이 되었는데, 아문-민은 "카-무테프", 즉 "그의 어머니의 황소"(Bull of His Mother)로 표상되었다. 카-무테프는 자신의 어머니를 임신시키는 황소라는 신격을 보유하고 있다. 이는 매일 저녁 누트 여신의 입 속으로 들어가서 밤의 누트 여신의 몸을 통과하여(따라서 임신시켜) 매일 아침 누트 여신의 자궁에서 새롭게 태어나는 창조주-태양신의 속성, 다시 말해 모체(母體, matrix) 역할을 하는 누트·하토르 등과 같은 여신을 스스로 수태시키고 태어나는 최고신의 '자재자생'(自在自生)의 권능을 상징하는 것이다. 요컨대, 민의 속성 중 하나인 카-무테

[그림 4-4] 아문-민을 위한 의례를 수행하고 있는 람세스 3세

프는 황소가 가진 남성성과 생식력을 신화적으로 개념화한 것이라 할 수 있다.

그림 4-4는 룩소르 서안 메디넷 하부(Medinet Habu)에 건립된 신왕국 시대 제20왕조 람세스 3세(Ramesses III, 기원전 1184-1153년)의 장제전 벽면 부조다. 이 부조에서는 왕이 민을 위한 의례를 진행하고 있는데, 여기서 왕은 '민-아문-레'(Min-Amun-Re)에게 봉헌물을 바치고 있다. 민의 형상은 앞서 언급한 대로, 한쪽 손을 들어 올리고 있으며 성기가 발기된 모습이다. 여기서 주목할 것은 민 뒤에 묘사된 식물인데, 이는 '민의 정원'에서 자라는 로메인 상추(cos-lettuce - romaine lettuce, 학명: *Lactuca sativa*)다. 고대 이집트인들은 잎맥에서 젖 혹은 정액과 같은 불투명한 흰색 즙이 나오는 '민의 식물', 즉 상추를 최음제(aphrodisiac)로 여겼다.● 이러한 사실은 오시리스 신화 중 『호루스와 세트의 대결』에서 세트가 정원에서 재배하던 채소가 상추였다는 것을 상기시킨다. 실제로 이집트에서는 민의 축제 행렬이 상추가 자라는 '민의 정원'으로 행차하는 의식이 거행되었다. 따라서, 언제나 발기한 모습으로 묘사되는 생식력의 신이자 '발정기의 황소'(bull in the heat), 그리고 최음제 등 성애, 다산과 관련된 신성한 식물의 수호신 등 민이 보유한 이와 같은 속성과 특징은 분명 이집트인들이 민을 풍요를 보장하는 창조적 권능을 가진 신으로 여겼던 충분한 근거를 제시한다고 할 수 있다.

● 그림 형제(Brüder Grimm), 즉 야코프 그림(Jacob Ludwig Karl Grimm, 1785-1863년)과 빌헬름 그림(Wilhelm Carl Grimm, 1786-1859년)이 채집하여 1812년 발표한 『그림 동화』(Kinder- und Hausmärchen) 중 「라푼젤」(Rapunzel: KHM12)에서 라푼젤의 어머니가 그녀를 임신했을 때 너무 먹고 싶어 해서 남편이 옆집 마녀의 정원에서 몰래 따왔던 채소가 콘샐러드(corn salad) 즉, 마타리 상추(lamb's lettuce, 학명: *Valerianella locusta*)였다. 동화의 특징적 모티프인 상추와 긴 머리칼은 모두 심층적 층위에서의 성적 욕구와 매력을 의미한다. (참고로, 학명에서 볼 수 있듯, 로메인 상추와 마타리 상추는 사실 서로 다른 종에 속한다.)

V

시간과 공간의 탄생
: 영원한 순환의 시작

태양주기
: 순환적 시간의 탄생

『구약성서』「창세기」와 「헬리오폴리스 창세신화」, 그리고 빅뱅이론의 공통점은 창조 혹은 특이점 폭발 이후의 세상은 그 이전과는 결코 같을 수 없다는 것이다. 원발자의 발현이든, 절대자의 명령이든, 특이점의 폭발이든 일단 창조된 세상은 그 자체의 원칙과 질서에 따라, 역사에 개입하는 신의 섭리에 따라 전개되든 영겁회귀의 사이클을 반복하든 아니면 무한히 팽창하다 결국 열역학적 죽음을 맞든 창조 혹은 빅뱅 이전과는 완전히 다른 양태를 보인다.

고대 이집트인들에게 창조라는 일과성 사건, 즉 '최초의 순간' 직후에 찾아온 것은 태양신의 영원한 상승과 하강으로 대표되는 순환적 사이클의 반복이었으며, 그 시작은 우리가 「헤르모폴리스 창세신화」와 「헬리오폴리스 창세신화」에서 확인한 것과 같이 최초의 일출이었다. 아울러 이때 그 이전에는 존재하지 않았던  혹은  "시간" 역시  "생명"과  "마아트"와 함께 이때부터 시작되었으며(6장 참조), 일단 창조된 세상을 지속적으로 유지하기 위해서는 '최초의 순간'이 지속적으로 재현·반복될 필요가 있었다. 이 '최초의 순간'의 재현과 반복을 가장 이상적으로 구현한 자연현상이 바로 매일 아침 반복되는 일출이다

(Allen, 1988: 21-23).

고대 이집트인들에게 매일 아침 어둠을 이기고 지평선에 당당히 모습을 보이는 태양신은 인간을 비롯한 모든 피조물들에게 새로 시작될 하루를 위해 빛과 온기를 선사하는 존재다. 태양신의 새로운 현현 혹은 일출은 새로운 하루 동안 펼쳐질 새로운 삶을 가능하게 해준다. 이처럼 한 치의 오차도 없이 반복되는 태양신의 규칙적인 상승과 하강은 이미 창조되어 영원하고 완벽한 질서를 구현한 우주에서 그 질서와 구조를 영원히 유지하고 수호하는 창조주-태양신의 역할을 구체적으로 보여 준다. 보다 구체적으로 설명하자면, 자연에 내재한 힘으로서의  혹은  "태양신" 혹은 "레"(Re)는 태양신의 힘이 가장 왕성한 한낮의 태양을 상징했으며, 매일 아침 새롭게 떠오르는 태양은  "케프리"(Khepri), 즉 "발현하시는 이"(Evolver)로 불렸다. 이때 이름에 사용된 쇠똥구리는 매일 아침 새롭게 탄생하는 태양신을 상징하는  "신성갑충"(scarab, 학명: *Scarabaeus sacer*; Gardiner, 1957: 477, L1)의 형태를 취했다.

『피라미드 텍스트』 600번 주문(PT 1652a-1653a)

오 아툼, 신성갑충이시여,

그대가 높아지시니 높은 언덕이요,

솟아오르시니 헬리오스 벤벤 신전의 태초의 언덕이로다.

재채기를 하니 슈요, 침을 뱉으시니 테프누트로다.•

• 이 주문에서는 언어유희 기법이 특히 두드러진다. 「헬리오폴리스 창세신화」에서 살펴본 것과 같이, "재채기를 하니 슈요, 침을 뱉으니 테프누트로다"라는 행은 동

그대가 팔을 카의 모양으로 그들 뒤에 놓으시니
이는 그대의 카가 그들 안에 있게 함이로다.●

"케프리" 이외에도 아침의 태양신은 혹은 "호라크티"(Harakhti), 즉 "아케트의 호루스"(Horus of the Akhet) 혹은 태양신과 결합한 "레-호라크티"(Re-Harakhti)로 표상되기도 했다(7장 4절 참조). "호라크티"라는 신명神名은 "호루스"와 "아케트"가 합쳐져 만들어진 것인데 "아케트"는 일출과 일몰 직전에 태양신이 머물던 지평선 아래에 존재하는 별도의 신성한 공간이다. 태양신은 아침에 지평선 위로 떠오르기 전에, 그리고 저녁에 지평선 아래로 진 지하 세계로 여행하기 전에 이 아케트에서 스스로를 적절한 형태(케프리)로 발현 혹은 변신시킨다. 따라서 아케트는 태양이 모습을 드러내기 전인 새벽에, 그리고 태양이 지평선 아래로 모

사 "이셰쉬" 즉 "재채기하다"와 "슈", "테프", 즉 "침을 뱉다"와 "테프누트" 사이의 발음의 유사성에 착안한 언어유희적 설명이다. 한편, 동사 "높아지다"와 여기서 파생된 명사 "높은 언덕", "오르다"를 뜻하는 동사 "웨벤"과 여기서 파생된 명사 "벤벤" = "솟은 것" > "태초의 언덕" 역시 모두 중의적 언어유희다. 아울러 '높은 언덕'과 '태초의 언덕'은 우주창조 후 최초의 일출이 일어난, 태초의 대양으로부터 솟아오른 최초의 땅을 뜻한다. 창조주가 창조 행위를 완료한 후 최초의 일출이 시작되면서 변하지 않는 영겁회귀의 순환이 시작된다. 끝으로 "벤벤 신전"은 '벤벤' = '태초의 언덕'을 지성소에 안치한 신전이라는 의미다.

● 여기서 '카'(ka)는 신을 비롯하여 생명이 있는 모든 것을 살아 움직이게 만드는 생명력(life-force)을 뜻한다. 이집트인들은 '카'가 창조주의 포옹을 통해 창조주에서 후대의 신들에게, 그리고 지상의 파라오에게 전수된다고 생각했다. 미국의 신화라고까지 말해지는 「스타워즈 시리즈」(Star Wars Epic)에서, "May the Force be with you!" 즉, "포스가 그대와 함께하기를"이라는 말이 자주 사용되는데, 이때의 '포스'(Force)가 아마도 현대인이 이해할 수 있는 카에 가장 근접한 개념이라 할 수 있을 것이다.

습을 감춘 후에도 동쪽과 서쪽 지평선이 갑자기 밝아지거나 어두워지지 않고 한동안 붉게 빛나는 현상에 대하여 나름 '과학적'인 설명을 제공한다.

한편, 아툼이 헬리오폴리스의 원발자-창조주로서가 아니라 태양신만의 신격을 가질 때에는 서쪽 지평선으로 지기 직전의 저녁 태양신으로 여겨지는데, 이는 모든 신들 중에서 가장 나이가 많은 원발자-창조주 아툼이 일몰 직전의 노쇠한 태양신과 동일시 되었기 때문이다. 요컨대, 태양신은 케프리-레-아툼으로 변신을 거치며 하루의 주기를 완성했다. 끝으로 창조 행위의 정점인 태양(신)과 가시적인 창조자로서 발현한 아툼이 하나로 결합한 "레-아툼"(Re-Atum) 역시 태양신의 다양한 속성 중 하나를 상징하는 존재로 여겨졌다(그림 5-1).

[표 5-1] 하루를 주기로 한 태양신의 세 가지 양태

아침의 태양		"케프리"(Khepri)	(어린이 · 신성갑충으로 표상)
정오의 태양		"레"(Re)	(청년 · 태양원반으로 표상)
저녁의 태양		"아툼"(Atum)	(노인 · 숫양의 얼굴을 한 사람으로 표상)

[그림 5-1] 태양신의 세 양태

태양신의 속성을 열거한 『태양신 기도서』(Litany of Re)에 묘사된 태양신의 세 가지 양태. 『태양신 기도서』는 신왕국 시대 후기에 새겨진 왕실 전용 장례문서 중 하나다. 이 부조는 테베 서안 왕가의 계곡에 자리한 제19왕조의 세티 1세(Sety I, 기원전 1294-1279년)의 왕묘 입구에 새겨진 것이다. 여기서 신성갑충은 아침의 태양 케프리, 숫양 머리를 한 남성은 태양신의 '바'(ba), 즉 밤의 태양인 아툼, 이들을 감싸고 있는 태양원반은 한낮의 태양 레를 각각 표상한다. 태양신이 지하세계를 항해할 때 숫양 머리를 한 아툼의 모습으로 묘사된다.

시간의 탄생
: 제트와 네헤흐

원발자-창조주의 발현으로 태양신이 운행할 수 있는 공간이 만들어지고, 천상·지상·지하 세계를 일주하는 태양신의 상승과 하강으로 인해 순환적 주기를 바탕으로 하는 시간이 시작되었다. 고대 이집트인들의 기본적인 시간 개념은 낮과 밤, 계절의 변화, 나일강의 주기적인 범람 등과 같은 자연의 주기적인 리듬에 대한 관찰을 통해 인식되었으며, 이렇게 파악된 시간의 속성은 영원히 반복되는 주기성을 가진 패러다임으로 정의될 수 있다(Morenz, 1990: 166).

태초의 대양에서 태양이 떠오르고 이에 따라 시간이 시작되면서 영원한 순환 주기가 고착되었다면, 이 영원한 순환 주기는 어떤 속성을 가지고 있을까?

현대인들은 좌우로 무한히 뻗어 나가는 일직선상에 과거·현재·미래가 순차적이고 비가역적으로 배치된 선형적(linear)인 시간관을 따르지만 고대 이집트인들에게는 이질적이면서도 상보적 성격인 두 개의 시간이 존재했다. 그중 첫 번째는 "무한"(infinity) 혹은 "영원"(eternity)으로 번역되는  "영원한 동일성"(Eternal Sameness) 혹은 "영원불변"이다. '영원한 동일성'이라는 개념은 창조 이후 고

착된 어떤 완벽한 상태가 변하지 않고 영원히 유지되는 것을 말한다. 예를 들어, 하늘은 언제나 땅 위에 위치하고, 나일강은 언제나 남에서 북으로 흐르며, 태양은 언제나 동쪽에서 뜨고 서쪽으로 진다. 또한 살아 있는 존재는 항상 태어나 자라며 노쇠하여 죽는다. 요컨대, '영원한 동일성'은 동사 𓃹𓈖𓈖 "존재하다"(exist)를 중심으로 하는 완결된 정체(stasis), 즉 불변하는 완벽한 황금률 혹은 고정된 패턴이다(Assmann, 2001: 73-80).

일상생활에서 '정체'로서의 '영원한 동일성'은 "최종적인 형태로 성숙한 어떤 것이 그 완벽한 상태를 항구적으로 유지하면서 불변하는 영원 속에서 보전되는 '항상성'(ever-ness)의 신성한 영역"으로 정의될 수 있다(Assmann, 1974: 2.47, 2002: 18; Kadish, 2001: 408). 따라서 '정체'로서의 '영원한 동일성'은 죽음을 극복하고 질병·부상·노화와 같이 시간의 작용에 의해 발생하는 가변적 요소들로부터 완전히 자유로운 완전한 상태를 유지하고자 하는 이집트인들의 염원과 밀접한 연관이 있다. 이와 같은 염원은 이집트인들이 자신들이 성취한 것을 영원히 유지하고자 하는 욕구, 다시 말해 불멸하고 불변하는 영속성에 대한 갈망이 표출된 것으로서 보다 구체적으로는 문자(성각문자)·장례 건축물(피라미드)·미라(제작) 등과 같은 이집트 문화의 대표적인 요소들을 통해 표출된다. 또한 이와 같은 태도는 예술 작품에서 시간의 작용을 배제하는 한편, 묘사된 형상(이미지)의 완전성과 불변성을 중시하는 이집트의 완고하고 보수적인 예술 원리와도 밀접한 관계가 있다.

두 번째 시간 개념은 𓈖𓅘𓎛𓎛𓇳 (흔히 요약해서 𓎛𓇳𓎛로 쓴다) "영원한 반복성"(Eternal Recurrence) 혹은 "영겁회귀"이다. '영원한 반복성'은 끊임없이 반복·순환·재생하는 시간의 개념을 표현하는데 일출과 일몰을 반복하는 태양의 주기, 매년 어김없이 왔다가 사라지는 계절의 순환, 삶과 죽음을 통해 쉴 새 없이 교체되는 세대교체 등이 여기에 해당한다. '영원한 동일성'에 상반되는 '영원한 반복성'은 동사 𓆣𓂋 "발현하다"(develop)로 표현될 수 있는 역동적이고 반복적인 변화(change)다.

정체			변화		
테프누트 (Tefnut)	>	오시리스 (Osiris)	슈 (Shu)	>	레 (Re)
영원한 동일성	=	법칙 (마아트)	영원한 반복성	=	생명

위의 도식에서 정리된 것과 같이, 슈와 테프누트의 탄생은 원발자의 첫 번째 창조 행위이자 영원한 순환 주기가 시작되는 시발점이다. 따라서 테프누트는 '영원한 동일성'과, 슈는 '영원한 반복성'과 각각 동일시된다(그림 5-2). 이와 같은 생각은 『코핀 텍스트』 주문 78번(CT II, 22a-23c)에 반영되어 있다. "나(슈)는 '영원한 반복성', 무한의 아버지라. 내 누이는 '9신계'를 낳은 테프누트, 아툼의 딸이라. (…) 나는 아툼을 위해 반복하여 무한을 낳는 자. 그것은 '영원한 동일성'. 그것은 내 누이 테프누트." 한편, '영원한 반복성'이 '생명'을, '영원한 동일성'이 '마아트', 즉 '우주적 질서'를 표상한다는 생각은 『코핀 텍스트』 주문 80번(CT II, 32b-e)에 다음과 같이 묘

[그림 5-2] 투탕카멘 왕묘에 새겨진 제트와 네헤흐

테베 서안 왕가의 계곡에 자리한 제18왕조의 투탕카멘의 왕묘 현실 내부에 설치된 첫 번째 사당(shrine) 벽면에 부조로 새겨진 제트(= "영원한 동일성")와 네헤흐(= "영원한 반복성"). 나무로 제작된 첫 번째 사당에는 『천상 암소의 서』(Book of the Heavenly Cow)와 관련된 내용이 새겨져 있는데 여기에 제트와 네헤흐가 각각 여성과 남성으로 묘사되어 있다. 두 인물 아래에는 "나는 위대한 두 신의 이름을 안다. 그것은 제트이고 그것은 네헤흐이다"라는 텍스트가 쓰여 있다.

사되어 있다. "내 살아 있는 딸은 테프누트라. 그녀는 그녀의 형제 슈와 함께 있으리라. 생명이 그의 이름이며 마아트가 그녀의 이름이라."

여기서 '영원한 동일성'과 '영원한 반복성'은 서로 반대되거나 서로를 배척하는 개념이 아니다. 고대 이집트인들은 '영원'과 같은 포괄적 개념을 대극對極하는 한 쌍의 용어를 사용하여 정의했다(Wilkinson, 1999: 129). '영원한 동일성'은 완전한 상태에서 시간이 정지한 것을 의미하는데 여기서 정지한 시간은 '영원한 반복성'을 통

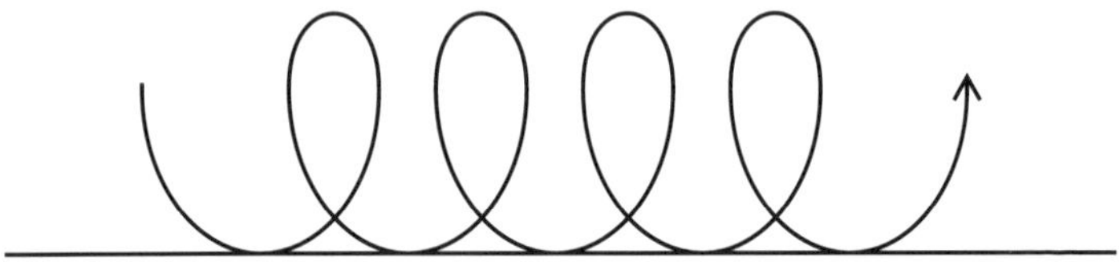

[그림 5-3] 영원한 동일성과 영원한 반복성

해서만 활성화된다. 이 두 가지 이원적인 시간 개념이 작동하는 세계는 영구적으로 고착화된 원칙을 바탕으로 발현되는 반복적이고 다양한 현상으로 가득 차 있다. 이와 같은 상황은 고정불변인 대본, 즉 '영원한 동일성'을 기초로 새로운 무대장치와 배우의 공연, 즉 '영원한 반복성'에 따라 매번 반복적으로 상연되는 연극에 비유될 수 있다(Allen, 1988: 27).

앞서 언급한 것처럼, 창조된 세계를 유지하기 위해서는 '최초의 순간'이 지속적으로 재현·반복될 필요가 있었으며, 고대 이집트인들에게 '최초의 순간'의 재현과 반복을 가장 이상적으로 구현한 자연현상은 바로 매일 아침 반복되는 일출이었다. 자연계에서 일출이 '최초의 순간'을 구현하면서 창조된 우주의 질서를 유지한다면, 인간 세상에서는 새로운 파라오가 출현함으로써 '최초의 순간'이 구현되고 사회질서의 기반인 왕권이 유지된다(Allen, 2000: 144). 다시 말해, 새로운 왕이 즉위하면서 재위 기간이 새롭게 시작되는 것은 창조주가 우주를 창조한 '최초의 순간'을 인간 세상에서 재현하는 것을 의미한다. 따라서 새로운 하루가 시작되고 새로운 한 해가 시작되며 새 왕이 즉위하는 것은 모두 창조의 행위가 새롭게 반복됨으로써 변하지 않는 법칙인 '영원한 동일성'을 바탕으로 '영원한 반복성'을 구현하는 것이 된다.

그림 5-3에서 직선으로 묘사된 '영원한 동일성'은 선형적 시간을 나타내는 것 아니라 고착화된 패턴이 불변하면서 지속적으로 유지되는 것을 표현한다. 따라서 고대 이집트인들의 기본적인 시간 개념은 한편으로는 이집트의 이원적 시간관을 구체적으로 경험 가능한 세속적 시간과 추상적인 성스러운 시간으로 구분할 수도 있다. 이와 같은 구분에 따르면, 세속적 시간은 실제적이고 선형적이며 탄생·성장·노쇠·죽음 등과 같은 일련의 연속적인 생의 단계를 통해서 경험되고 인지된다. 반면 성스러운 시간은 순환적·영구적으로 반복되며 '영원한 반복성'과 '영원한 동일성'을 통해 개념화된다. 이때 성스러운 시간은 세속적 시간의 "일방적인 흐름/방향성"에 의해 야기되는 긴장에서 탈출할 수 있는 출구를 제공한다(Bell, 1997: 129, 283 no. 10). 아울러 세속적 시간의 선형성은 주기성을 가장 큰 특징으로 하는 '피안의 시간'(there-time), 즉 성스러운 시간과 대별되는 '현세의 시간'(here-time) 혹은 인간계 시간의 무의미함을 강조한다(Bochi, 1994: 55).

한편, 세계 최초로 하루를  "낮" 12시간,  "밤" 12시간 등 총 24시간으로 구획한 사람들 역시 이집트인들이었다. 그러나 신왕국 시대 전까지는 시간의 길이가 일정하게 확정되지 않았으며 계절에 따라 달라졌다. 다시 말해, 여름에는 낮의 한 시간이 밤의 한 시간보다 더 길었으며 반대로 겨울에는 밤의 한 시간이 낮의 한 시간보다 더 길었다. 각 시간에는 명칭이 있었으나 주로 천체의 운행을 기록한 전문적인 문서에만 사용되었고 시간

을 표시하는 데에는 대개 숫자가 사용되었다(예: "낮의 열 번째 시간" = 약 오후 4시경). 또한 "해"[年]는 앞서 나일강의 범람 주기에서 살펴본 것처럼, (1) "범람기"(7월 중순-11월 중순), (2) "파종기"(11월 중순-3월 중순), (3) "수확기"(3월 중순-7월 중순) 등 크게 세 개의 "계절"로 나뉘어졌으며 각 계절은 다시 각각 네 개의 "달"로 세분되었다. 또한 각 달은 혹은 "일" 혹은 "날"이 30일 단위로 묶여 구성되었는데, 이 30일은 다시 10일씩 구분되어 한 주를 이루었다. 따라서 한 달(30일)은 10일을 단위로 하는 3주로 구성되었으며, 네 달이 모여 한 계절(120일)을 이루었고, 다시 세 계절이 모여 1년(360일)을 형성했다.●

● 고대 이집트인들은 대개 9일을 일하고 하루를 쉬었던 것으로 보인다. 한편, "주"(week)를 뜻하는 단어가 무엇이었는지는 정확하게 파악되지 않았다.

공간의 탄생
: 하늘과 땅, 지하 세계

「헤르모폴리스 창세신화」와 「헬리오폴리스 창세신화」에 따르면, 우리가 살고 있는 세상은 무한한 '누/눈' 혹은 '대양'에 만들어진 거대한 공기 방울 속에 존재한다. 다시 말해, 마치 공기가 가득 찬 풍선이 물속에서 빈 공간을 만들듯이 빛과 온기를 머금은 거대한 대기가 대양의 물을 밀어내어 빈 공간을 만들어 주기 때문에 인간을 비롯한 모든 생명체가 살 수 있게 되었다는 것이다. 이 공기의 윗부분은 반구 모양의 하늘을 이루는데, 이때 하늘은 무한한 대양과 유한한 세계의 대기가 맞닿는 경계점을 이룬다.

한편, 우주적 거품의 중앙에는 편평한 원반 모양의 땅이 있고, 지하에는 땅 위와 유사한 성격의 공간이 존재하는데, 이 공간을 이집트인들은  "두아트"(Duat), 즉 '명계' 혹은 '지하 세계'라고 불렀다. 이 두아트 아래에는 하늘과 비슷한 또 다른 반구가 있는데, 이곳은 '누/눈'의 여성형인 '나우네트', 즉 '뒤집어진 대양'(inverted ocean)으로 여겨졌다. 결론적으로 이집트인들은 세계가 평평한 원반 모양의 땅을 중심으로 위아래로 완벽한 대칭적 구조를 이루고 있다고 생각했다. 이집트인들이 생각한 세계의 구조는 신왕국 시대의 장례 문서인 『사자의 서』를 비롯한 다양한 종교 문서의 삽화나 벽화에서 찾아볼 수 있다. 이와 같은 삽화 혹은 벽화에는—앞서 「헬리오폴리스 창세신화」에서 살펴본 것과 같이—대지의 신 게브가 땅 위에 옆으로 비스듬히 누워 있고, 그 위로 하늘의 여신 누트가 대기의 신 슈의 지지를 받으며 양손과 양발로 아치와 같은 형태를 하고 구부러져 있는 모습이 그려져 있다(그림 4-1).

앞서 언급한 것처럼 고대 이집트인들에게 하늘의 표면은 대양, 즉 바다였으며 그 주변에는 지중해와 면한 이집트 북부와 마찬가지로 습지대가 형성되어 있었다. 거대한 대양인 하늘에는 또한 지중해와 마찬가지로 여기저기 섬들이 산재해 있었는데 그중 하나가  "운항하는 별들의 길"(Path of Sailing Stars)이라고 불린 '은하수'였다. 이처럼 고대 이집트인들은 천상의 구조가 자신들이 살고 있는 지상의 이집트와 유사하다고 생각했다.

이들에게 천상의 은하수는 지상의 나일강과 조응한다. 나일강은 생활용수와 농업용수의 근원이었을 뿐만 아니라 사람이나 물자를 빠르게 수송할 수 있는 국가의 대동맥, 즉 고속도로의 역할도 겸했다. 따라서 오늘날 우리가 승용차를 소유하듯이 왕과 귀족들은 자신의 전용 범선을 적어도 한 척 이상 가지고 있었다. 또한 이 때문에 무수한 거대 석조 건축물들이 건립되었던 이집트에서는 아시리아·페르시아·로마 같은 제국들이 심혈을 기울여 건설했던 정교한 도로망이 구축되지 못했으며, 메소포타미아 지역에서 문명 초기부터 사용되었던 바퀴도 거의 사용되지 않았다. (이집트인들이 육로로 무언가를 운반할 때에는 대개 나무로 만든 썰매를 사용했다.) 따라서 우주 속을 운행하면서 빛과 온기를 제공해 주는 존재인 태양신 역시 아침에 동쪽 지평선에 떠올라 낮에는  "새벽의 태양선"(day-

[그림 5-4] 두아트를 항해하는 밤의 태양신

테베 서안 왕가의 계곡에 자리한 제19왕조의 람세스 1세의 왕묘 벽에 그려진 밤의 태양신 아툼. 태양신의 앞뒤로는 창조주의 인식능력을 체화한 "시아"(Sia)와 그것을 실현할 수 있는 주술적 능력을 체화한 "헤카"(Heka)가 각각 선두(船頭)와 선미(船尾)에 서 있다(7장 5절 참조). 한편, 숫양의 머리 모양을 한 아툼이 서 있는 선실 위에는 "메헨"(Mehen), 즉 "둘러싸는 자"라는 뜻을 가진 뱀이 태양신을 보호하고 있다. 한편, 태양선의 이물 쪽에는 올바른 항해를 보증하는 "웨자트"(Wedjat) 눈이 새겨져 있는데, 지금도 서아시아와 지중해에서는 배의 선두 부분에 눈을 새겨 넣는 풍습이 남아 있다.

boat)을 타고 하늘을 항해했으며, 밤에는 "저녁의 태양선"(night-boat)을 타고 나우네트의 물길을 따라 두아트를 일주했다(그림 5-4). 태양선이 지하 세계로 내려가면 지상의 하늘에는 별들이 떠올라 운행을 시작했다. 태양선이 낮과 밤을 항해하는 데에는 각각 12시간이 소요되었으며, 이로써 태양신은 24시간에 걸쳐 일일 주기, 즉 하루의 운행을 완성하면서 '영원한 반복성'을 구현했다.

한편, 이렇게 만들어진 공간 안에는 인간과 동물을 비롯한 수많은 존재들이 원발자-창조주의 분화를 통해 생겨나고 거주했다.

고대 이집트인들은 특히 감각·인식·의지를 갖춘 존재를 (1) '신', (2) '아크', (3)  "왕", (4)  "인간" 등 크게 네 부류로 나누었는데, 자연에 내재한 힘과 물질을 체현한 신들은 그들의 의지와 활동이 모든 생명체를 지배했다. 아크는 죽은 후 영생을 누리게 된 망자들의 영혼이다. 고대 이집트인들은 이들이 내세에 존재하는 동시에 살아 있는 사람들의 세계에 머문다고 생각했다. 인간과 마찬가지로 아크는 밤에는 영원한 안식처인 무덤에서 잠들었다 아침이 되면 무덤 밖으로 나와 노쇠나 질병과 같은 육체적인 고난 없이 이상적인 삶을 영원히 누렸다. 아크는 또한 인간 세계 너머에 있는 신들의 세계에도 마음대로 드나들 수 있었으며 신과 같은 힘과 권능을 가질 수도 있었다.

이들 아크와 인격과 개성을 상징하는 또 다른 혼인 '바'(ba)가 태양신의 범선에 승선하여 노櫓를 젓는 역할도 수행한다고 여겼는데, 이집트인들에게 태양선에 승선한다는 것은 태양신을 비롯한 신들과 같은 공간에 있을 수 있다는 것뿐만 아니라 태양의 상승과 하강 사이클에 영원히 참여할 수 있다는 것을 의미했다. 따라서 이것은 영생을 누릴 수 있는 매우 영광스러운 방법 중 하나였으며 내세에서 이집트인들이 실현하고자 했던 중요한 염원 중 하나였다. 이와 같은 소망은 『코핀 텍스트』 1030번 주문(= 『사자의 서』 136번 주문)인 "태양신의 위대한 범선에서 항해하기 위한 주문"에도 잘 표현되어 있다.

『사자의 서』 136A번 주문(= CT VII, 258a–260a)

보시라, 헬리오폴리스의 귀인들이여, 케르-아하(Kher-aha)의 신민

들이여,

(태양)신께서 탄생하셨으니 그의 머리띠가 매어졌고 그의 키잡이

노가 쥐어졌노라.[●] (…)

나는 머리에 연꽃 화관을 쓴 그[태양신]가 승선한 범선을 움직여

하늘로 나아가니 범선을 타고 누트 여신(의 몸속)으로 운행하노라.

태양선에 승선하여 태양신의 항해를 돕는 신들과 별자리 중에서 가장 특별한 신은 세트다. 고대 이집트인들은 밤의 태양선이 지날 때 거대한 물뱀 아포피스가 태양선이 지나는 수로의 물을 모두 마셔 버려 태양선을 좌초하게 만든다고 생각했으며, 태양선이 밤의 항해를 무사히 마치기 위해서는 용맹한 신이 태양선의 뱃머리에 서서 거대한 창으로 이 뱀을 죽이고 뱀의 뱃속에 있던 물을 다시 수로에 흐르게 해야 한다고 생각했는데(그림 3-3), 이 역할을 맡은 신이 바로 엄청난 힘과 그 포악한 성격으로 유명한 세트였다. 「오시리스 신화」에서는 오시리스의 살해자로, 그리고 왕권의 찬탈자로 묘사되는 세트가 태양신의 상승과 하강 주기에서는 우주적 질서를 수호하는 데 기여하는 태양신의 조력자로 등장하는 것이

● 이 행은 태양신이 탄생하고 장성하여 태양선의 지배권을 가지게 되는 과정을 한 줄로 요약한 것이다. 여기서 "그의 머리띠가 매어졌다"는 고대 이집트의 성년식 풍습을 말한다. 이집트의 어린이들은 성별에 관계 없이 오른쪽만 남기고 나머지 머리를 모두 깎은 후 남은 모발을 옆으로 땋는 변발 풍습이 있었는데 성년이 되는 17-18세에 이 옆댕기(side-lock)를 자르고 꽃 장식을 그려 넣은 머리띠를 써서 성인이 되었음을 드러냈다. 예컨대, 고왕국 시대 말기의 고위 관리였던 웨니(Weni)는 자신의 분묘에 새긴 자전적 기록에서 제6왕조 테티(Teti, 기원전 2345-2323년) 치세 때의 자신의 상태를 다음과 같이 묘사한다. "나는 테티 폐하 치세에 머리띠를 맨 어린아이였다."(*Urk*. I, 98, 12)

다. 이와 같은 속성은 세트가 불모의 사막을 상징하면서 동시에 사막에서 나타나는 기상현상, 즉 폭풍우와 천둥·번개로 자신의 존재를 드러내는 신이었기 때문이다. 이처럼 풍우신風雨神이 우주의 질서를 교란하는 원시의 물을 제압하는 신화소는 메소포타미아 전역에서 광범위하게 찾아볼 수 있다.● 가장 대표적인 예로는 바빌로니아의 창세 서사시 『에누마 엘리쉬』에서 바빌론의 주신이자 풍우신인 마르둑이 태초의 대양을 상징하는 티아마트 여신을 살해하는 사건과, 「바알 신화」(Ba'al Cycle)에서 시리아 북부에 위치했던 도시국가 우가리트(Ugarit)의 하늘신이자 풍우신인 𐎁𐎓𐎍 "바알"(Ba'al)이 바다를 의인화한 신인 𐎊𐎎 "얌"(Yam)과 투쟁하는 이야기를 꼽을 수 있다.

● 풍우신을 주신으로 모시는 신화적 심성은 『구약성서』 「시편」에서도 발견된다. "(주님은) 물 위에 누각의 들보를 놓으신 분, 구름으로 병거를 삼으시며, 바람 날개를 타고 다니시는 분, 바람을 심부름꾼으로 삼으신 분, 번갯불을 시종으로 삼으신 분입니다"(「시편」, 104:3-4). 한편, 같은 책 「욥기」에서 유일신은 바람을 현현의 매개로 사용한다(「욥기」, 38:1). "그때에 주님께서 욥에게 폭풍이 몰아치는 가운데 대답하셨다"(주원준, 2012: 102-106).

VI

우주적 질서 : 마아트

태양신의 딸,
마아트

고대 이집트인들의 세계관에 따르면, 모든 피조물은 생명력을 통해 끊임없이 변모하지만 그 변화의 기반은 영원히 고정 불변하는 "영원한 동일성"에 있다. 그렇다면 이 '영원한 동일성', 즉 '영원 불변'의 존재 양식을 그들은 어떻게 개념화했을까? 그 답은 동사  "인도하다" 혹은 "방향을 제시하다"에서 파생된 추상명사 '마아트'(ma'at)에 있다. 이집트인들에게 마아트는 우주의 보편적 질서를 의미했으며, 이는 서구 철학의 자연법(natural law) 혹은 동양 철학의 천리天理와 유사한 개념이라 할 수 있다. 요컨대 마아트를 한마디로 정의한다면 '응당 그래야(만) 하는' 자연의 순리 혹은 인간세계의 도리 정도가 될 것이다.

고대 이집트인들은 마아트를 자연에 내재한 힘, 그중에서도 가장 근원적인 힘으로 파악했다. 이와 같은 발상은 '마아트'를 표기할 때 가장 핵심이 되는 성각문자  "마아"(ma'a)에 반영되어 있다. 이 문자는 벽을 세울 수 있도록 홈이 파여져 있는 건물의 받침돌(socle) 혹은 옥좌나 신상을 세워 둘 수 있는 기단부를 묘사한 것인데, 아마도 이런 이유 때문에 이 문자가 가장 기본적이고 근원적인 원리인 '마아트'를 상징하는 표의문자로 사용되었을 것으로 추

[그림 6-1] 후기 시대에 제작된 마아트 부조

정된다.

자연에 내재하는 모든 힘과 마찬가지로 마아트 역시 신성한 것으로 여겨졌는데, 이 신성한 개념이 여신으로 표상될 때 마아트는 𓆄 "타조의 꽁지깃"(Gardiner, 1957: 474, H6)을 머리에 꽂은 여인의 모습 — 𓁦 — 으로 표상된다(그림 6-1·6-2).● 반면, 앞서 언급한 받침돌과 기단부를 의미하는 성각문자는 동사 "인도하다" 혹은 형용동

● 고대 이집트 도상학(iconography) 혹은 상징체계에서 '깃털'은 대개 '공기'를 뜻하며, 따라서 대기의 신 슈 역시 깃털을 머리에 꽂은 남신으로 표상된다. 그러나 깃털은 종종 확실하게 존재하지만 눈에 보이지는 않는 신성한 힘을 표현하는 데 사용된다. 그 이유는 깃털의 미세한 움직임이 눈에 보이지는 않지만 그 존재는 분명히 확신할 수 있는 공기의 흐름을 파악할 수 있게 해주기 때문이다. '타조', '깃털'과 마아트의 연관성에 대한 다른 해석에 대해서는 다음을 참조. 배철현, 2017, 「마아트의 재현, 나르메르 화장판」, 『종교학연구』 35: 3-4.

사 "올곧다", "정의롭다", "바람직하다" 등 추상명사 '마아트'의 기본 개념과 연관된 여러 단어를 표기하는 데 사용되었다.

자연에 내재한 다른 힘들과 마찬가지로 우주의 기본 질서이자 법칙인 마아트 역시 세상이 창조된 후 태양(신)이 최초로 떠오르면서 순환적 시간이 고착될 때 수립되었는데, 이 때문에 마아트는 종종  "태양신의 딸"로 여겨졌다. 고대 이집트인들에게 창조된 세상이 태초 이후 지금과 같이 (질서 있는) 상태로 존재할 수 있는 것은 창조 이후 마아트가 생겨났기 때문이다. 이에 대해 고대 이집트의 가장 유명한 지혜문학 작품 중 하나인 『프타호텝의 교훈서』(Instruction of Ptahhotep)는 마아트에 대해 다음과 같이 말한다.

『프타호텝의 교훈서』(Ptahhotep 88–98 L2)

마아트는 위대하고 그 예리함은 영속하니,
오시리스의 시간 이래로 흐트러진 적이 없음이라.
법도를 위배하는 자는 처벌받으리니,
그것[마아트]을 위배하는 것은 바로 탐욕스러운 자의 의도 때문이라[●] (…)
결국 영속하는 것은 마아트이니,
사람이, "그것은 내 아비의 유산일 뿐이라"라고 말하면 아니 되리라.[●●]

● 직역하면, "그것은 강탈의 마음을 가진 자의 얼굴 안에서 우회하게 되는 바이다" 정도가 된다. 여기서 "얼굴"은 "의도" 혹은 "관심"으로 의역 가능하다. 요컨대, 탐욕스러운 자는 의도적으로 마아트의 법도를 위반한다는 뜻이다.

●● 직역하면, "한 사람이, '그것은 내 아버지의 영역이다'라고 말하면 안 된다"가 된다. 다시 말해, 앞 행에서 강조된 것처럼 "마아트는 영속하"기 때문에 "아비의 유산"처럼 결코 낡거나 시대에 뒤지는 법이 없으며 따라서 모든 세대에 적용되는

이처럼 마아트는 우주와 인간세계에 모두 적용되는 보편적인 기본 질서이기 때문에 창조된 세계의 모든 힘과 요소(물질)는 마아트의 지배를 받는다. 마아트는 이들 힘과 요소가 원래부터 정해진 제자리[定位]에 놓임으로써 계절과 밤낮의 운행, 세대교체 등과 같은 세상의 질서가 구현되게 하는 보이지 않는 힘(원리)이며 동시에 이렇게 구현된 질서를 상징한다. 고대 이집트인들은 이상적인 질서가 유지되기 위해 바람직한 요소들이 바람직하지 못한 요소들을 제거하거나 제압해야 한다고 생각하지 않았다. 대신 자연 속의 모든 요소가 조화와 균형을 이룰 때 마아트는 저절로 구현된다고 생각했다.

이집트의 자연환경을 예로 들면, 사람들이 살 수 있는 나일강 유역의 기름진 땅(바람직한 요소)은 사람이 살 수 없는 사막(바람직하지 못한 요소)으로 둘러싸여 있지만 이 불모의 사막은 다른 한편으로는 이집트를 주변의 적들로부터 지켜 주는 역할을 한다. 또한 상식적으로 삶이 죽음보다 바람직하지만 다음 세대가 이전 세대가 누렸던 것들을 똑같이 누리기 위해서는 죽음 역시 필요악으로서 존재해야 한다. 그러므로 마아트는 사막과 검은 땅의 조화, 삶과 죽음의 조화 속에서 구현되고 유지된다.

마아트는 또한 인간세계에서도 동일하게 적용된다. 고대 이집트인들은 사회에 통용되는 가치관이나 타인과의 관계, 그리고 현실에 대한 자각 등 삶의 중요한 경험을 평가하고 나름의 의미를 부여하는 데 마아트라는 잣대를 사용했다. 마아트는 이처럼 사회생

보편적인 법칙이라는 의미다.

활 전반에 걸쳐 적용되는 기준이었으므로 "의"義, "공정", "정의", "질서", "진리", "올바른 품행" 등 다양한 의미를 두루 가졌다.

한편, 마아트와 반대되는 개념으로  "부정", "불의", "거짓", "혼란", "협잡"挾雜, "그릇된 품행"이 있다. 현대사회에서는 정의와 불의·올바름과 그릇됨·진실과 거짓 등을 구분하는 데 종교적 계명이나 철학적 정언명령(kategorischer Imperativ) 혹은 법률 등이 기준으로 사용되지만, 고대 이집트에서는 실생활의 경험이 주요한 기준이었다. 다시 말해, 함께 살아가는 사람들 사이에 조화와 균형을 불러오는 행동이 '올바른' 행동이었으며 그렇지 못한 행동은 그 자체로 '악'으로 여겨졌다.

고대 이집트의 신정론

아울러 고대 이집트인들은 마아트는 창조된 세상의 질서로서 원발자-창조주에 의해 수립되었지만 그 반대인 악은 인간에 의해 생겨났다고 생각했다. 『코핀 텍스트』 1130번 주문에는 창조주가 인간을 위해 자신이 행한 선행을 나열하는 부분이 나오는데 여기서 창조주는 악이 어떻게 인간세계에 존재하게 되었는지를 다음과 같이 이야기한다.

『코핀 텍스트』 1130번 주문(CT VII, 462d-464b)

나[창조주]는 아케트의 대문 안에서 네 가지 선행을 행하였으니,

(첫째) 네 바람을 만들어 모든 사람이 숨을 쉴 수 있게 했으니, 그것이 하나요.

(둘째) 거대한 홍수를 만들어 가난한 자들도 부자들처럼 처신할 수 있도록 했으니, 그것이 하나요.

(셋째) 모든 사람을 그의 동료와 똑같게 만들었으며.

나는 그들에게 악을 행하라 명한 적이 없으나,

내가 말한 바를 훼손하는 것은 바로 그들의 심장이니, 그것이 하나요.

(넷째) 그들의 심장이 서쪽(명계)을 잊지 않도록 하여

노모스의 (주)신들에게 봉헌물을 바치도록 하였으니, 그것이 하나이니라.●

창조주는 "모든 사람을 그의 동료와 똑같게 만들었으며" 이를 통해 세상을 조화롭게 만들고자 했으나 그가 말한 바를 훼손하는 것은 그들의 심장이며 따라서 세상의 부조화는 인간의 자유의지에 따라 생겨나게 되었다(Lorton, 1993: 135-143). 다시 말해, 고대 이집트인들에게 악은 선한 의지를 가진 창조주에 대적하는 본질적으로 악한 실체, 즉 절대악 혹은 악마적 존재의 활동이 아니었다.●● 그렇다면 인간들이 마아트를 훼손하는 바람직하지 않은 행동을 선택하는 이유는 무엇일까?

● 여기서 "네 바람"은 인간들이 코로 들이쉬는 '생명의 숨결'을 의미하면서 동시에 각 계절에 부는 우세풍(優勢風), 즉 계절풍을 의미한다. 계절풍은 우주적 질서의 일부인 계절의 구별과 순환을 상징한다. 아울러 "거대한 홍수"는 매년 도래하는 나일강의 범람을 뜻한다. 범람을 통해 비옥해진 토지는 가난한 사람들도 의식주에서 기본적인 생활을 영위하는 것을 가능하게 해주었다. 끝으로, "서쪽" 혹은 "명계"를 잊지 않게 했다는 말은 인간이 필멸의 존재라는 사실을 인식하여 신적 존재들을 섬기며 자연의 법칙을 극복하거나 교란하는 수준까지 오만하게 되는 것을 방지했다는 의미다.

●● 이처럼 악의 기원을 인간의 자유의지에서 찾는 것, 다시 말해 창조주는 선의를 가지고 세상을 창조하였으나 인간이 스스로의 의지로 악을 행하게 되었다는 주장을 신정론(神正論, theodicy) 혹은 변신론(辯神論)이라고 한다. 유일신교에서 신정론은 전능(全能)과 공의(公義)를 비분여적 속성, 즉 인간에게 나누어 줄 수 없는 고유의 속성으로 하는 유일신이 악을 막을 수 있는 능력과 의지가 있는데 왜 악을 허용하는가라는 질문에 대답하기 위한 다양한 시도라 할 수 있다. 앞서 언급한 질문의 대답으로는 (1) 악을 선 혹은 신적 개입의 결핍으로 보는 관점 (2) 악이 (인간은 완전하게 파악할 수 없는) 신의 원대한 계획의 일부라는 관점 (3) 악이 아직 끝나지 않은 창조 과정의 불가피한 통과 단계라고 보는 관점 등이 있다.

신적인 질서인 마아트가 훼손될 가능성에 노출되는 이유는 고대 이집트인들의 '부정적 우주관'(negative cosmology)에서 찾을 수 있다. '부정적 우주관'이란 창조된 세상이 스스로 유지되지 않는다는 세계관이다. 다시 말해, 원발자-창조주가 만든 세상이 조화롭고 질서 있게 유지되기 위해서는 신들의 끊임 없는 노력과 개입이 필요하다는 생각이다. 세상이 창조된 이후에도 암흑과 혼돈을 그 특징으로 하는 태초의 대양은 창조된 우주 밖에 여전히 존재하고 있으며, 창조된 우주는 마치 심해의 잠수정처럼 끊임 없이 태초의 대양으로부터 엄청난 압박을 받는다. 잠수정의 단단한 골격이 심해의 강력한 수압에도 잠수함이 파괴되지 않도록 해주는 것과 마찬가지로 태양신의 지속적인 상승과 하강을 비롯한 신들의 부단한 노력만이 우주가 다시 혼돈의 심연으로 붕괴되는 것을 막을 수 있다. 이와 같은 관점에서 보자면, 우리가 살고 있는 현재의 세계는 혼돈과 질서 사이의 평형(equilibrium), 즉 두 힘의 '역동적 긴장관계'(dynamic tension)에 의해 유지되고 있는 것이다.

아울러 이와 같은 '부정적 우주관'은 '부정적 인간관'(negative anthropology)으로 이어진다. 우주적 질서와 마찬가지로 사회적 질서 역시 마아트를 훼손하는 행동을 취할 능력이 있는 인간들에 의해 지속적인 위협을 받는다. 다시 말해, 악을 선택할 수 있는 인간들을 그대로 방치할 경우 사회는 영국의 정치철학자이자 사회계약의 주창자인 토머스 홉스(Thomas Hobbes, 1588-1679년)가 1651년 출간한 저서 『리바이어던』(*Leviathan*)에서 언급했던 *bellum omnium contra omnes* "만인의 만인에 대한 투쟁" 상태로 빠져들 수밖에 없다. 따라서 사회적 질서를 유지하기 위해서는 지상에서 창조주-지배자의 통치권을 위임받은 파라오의 강력한 통치를 비롯하여 우주의 모든 존재가 스스로 존립할 수 없는 취약한 우주적 질서의 유지를 위해 부단한 노력을 기울여야 하는 것이다.

한편, 『코핀 텍스트』 1130번 주문에서 창조주가 "모든 사람을 그의 동료와 똑같게 만들었"다는 것을 근거로 고대 이집트인들이 현대사회에서 통용되는 것과 같은 평등의식을 가졌다고 오해해서는 안 된다. 인간세계에서 마아트의 본질은 모든 사회 구성원이 정치적·경제적으로 완벽하게 동등한 평등을 누리는 데 있지 않았다. 마아트는 오히려 서로 다른 계층이 각자의 자리에서 각자의 본분에 맞게 조화롭게 공존하는 것을 의미했다. 요컨대 고대 이집트인들에게 마아트는 권력과 부를 가진 사람들이 가난하고 힘 없는 사람들과 동등하다는 것을 뜻하지 않았다.

예를 들어, 고대 이집트의 문학 장르 중 하나인 재앙문학(catastrophe literature)에 속하는 『이푸웨르의 경고』(Admonition of Ipuwer)에서 주인공인 선지자 이푸웨르는 마아트가 붕괴된 상황을 묘사하면서, "보라, 나라의 빈자가 부자가 되었으며 물건의 소유주였던 사람들이 아무것도 없는 자가 되었구나"라고 한탄한다(*p. Leiden* I 344, 8. 2). 이를 통해 고대 이집트인들이 생각한 마아트는 모두가 동등하게 되는 것이 아니라 권력과 부를 가진 사람들이 자신의 권력과 부를 자신보다 가난하고 약한 사람을 위해 사용함으로써 구현되는 정의였다. 이와 같은 생각은 귀족 분묘 내벽에 새겨진 자전적 기록에 자주 등장하는데, 분묘의 주인들은 자신을 의인으로 묘사하기 위하여 "나는 배고픈 사람들에게 빵을 주었으며 헐벗은 사람들에게 옷을 주었다" 혹은 "나는 과부들에게 남편(과 같은 사람)이었으며 고아들에게 아버지(와 같은 존재)였다" 등과 같은 표현들을 일반적으로 사용했다.

『하르쿠프의 자전적 기록』(*Urk*. I, 122. 8-123. 4)

나[하르쿠프]는 덕이 있는 인격의 소유자였다. (…)

나는 아버지의 사랑이자 어머니의 자랑이었으며, 모든 형제(자매)가 사랑한 자였다.

나는 배고픈 자에게는 빵을, 헐벗은 자에게는 옷을 주었으며, 배가 없는 자를 건네주었다. (…)

나는 공정하게 말하는 자였으며, 모든 이가 좋아하는 것을 (되풀이하여) 행하는 사람이었으며

그 누구에게도 내 권위를 앞세워 모욕적인 언사를 쓰지 않았던 사람이었다. (…)

두 사람을 재판할 때(에도) 결코 아들이 그 아비의 유산을 박탈당하는 방법을 취하지 않았다.

이처럼 하르쿠프(Harkuf)와 같은 귀족들에게 마아트의 실천은 사회적 관계망 속에서의 조화를 통해 이루어졌다. 앞의 텍스트에서처럼 귀족들은 사랑받는 가족 구성원으로서, 사회적 책임(noblesse oblige)을 다하는 지배 엘리트로서, 존경받는 관리이자 불편부당한 판관으로서 다른 구성원들과의 조화로운 관계를 유지함으로써 사회 속에서 마아트를 실현해야 했으며 이를 통해 신과 왕이 수행하는 우주적인 노력에 동참할 수 있었다(Lichtheim, 1992: 20-37). 특히, 마아트를 수호해야 하는 관리와 판관의 의무는 고대 이집트 문

학작품 중 하나로 손꼽히는 『언변 좋은 농부』(Eloquent Peasant)에서 신랄하게 제시된다. 『언변 좋은 농부』는 한 농부가 부패한 하급 관리에게 자신의 소유물을 강탈당한 후 자신의 억울함을 그 하급 관리의 상관에게 호소하는 내용으로 구성되어 있는데, 농부는 그 상관을 다음과 같이 부른다.

『언변 좋은 농부』(B1 93-102 = R 15. 2-16. 8)

이는 나으리[상관]가 고아에게는 아버지요, 과부에게는 남편이며, 이혼한 여인에게는 형제요, 어미가 없는 이에게는 요의腰衣이기 때문입니다.

소인이 그대의 이름을 훌륭한 법으로서 이 땅에서 떨치게 하소서,●

탐욕 없는 인도자여, 저급함이 없는 위대한 이여,

거짓을 소멸시키고 마아트를 있게 하시는 이, 탄원하는 자의 목소리를 듣고 오시는 이여.

소인이 아뢰오니 들으소서. 마아트를 행하소서, 찬양하는 이들이 찬양하는 찬양받는 이여!

결핍을 물리치소서. 보소서, 소인이 짐을 지고 있사옵니다.

소인을 헤아리소서. 보소서, 소인은 부당한 일을 당한 사람이옵니다.

그러나 마아트를 실천해야 할 의무는 권력과 부를 가진 상류

● 여기서 농부는 자신이 탄원하고 있는 고관의 판결이 나중에 훌륭한 판례로 남기를 원하고 있다. 고대 이집트에서는 성문법의 역할이 미약했으며 판결은 대부분 판관의 재량과 과거의 판례를 근거로 내려졌다.

층뿐만 아니라 모든 사회 구성원들에게 고루 부여되었다. 사실 살아서 마아트를 실현하는 것은 사후 영생 누릴 수 있는 중요한 방법 중 하나였다. 모든 이집트인들이 사후 영생을 누리기 위해 반드시 거쳐야 한다고 생각했던 소위 '최후의 심판'(Final Judgment)은 종교적 심판이 아니라 사회적 판결에 더 가까웠다. 단순히 설명하자면, 생전에 사회의 조화를 해친 인물은 영생을 부여받은 망자들의 세계에서도 받아들여질 수 없다는 논리다.

마아트의 수호자 파라오

귀족과 평민들이 마아트에 따라 조화로운 삶을 추구해야 할 의무가 있었다면, 왕에게는 자신의 삶을 마아트의 기준에 맞춰 살아가는 것은 물론 사회 전체의 마아트를 유지하는 임무가 추가적으로 부여되었다. 다시 말해, 창조주-원발자가 태양신으로서 끊임 없는 상승과 하강을 통해 '영원한 동일성', 즉 마아트를 구현하며 '영원한 반복성', 즉 생명에 필요한 빛과 온기를 제공한다면, 왕은 창조주-원발자가 통치권을 위임한 지상의 대리자로서 올바른 통치행위를 통해 조화로운 우주적 질서의 일부인 '신국'을 이집트 전역에 구현해야 했으며, 이를 통해 신들로부터 선물로 받은 생명력을 이집트인들과 나라의 경작물과 가축들에게 전달하여 지상에서 신적 정의와 풍요를 실현시켜야 했다.

마아트의 수호자인 파라오가 다스리는 중앙정부는 따라서 지상에 구현된 우주적 질서의 재현이라 할 수 있다. 이처럼 현실정치 사상이라기보다는 일종의 교의(dogma)라고 할 수 있는 이집트식 '국가 이데올로기'에 따르면, 우주적 질서를 지상에 구현하고 사회 구성원 모두의 생명을 담보하며 사회적 질서를 유지할 수 있는 창조주-지배자의 유일한 대리인인 왕을 정점으로 하는 절대왕정 이외의 정치제도, 예를 들어 과두정(권력 분점)·독재정(종신 집권)·공화정·민주정과 같은 체제는 우주적·사회적 질서를 파괴하는 결과를 초래할 뿐이다. 결론적으로 「헬리오폴리스 창세신화」에서 살펴본 것처럼 우주창조가 최초의 일출에 의해 완성된다면, 지상에서의 권력창조는 신성한 왕권 그리고 그 왕권을 체현한 파라오의 출현에 의해 완성된다. 그리고 그 결과 지상의 권력은 태양의 상승과 하강으로 대변되는 항구적 질서를 반영·구현·반복한다(Frankfort, 2000: 33-46).

아울러 세상에 마아트를 구현하기 위해 필요한 것은 영웅적인 '구원'이 아니라 이상적인 '통치'다. 이집트에서 '구원'은 신들과 파라오의 지속적인 활동과 노력, 통치를 통해 매 순간 실현되고 있기 때문이다. 따라서 이와 같은 세계관에서는 σωτήρ "구원자", מָשִׁיחַ "메시아"와 같은 구세주의 도래를 염원하는 논리가 개입할 여지가 없는 것이다. 메소포타미아의 가장 탁월한 문학적 성취 중 하나인 『길가메시 서사시』와 같은 영웅 서사나 그리스신화에 등장하는 수많은 영웅에 대한 이야기가 이집트에는 존재하지 않는 것도 이런 이유 때문이다. 영웅이란 괴물로 표상되는 삶의 부조리를 해결하고 어제보다는 오늘이 더 낫게, 오늘보다는 내일이 더 낫게 만드는 존재, 다시 말해 직선적·발전적 시간관을 체현한 인물들이다.●

● 영웅의 탄생에서 성공에 이르는 과정은 '출발 → 입문 → 귀환'의 도식을 따르며 이 도식에 따라 영웅은 여러 가지 시련, 특히 유년기의 성장과 시련을 거치며 자신의 운명을 극복하고 삶의 지혜를 터득한다. 이처럼 영웅은 모험과 시련을 거치면서 새로운 세계를 인식할 뿐만 아니라 자신이 속한 세계를 한 단계 더 발전시

고대 이집트에서 영웅-왕의 임무는 세상을 개조하는 것이 아니라 불변하고 완결된 영원한 순환의 법칙이 제대로 작동하여 반복되는 질서가 유지되도록 통치하는 것이다. 이 과정에서 신성한 왕권은 마아트라는 신성한 개념에 의거해서만 행사되어야 하며 그렇게 행사된 왕권의 목표는 지상에 마아트를 구현하는 것이어야 한다.

한편, 왕이 지상에 마아트를 실현하는 임무는 다양한 방법으로 수행되어야 했다. 우선 전사-파라오로서 왕은 외부의 침입을 방어함으로써 국가 전체의 질서와 안위를 유지해야 했으며, 대내적으로는 군주-파라오로서 사회의 질서와 안녕, 조화와 정의가 실현될 수 있도록 마아트에 합당한 올바른 관리를 임명하는 한편, 농업을 장려하여 항상 적당한 양의 곡물이 국가 전체에 공급될 수 있도록 해야 했다. 또한 왕은 판관-파라오로서 노모스와 도시, 사람들 사이의 분쟁을 중재하고 조정해야 했으며, 제사장-파라오로서 신들을 위한 신전 의례를 주관하고 봉헌물을 바침으로써 세상에 내재한 힘의 구현체인 신들이 인간세계에 지속적으로 호의를 가질 수 있도록 배려해야 했다.

요컨대, 왕은 자신의 신민과 신들에 대한 임무를 한시라도 잊어서는 안 되었으며 "악의 자리에 마아트를 두는" 임무를 수행해야 했다. 신전의 외벽에는 왕이 이집트 군을 이끄는 최고사령관으로서 이집트를 침략한 적들을 무찌르는 장면이, 경내 벽면에는 왕

키고 고양시키는 존재다(Campbell, 1972: 30-40). 『길가메시 서사시』에서 주인공 길가메시는 영생을 가능하게 하는 '재기의 풀'을 찾아 기나긴 모험을 떠나며 비록 목적은 달성하지 못했지만 그 여정에서 자신이 자랑스러운 도시국가의 지배자라는 정체성을 깨닫고 귀향한다.

[그림 6-2] 신에게 마아트를 봉헌물로 바치는 세티 1세

아비도스(Abydos)에 위치한 신왕국 시대 제19왕조 세티 1세의 장제전 내벽의 심조. 세티 1세가 신에게 지상에 구현된 신적 질서인 마아트를 바치고 있다.

이 최고위 제사장으로서 신들에게 다양한 봉헌물을 바치는 장면이 새겨져 있는데, 이집트인들은 인간을 대표한 파라오가 신들에게 바치는 선물 중 가장 받고 싶어하는 동시에 받을 때 가장 기뻐하는 것은 다름 아닌 왕이 자신의 임무를 다함으로써 지상에 구현된 마아트라고 생각했다. 이런 이유 때문에 왕이 신들에게 여신으로 형상화한 마아트를 바치는 장면은 신전의례의 핵심적인 장면으로 여겨졌다(그림 6-2). 이때 왕은 종종 신들에게 바치는 마아트를 여신이 아닌 자기 자신의 모습으로 표현하기도 했는데 그 이유는 바로 왕 자신이 지상에 구현된 마아트의 현현이라고 생각했기 때문이다 (Frankfort, 1978: 51-52).

마아트의 붕괴와 회복

마아트는 이처럼 신들에서 일반 평민들에 이르기까지 의식을 가진 우주의 모든 구성원이 따르고 유지해야 하는 신적인 질서였다(Quirke, 1992: 70). 그러나 앞서 잠시 언급한 재앙문학 장르의 작품들에서는 우주적 질서인 마아트가 붕괴된 처참한 상황이 생생하게 묘사되어 있다. 재앙문학이란 고대 이집트의 문학 장르 중 하나로 계시록풍의 '훈계서'(admonition)들을 말하는데, 이들은 대개 마아트가 무너지면서 이집트에 닥친 재앙을 묘사하거나 예언하고 있다. 마아트가 붕괴하는 원인은 중간기처럼 파라오를 정점으로 하는 중앙정부의 통치 체제가 무너지고 나라가 혼란해짐에 따라 이방의 민족들이 침입하는 것으로 나타난다.

재앙문학 장르 가운데 최초의 작품으로는 『네페르티의 예언서』(Prophecies of Neferti)가 있다. 이 작품의 배경은 고왕국 시대 제4왕조 스네페루(Sneferu, 기원전 2613-2589년) 치세다. 궁정 생활에 무료해진 왕은 현자 네페르티에게 청해 이집트의 미래에 대한 예언을 듣게 된다. 이때 네페르티는 이집트가 장차 북부 삼각주 지대에서 침입한 아시아인들, 즉 시리아-팔레스타인 지역에 거주하는 셈족들에 의해 혼란에 빠지게 될 것이지만 이집트 남부에서 한 왕이 출현하여 이집트를 다시 통일할 것이며 그가 나라를 다시 안정과 번영으로 이끌 것이라고 예언한다. 그런데 새롭게 등장할 왕의 이름이 중왕국 시대 제12왕조의 시조인 아멘엠하트 1세(Amenemhat I, 기원전 1985-1956년)의 별명인 아메니(Ameny)인 것으로 보아 이 '예언서'가 실제로는 제1중간기의 혼란을 극복한 중왕국 시대의 왕조, 특히 제12왕조의 정통성을 강조하기 위해 해당 왕조의 초기에 창작된 것이라고 보는 견해가 지배적이다. (아울러 이 작품의 가장 오래된 사본은 신왕국 시대 제18왕조의 것이다.) 또한 앞서 언급된 『이푸웨르의 경고』 역시 『네페르티의 예언서』와 유사한 예언 및 경고로 이루어져 있는데, 『네페르티의 예언서』와는 달리 그 역사적 배경이 뚜렷하지 않고 훼손된 부분이 많아 작품을 정확하게 분석하는 데에는 상당한 어려움이 따른다.

그렇다면 마아트가 붕괴되면 어떤 일들이 발생할까? 『이푸웨르의 경고』와 『네페르티의 예언서』에서는 마아트가 붕괴된 실상을 다음과 같이 묘사하고 있다.

- **신과 인간의 소외**(『네페르티의 예언서』: *p. Hermitage* 1116B, 24-25)

  "땅이 피폐해졌건만 그것에 대해(서는) 그 누구도 생각(조차) 하지 않는구나. (…) 태양이 사람들과 멀어져 때가 되어 떠올라도 사람들은 한낮이 된 것도 모르는구나. 그림자도 구분되지 않고 태양이 비추는데도 그 누구의 얼굴도 환해지지 않는구나. (…) 그[태양]는 고작 달처럼 하늘에 떠 있구나."

  여기서 마아트의 붕괴는 결핍 — 특히 태양의 부재 — 으로 상징되며 이는 우주적 생산력의 감퇴로 이어진다.

• **지상의 결핍과 혼돈**(『네페르티의 예언서』: *p. Hermitage* 1116B, 26-28)

"이집트의 강이 말라 걸어서도 건널 수 있는 지경이 되리라. 배를 운행하기 위해 물을 찾게 되어도 물길은 이미 둔치가 되어 버렸으니. (…) 남풍과 북풍이 서로 대적하니 하늘에는 더 이상 하나의 바람만이 불지 않게 되리라."

여기서도 마아트의 붕괴는 또 다른 결핍, 즉 나일강의 고갈로 표상되며 동시에 계절풍이 서로 얽히는 것으로 상징되는 순환적인 계절의 혼돈을 초래한다.

• **국경의 붕괴와 이민족의 침입**(『네페르티의 예언서』: *p. Hermitage* 1116B, 32-37)

"적들이 이집트 동쪽에 창궐하고 요새가 없는 틈을 타 아시아인들이 이집트를 습격하리라. (…) 외국의 무리가 이집트의 강물을 마시게 될 것이며 그들을 몰아낼 방도가 없으니 (강)기슭에서 머물며 더위를 식히게 되리라."

마아트의 붕괴로 우주적 질서가 지상에 구현된 장소인 이집트의 국경이 붕괴되면서 철새로 비유된 "외국의 무리"가 대규모로 유입되며 이집트는 이들의 터전이 되고 만다.

• **문자 문명의 붕괴**(『이푸웨르의 경고』: *p. Leiden* I 344, 6. 5-8)

"진실로, 밀실, 그곳의 서책이 도난당하고, 그 안의 비밀이 여지없이 드러나게 되리라. 마법의 주문이 (낱낱이) 누설되고, (자격 없는) 사람들이 암송하니 주문들은 그 효력을 잃고 마는구나. 진실로, 관청이 열려 그곳의 기록들이 도난당하고, (…) 보라, [서기관들이] 살해되고, 그들의 기록이 도난당하는구나."

마아트의 붕괴는 신전과 정부의 붕괴로 이어지며 그 결과 문명의 근간이라고 할 수 있는 문자 문명 자체가 붕괴하게 된다.

- **지상의 생식력 쇠락과 사회질서 붕괴**(『이푸웨르의 경고』: *p. Leiden* I 344, 2. 4-7)

"진실로, 여자들은 불임이 되어 잉태하지 못한다. 땅 위의 형세로 크눔도 (더 이상) 빚지 않는구나. 진실로, 가난한 자가 부자가 되고 샌들도 가지지 못했던 자가 재물의 주인이 되는구나. (…) 진실로, 죽은 자들이 강에 묻히는구나. 개울이 무덤이 되고 무덤이 개울이 되는구나."

마아트의 붕괴는 생식력의 쇠락과 사회질서의 붕괴로 이어져 기존의 위계질서가 역전되는 결과를 초래하며[●] 동시에 오랜 기간 준수되었던 전통과 관습의 붕괴로 이어진다.

- **세상에 만연하게 되는 절망과 죽음**(『이푸웨르의 경고』: *p. Leiden* I 344, 4. 2-7)

"진실로, 늙은이건 젊은이건 '차라리 죽고 싶다'고 외치네. 어린 아이들조차 '나에게 생명을 주지 말 것을'이라고 탄식하네. 진실로, 귀족의 자식들은 벽에 내동댕이쳐지고 젖먹이 아기들은 언덕에 버려지도다."

● 『이푸웨르의 경고』에 기술된 사회적 위계질서의 역전과 관련한 보다 구체적인 묘사는 다음과 같다. "보라, 부자는 목이 말라 누워 있는데, 음식 찌꺼기를 구하던 자가 차고 넘치는 사발을 들고 있구나. 보라, 의복의 주인이던 자는 누더기를 걸치고 있는데, 천을 짜지 않는 자가 훌륭한 아마포를 가지고 있구나. (…) 보라, 보금자리가 없던 자는 보금자리가 생겼는데, 보금자리가 있던 자가 폭풍의 그늘에 서 있구나. 보라, 수금(竪琴)을 모르던 자에게는 하프가 생겼는데, 노래하지 않던 자가 메레트 여신을 찬양하는구나." 마지막 행의 "메레트"(Meret)는 노래와 연주, 리듬에 맞춘 몸짓 등을 통해 우주의 조화와 질서를 유지하는 음악의 여신이다(*p. Leiden* I 344, 7. 10-14).

마아트의 붕괴는 궁극적으로 개인과 사회의 죽음으로 이어진다. 마아트가 붕괴된 세상은 결국 절망과 죽음으로 가득 찬 곳이 되어 버린다.

그러나 이와 같은 비관적인 묘사에도 불구하고 모든 재앙문학 작품에서 악은 일시적인 승리를 거둘 뿐이다. 혼란은 곧 수습되고 마아트는 언제나 영원한 승리를 거두게 되는데, 고대 이집트인들은 이와 같은 마아트의 승리는 창조주-지배자가 예정한 바, 즉 섭리에 의해 미리 정해진 것이라고 생각했다. 그리고 이와 같은 혼돈을 극복하는 데 가장 핵심적인 역할을 하는 존재는 당연히 파라오였다. 제1중간기가 끝난 후 수립된 중왕국 시대의 왕들과 제2중간기를 극복한 신왕국 시대의 왕들은 역사적 사실과 관계 없이 자신이 마아트가 붕괴될 만한 중대한 위기—예컨대, 제1중간기와 같은 정치적 내분기, 제2중간기의 외세 침입, 그리고 '종교개혁'과 같은 예외적인 사건(9장 참조) 등—를 극복하고 마아트를 회복했다고 주장한다.

• **제1중간기의 극복**(『네페르티의 예언서』: *p. Hermitage* 1116B, 57-61)

"그러나 진실된 목소리 아메니라는 <u>남쪽의 왕이 오리라</u>. 그는 '활의 땅'[누비아] 출신인 여인의 아들이며 히에라콘폴리스의 아들로서 (남부 이집트의 지배권을 상징하는) 백색 왕관을 취할 것이며, (북부 이집트의 지배권을 상징하는) 적색 왕관을 쓰리라. 두 힘을 하나로 합칠 것이며, 그들이 원하는 바대로 두 땅을 평안하게 하리라."

여기서 아메니, 즉 아멘엠하트 1세가 정치적 내분기인 제1중간기를 종식시키고 이집트를 통일할 것이라는 사실이 예언된다. 남부와 북부로 분단되었던 이집트가 하나로 통일되면서 파라오가 통치하는 중앙정부가 다시 수립되고 그 결과 마아트가 다시 구현된다. 그러나 역사적으로 이집트를 통일한 왕은 제11왕조의 멘투호텝 2세(Mentuhotep II, 기원전 2055-2004년)였다.

- **제2중간기의 극복**(스페오스 아르테미도스[●] 명각문: *JEA* (32), pl. 6. 36-38)

"아시아인들[힉소스족]이 부랑인들과 더불어 삼각주의 아바리스에 터를 잡고 (조상들이) 이루어놓은 것을 파괴한 이래, [짐은] 폐허를 복원했다. 그들은 태양신 없이 통치하였으며 우레우스의 현신[짐]의 시대 바로 전까지 신의 뜻대로 행동하지 않았다."

여기서 신왕국 시대 제18왕조 하트셉수트(Hatshepsut, 기원전 1473-1458년) 여왕은 이집트 북부를 장악했던 힉소스족의 만행, 즉 "태양신 없이 통치"하고 과거의 유산을 파괴한 것을 자신이 바로잡았다고 주장하고 있다. 그러나 실제로 힉소스족이 이집트에서 축출된 것은 제18왕조의 시조인 아흐모세(Ahmose, 기원전 1550-1525년) 치세에 해당하는 기원전 1530년경이다.

- **종교개혁 이후의 수습**(『투탕카멘의 개혁칙령』 비문 10-12행)

"그러나 시간이 지나 폐하[투탕카멘]께서 부왕[아멘호텝 4세/아켄아텐]

● '아르테미스의 암굴'(Grotto of Artemis)이라는 뜻의 스페오스 아르테미도스는 중부 이집트 베니 하산(Beni Hassan)에서 남쪽으로 약 2킬로미터 떨어진 곳에 위치한 암굴 신전이다. 원래는 전쟁의 여신 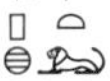 "파케트"(Pakhet)의 성소였으나 후대에 파케트가 아르테미스와 동일시되면서 지금과 같은 지명으로 불리기 시작했다. 파케트는 "할퀴는 여신"이라는 뜻이며 그 의미에 걸맞게 암사자의 모습으로 표상된다.

의 왕좌에 오르셨고 호루스의 양안兩岸[이집트]을 다스리시도다.● 케메트[검은 땅: 경작지]와 데쉐레트[붉은 땅: 사막]가 폐하의 통치 아래 놓였으며 모든 땅이 폐하의 권능에 굴복하였다. 폐하께서는 태양신께서 천계에 계신 것처럼 아아-케페르-카-라의 영지●● 안의 왕궁에서 땅을 다스리셨으며 양안의 정사를 돌보셨다. 폐하께서는 심장이 권고하는 바대로 모든 선행을 고려하여 아버지 아문을 위한 방도를 모색하시던 차, 호박금琥珀金으로 그의 고귀한 성상을 만드셨으니…"

여기서 투탕카멘은 부왕인 아멘호텝 4세/아켄아텐(Amenhotep IV/Akhenaten, 기원전 1352-1336년)이 추진한 '종교개혁' 이후의 혼란한 상황(9장 참조)을 수습하고 통치권과 질서를 다시 수립하는 군주로 묘사된다. 이때 '종교개혁' 기간 중 가장 큰 탄압을 받은 아문 신을 위해 이전보다 더 크고 화려한 신상을 제작함으로써 아문을 최고신으로 하는 다신교 체제가 복원되었다는 메시지를 이집트 전역에 전달하고자 했다.

● 같은 문서에 묘사된 투탕카멘 즉위 당시의 혼란상은 다음과 같다. "폐하[투탕카멘]께서 왕위에 오르셨을 때 신들과 여신들의 신전과 성읍은 (이집트 최남단의) 엘레판티네에서 (최북단) 삼각주의 습지에 이르기까지 무너져 내렸으며 그들의 성지는 잡초 무성한 폐허로 변해 있었다. 그들의 지성소는 애초에 존재하지 않았던 것처럼 변했고 그들의 신전은 오솔길이 되어 버렸다. 신들이 이 땅을 버리셨으매 이집트의 국경을 넓히려 자히[시리아]에 군대를 파견해도 그 뜻을 이루지 못하였다. 염원이 있어 신께 기도를 올려도 그분께서는 오시지 않았다. 같은 방법으로 여신께 탄원해도 그녀는 오시지 않았다."(『투탕카멘의 개혁칙령』 비문 5-9행)

●● "아아-케페르-카-라"(Aakheferkara)는 제18왕조 투트모세 1세(기원전 1504-1492년 재위)의 즉위명(throne name)이다. 따라서 "아아-케페르-카-라의 영지"는 투트모세 1세가 멤피스에 건립한 왕궁과 부속 영지를 의미하며 이 왕궁이 투탕카멘 시대까지 사용되었음을 시사한다.

결론과 요약
: 지배층이 전수하는 사회규범, 마아트

마아트란 원발자-창조주가 우주와 함께 창조한 신성한 질서다. 고대 이집트인들은 만일 자신들이 원발자-창조주를 대면하여 우주를 창조한 궁극적인 이유를 물었다면 원발자-창조주는 아마도 '마아트'라고 대답했을 것이라고 생각했다.[●] 그러나 우주와 마찬가지로 마아트 역시 스스로 유지될 수 없는 취약한 구조를 가지고 있었으며 따라서 우주의 모든 구성원들은 마아트가 유지될 수 있도록 지속적인 활동과 노력을 투입해야 했다.

여기서 염두에 두어야 할 사실은 마아트를 수립한 것은 창조주-지배자였으나 이를 실천하는 과정에서 마아트가 무엇인지를 헤아리는 것 역시 인간의 몫이었다는 점이다. 다시 말해, 마아트는

● 목적론(teleology)적 관점에서 마아트를 게오르크 헤겔(Georg Wilhelm Friedrich Hegel, 1770-1831년)이 제시한 '절대정신'(absoluter Geist)과 비교하는 것도 흥미로울 것이다. 절대정신은 개별적 이성을 넘어서는 초월적 이성으로서 역사의 출발점이자 궁극적 목적이다. 아울러 절대정신은 절대적이므로 관념뿐만 아니라 실제도 만들어 낸다. 헤겔에 따르면 순수한 정신에서 순수한 존재가 탄생하는데 이 순수한 존재의 대극(對極)에 있는 것은 무(無)다. 따라서 실제는 순수한 존재(정립)와 무(반정립) 사이의 변증법적 관계 안에 존재한다.

『십계명』(Ten Commandments)과 같이 신으로부터 받은 율법도 아니었고 왕이 일반인들에게 부과한 법률도 아니었다. 고대 이집트인들은 조화로운 사회생활과 명상을 통해 경험과 통찰력이 충분히 축적되면 마아트의 본질을 파악할 수 있는 능력이 생긴다고 생각했다. 요컨대, 마아트는 인간이 경험과 통찰력을 통해 스스로 파악할 수 있는 우주의 법칙이었다.

이렇게 마아트를 파악한 '현인'들은  "교훈서" (instruction) 등을 통해 자신이 파악한 마아트의 본질을 후대에 전수해 주어야 했다. 초기 교훈서는 대개 나이가 들어 은퇴를 앞둔 아버지가 이제 막 사회생활을 시작하려고 하는 아들에게 사회생활에 필요한 충고를 해주는 형식을 취하고 있다. 따라서 고대 이집트인들에게 마아트는 학습을 통해 배울 수 있는 것이었으며, 올바른 행동은 가르쳐 다듬을 수 있는 것이었다.

이 때문에 교훈서에는 "진리란 무엇인가?"와 같은 형이상학적이고 철학적인 고민보다는, 사회적으로 올바른 행동에 대한 조언에서부터 상관이나 하인들 앞에서 취해야 할 태도에 이르기까지 원만한 사회생활에 요구되는 올바르고 적절한 행동과 그런 행동을 취하거나 취하지 않을 때 초래될 수 있는 결과에 관한 내용이 대부분을 차지하고 있다. 교훈서의 저자들은 자신들의 충고에 따라 마아트를 실천하고 사는 사람을  "침묵하는 자",  "듣는 자" = "귀 기울이는 자" 혹은  "박식한 자" 등으로 부르며 이와 반대로 마아트에 무지하여 실천하지 못하는 사람을  "바보"로 칭한다. 결국 지는 선이요, 무지는 악이 되는 것이다(Morenz, 1990: 120-125; Frankfort, 2000: 59-87).

• **마아트를 이해하고 실천하는 경우**(『프타호텝의 교훈서』 39번 교훈: *p. Prisse* 16, 3-9)

"들을 줄 아는 아들에게는 귀 기울이는 것이 유용하다. 귀 기울이는 몸가짐이 쉼 없이 존재 안에 깃들면, 귀 기울이는 이는 곧 이해하는 이가 된다. (…) 들은 것을 이해하는 이는 귀 기울일 줄 아는 사람이며 들은 대로 행동하는 이는 새겨듣고 이해하는 기쁨을 아는 사람이로다."

여기서 침묵하는 자가 귀 기울일 줄 아는 자이며, 귀 기울이는 몸가짐을 가진 자는 마아트를 이해하고 이를 행동으로 옮길 수 있는 사람이다. 일부 학자들은 변화무쌍한 변화의 배후에 존재하는 고정된 법칙을 자신의 지적 능력으로 파악하려 한 이와 같은 고대의 종교적 심성이 이집트에서 γνωστικός "영지주의"(Gnosticism)가 태동하는 문화적 토양을 제공했다고 생각한다.●

• **마아트에 무지하거나 무시하는 경우**(『프타호텝의 교훈서』 41번 교훈: *p. Prisse* 17, 4-9)

"귀 기울일 줄 모르는 바보, 무지한 사람이니 아무것도 이룰 수 없으리라. 무지한 자는 앎을 무지로, 유용한 것을 해로운 것으로

● 영지주의에서는 숨겨진 진정한 절대자와 세상을 창조한 데미우르고스(demiurge)를 구별하는데, 우주는 진정한 절대자가 아닌 불완전한 데미우르고스가 창조한다. 불완전한 창조주에 의해 만들어진 우주는 태생적으로 불완전할 수밖에 없으며 따라서 악은 불완전한 세상의 속성 중 하나다. 이와 같은 관점에서 악은 인간의 잘못이 아니다. 따라서 영지주의에서 중요한 것은 악을 저지르는 인간의 본성이 아니라 πνεύμα "영"(spirit)에 대한 무지다. 영적 무지는 진정한 절대자와 인간 사이를 가로막는 장벽이며 따라서 인간은 '영지'(靈智), 즉 '영적인 앎' 혹은 신비하면서 계시적인 깨달음을 통해 획득한 γνῶσις "지식"(gnosis)을 통해서 구원될 수 있다(송혜경, 2014: 20-21).

여기는구나. 무지한 자, 고약한 일만 저지르니 매일 질책만 당하는구나. 무지한 자, 죽음을 불러오는 것에 기대 살아가고 있으니 그의 양식은 뒤틀린 이야기로구나. 그의 성품을 관리들이 알고 있으니 날마다 '산 송장'이어라. 매일 그에게 닥치는 잇따른 불행으로 인해 사람들은 그의 행동을 잊으리라."

귀 기울이는 자세를 가지지 못한 바보는 모든 유익한 것을 스스로 배척하고 주변 사람들과도 원만한 관계를 유지할 줄 모르는 "산 송장"이다. 이런 사람은 결국 사람들로부터도 잊히는데 고대 이집트인들은 이런 사회적 망각을 존재의 소멸로 보았다.

마지막으로, 마아트는 사회의 유한계급에 속하는 상류층 '현인'들이 파악하여 전수해 준다는 점, 그리고 사회적 계급이나 위계질서를 긍정한다는 점에서 항상 파라오를 위시한 지배층에 의해 아래로 부과되는 하향식 사회규범이자 질서라 정의할 수 있다.

VII

신들과 창조주

고대 이집트인의 '종교적 심성'

지금까지 살펴본 고대 이집트의 창세신화에 따르면, 원발자-창조주의 발현을 통해 일자에서 다자로 이행하면서 하늘과 지상, 그리고 지하에는 수많은 존재가 생겨났다. 우선 헬리오폴리스의 9신계로 불리던 신들이 대기와 지상에서 활동하기 시작했다. 『코핀 텍스트』 1130번 주문에서 보듯, 창조주-지배자는 지상에 인간과 다른 생명체들이 살 수 있도록 배려했으며, 그 결과로 세상은 신과 인간, 그리고 망자의 영혼과 각종 동식물이 공존하는 공간이 되었다.

고대 이집트인들은 감각·인식·의지를 갖춘 존재를 신·아크·왕·인간으로 구분했는데, 신들은 그들의 의지와 활동으로 자연현상과 인간 그리고 모든 생명체를 지배했다. 그렇다면 고대 이집트인들은 이집트 전역에 산재한 신들이 창조된 세상에서 어떤 역할을 했으며, 그와 같은 역할을 수행하기 위해 어떤 권능을 가지고 있다고 생각했을까? 요컨대, 그들이 생각한 신들은 어떤 존재였을까?

헤로도토스는 이집트인들이 "지나칠 정도로, 아니 세상의 어떤 다른 민족보다 더 경건"하다고 말한 바 있는데(『역사』, 2. 35), 현대인들도 아마 헤로도토스의 이런 평가가 과장이 아니라는 데 어느 정도 동의할 것이다. 무거운 돌을 쌓아 만든 거대한 왕묘나 귀족의 분묘, 그리고 엄청난 규모의 신전 등 지금까지 보존된 고대 이집트의 유적들을 보고 있노라면, 당시 이집트인들이 신들이나 사후 영원한 생명을 부여받은 신성한 존재인 아크에 대해 가졌던 경외심과 헌신이 그대로 전해진다. 이와 같은 거대 건축물뿐만 아니라 이집트의 예술 작품에는 수많은 신이 등장하며, 고대 이집트인들의 이름을 분석해 보면 상당수가 실제로는 신들을 찬양하거나 그들의 축복을 기원하는 어구라는 것을 알 수 있다. 또한 고대 이집트인들이 남긴 방대한 문헌이나 비문을 보아도 신들의 이름이 단 한 번이라도 언급되지 않은 경우를 찾아보기 힘들다.

그러나 고대 이집트인들이 신들에게 보였던 '지나친 경건함'은 헤로도토스나 현대인들의 편견이라 할 수 있다. 왜냐하면 헤로도토스가 살았던 고대 그리스와 현대사회는 (종교가 여전히 막강한 영향력을 발휘하는 일부 지역을 제외하면) 정치·사회적 가치, 학문 및 과학과 종교가 분리된 사회지만 고대 이집트는 종교가 삶의 모든 측면과 불가분의 관계를 맺고 있던 사회였기 때문이다. 그러므로 우리가 일반적으로 사용하는 '종교'라는 현대적 개념은 세계를 이해하고 설명하고 해석하면서 자연스럽게 가지게 된 고대 이집트인들의 '종교적 심성'(religious thought)을 설명하는 데 그리 적합하지 않다.

종교가 있든 없든, 신의 존재를 인정하든 하지 않든 현대인들은 대부분 스스로 세상을 객관적으로 파악하고 있다고 생각하며 자연현상은 비의식적이고 비인격적인 힘이 물질에 작용하기 때문이라고 생각한다. 예를 들어, 바람이 부는 것은 두 장소의 기압이 다르기 때문이고, 병에 걸리는 이유는 인체가 세균이나 바이러스에 감염되었기 때문이며, 생물이 성장하고 변하는 것은 생화학적 과정에 의한 것이다. 오늘날 현대인들이 보유한 지식은 수세기에 걸친 과학적 실험과 검증의 결과가 축적된 것으로서 현대인은 이런 지식을 바탕으로 주변 환경에서 일어나는 일들을 파악하고, 검증된 과학적 지식과 경험, 기술을 인간의 삶을 개선시키는 데 사용하는 것을 당연한 것으로 여긴다.

고대 이집트인들이 직면했던 세상 역시 현대인들의 그것과 크게 다르지 않았으며 그들도 우리와 마찬가지로 자신들의 주변에서 일어나는 일을 파악하고 대응하기 위해 노력했다. 그러나 우리와 같이 오랜 기간 축적된 과학 지식이 없었던 고대 이집트인들은 자연현상에 대한 자신들 나름의 설명과 대응 방법을 찾아야 했다. 그런데 그들이 자신들의 주변을 둘러싼 변화무쌍한 변화에 대해 발견한 모든 것이 바로 우리가 '종교'라고 부르는 것에 해당한다.

현대인들이 자연 속에서 비의식적이고 비인격적인 힘이 물질에 작용하는 것을 보았다면, 앞서 살펴본 신화생성적 사고(제1장 참조)를 견지하고 있었던 고대 이집트인들은 똑같은 대상에서 그들보다 더 큰 존재, 즉 신의 의지와 활동을 보았다. 일례로, 질병의 원인에 대한 과학적 지식이 없었던 고대 이집트인들은 그 배후에 어떤 사악한 힘이 숨어 있다고 생각했다. 이들은 질병을 효과적으로 치료할 수 있는 제법 합리적이며 실용적인 진단·치료법을 개발했지만, 이런 '과학적'인 치료법을 적용하기 전에 먼저 환자의 몸에 들어가 질병을 일으킨 존재를 달래거나 쫓아내야 한다고 생각했다. 그 결과 고대 이집트인들이 남긴 의학 파피루스에는 구체적인 증상이나 처방이 질병을 유발하는 사악한 세력을 물리칠 수 있는 '주술적'인 주문들과 같이 적혀 있다. 요컨대 고대 이집트인들은 우리가 '과학적'인 의학이라고 부르는 것과 '종교적'인 주술이라고 부르는 것을 따로 구분하지 않았으며, 이 둘이 동일한 원리 아래에서 똑같은 효력을 가진다고 생각했다.

고대 이집트 신들의 본질

앞서 언급한 것과 같이 이집트의 신들은 자연현상에 내재 혹은 편재(immanent)하는 물질이자 힘 그 자체였다. 그러므로 고대 이집트인들에게 바람이 부는 것은 서로 다른 장소의 기압 차이 때문에 공기 분자들이 한 방향으로 흘러간 것이 아니라 대기의 신 슈가 그들 곁을 스쳐 지나갔기 때문이었다(『코핀 텍스트』 80번 주문: CT II, 29d-30d). "나는 슈 (…) 내 옷은 생명의 숨결[공기]이며 (…) 맑은 내 피부는 아툼의 입에서 나와 나를 거쳐 부는 바람들이다."

세상에는 수천수만 가지 물질이 다양한 힘의 영향 속에서 끊임없이 상호작용 한다는 것을 상기해 볼 때, 고대 이집트에 수천수만 명의 신들이 존재했다는 사실은 오히려 당연해 보인다. 신들 중에서 가장 중요하게 여겨진 이들은 자연현상을 체현한 신들이었는데, 모든 존재의 근원인 아툼과 그의 아들인 대기의 신 슈, 대지의 신 게브와 하늘의 여신 누트, 태양신 레, 남성의 생식력을 상징하는 오시리스와 여성의 생식력을 상징하는 이시스 등이 여기에 포함된다. 구체적인 자연현상 이외에도 우주의 질서와 법칙을 상징하는 마아트 여신, 남성의 무분별한 성욕과 함께 무질서·혼돈을 상징하는 세트, 창조의 권능을 상징하는 프타, 지혜와 지식을 상징하는 토트, 신적 분노를 상징하는 “세크메트” 여신, 성애와 관능적 쾌락을 상징하는 ‘하토르’ 여신 등과 같이 추상적인 개념이 신격화된 존재들도 있다.

왕권 역시 신으로 표상되었는데 바로 호루스다. 호루스는 자연계의 가장 가시적이고 강력한 힘인 태양(신)일 뿐만 아니라 인간 세계의 가장 강력한 존재인 파라오로 현현했다. 이처럼 왕권 자체를 신성한 우주의 힘으로 파악했던 고대 이집트인들에게 오늘날과 같은 제정 분리 체제는 상상할 수 없는 것이었다. 물론 고대 이집트에서도 반란이 일어났고 심지어 왕이 암살되는 경우도 있었지만, 앞서 살펴본 것처럼 신성한 왕권 자체가 부정되거나 제정일치의 전제군주제가 아닌 다른 정치체제를 시도한 적은 단 한 번도 없었다. 이들에게 파라오 제도를 어떤 다른 정치체제로 교체하는 것은 하늘에 떠 있는 태양을 다른 미지의 존재와 교체하려고 시도하는 것과 같은 일이었다.

한편, 고대 이집트인들에게 매일 일어나는 자연현상은 모두 신들이 어떤 의지를 가지고 행하는 사건들이었다. 따라서 태양은 하늘을 항해하면서 매일 지상에 빛과 온기를 제공하고, 오시리스와 이시스는 그들의 권능으로 새로운 탄생을 주관하며, 마아트와 세트는 우주와 인간세상에 조화 혹은 불화를 불러온다. 또한 프타는 끊임없이 새로운 예술 작품과 건축물을 제작할 수 있는 영감을 제공하며, 호루스는 지상의 파라오로 현현하여 인간세계에서 모든 삶을 가능하게 해준다. 흥미로운 점은 고대 이집트인들이 자연계의 힘을 상징하는 신들 중 상당수를 항상성恒常性(constancy), 다시 말해 언제나 변하지 않는 일관된 속성을 가진 동물들로 표상했다는 사실이다.

예를 들어, 호루스는 송골매의 모습을 하고 나타난다고 생각했는데, 이것은 고대 이집트인들이 태양빛이 가장 강렬한 한낮이 되어야만 생성되는 상승기류를 타고 활강하는 송골매의 모습을 한낮의 열기로 상징되는 태양신의 권능과 인간을 비롯한 모든 존재를 위에서 내려다보는 태양신의 지위와 결부시켰기 때문이다. 이와 마찬가지로 태양(신)의 파괴적인 속성을 상징하는 세크메트 여신은 당시 이집트인들이 가장 두려워했던 포악한 암사자의 모습으로 표상되었다. 그 결과 고대 이집트의 예술에서는 많은 신이 동물의 머리에 인간의 몸을 한 모습으로 묘사된다. 요컨대, 여성의 몸에 암사자의 머리를 한 형상은 이 형상이 인간이 아닌 여신을 표현한 것이라는 것과, 이 여신이 다름 아닌 세크메트 여신이라는 것을 의미한다. 여기서 기억해야 할 것은 고대 이집트인들이 자신들이 섬기던 신들이 실제로 이런 모습이었을 것이라고 생각하지는 않았다는 사실이다. 이와 같은 형상은 오히려 개별적인 신들을 구분하고 표현하는 일종의 표의문자(ideogram)와 같은 역할을 했다.

신들의 동아리

고대 이집트의 신들은 신화·신격·활동 영역·권능·숭배 중심지 등에 따라 다양한 동아리, 즉 그룹으로 묶을 수 있다. 앞서 살펴본 헤르모폴리스의 8신계와 헬리오폴리스의 9신계 역시 이런 신들의 동아리 중 하나다. 신들이 동아리로 묶이는 것은 고대 이집트에서만 일어난 현상은 아니다. 고대 메소포타미아 역시 하늘신 안/아누를 정점으로 하는 신들의 계보가 존재했고, 최고신들로 구성된 '운명을 결정하는 일곱 신들'(Seven Gods who Decree)이라는 대표적인 동아리가 있었다. 고대 그리스 역시 '올림포스의 12주신'과 Μοῖραι = *Fata* "모이라이"(운명의 세 여신), Χάριτες = *Gratia* "카리테스"(우미優美의 세 여신), Ὧραι = *Horae* "호라이"(계절의 세 여신) 등 세 명의 여신으로 구성된 다양한 그룹이 신화에 등장한다.● 고대 이집트에서

● 한편, 영국의 극작가 윌리엄 셰익스피어(William Shakespeare, 1564-1616년)의 『맥베스』(Macbeth)에 등장하는 세 마녀(Three Witches), 오스트리아의 음악가 볼프강 아마데우스 모차르트(Wolfgang Amadeus Mozart, 1756-1791년)의 마지막 오페라인 「마술피리」(Die Zauberflöte, KV. 620)의 주요 인물 중 하나인 밤의 여왕(Königin der Nacht)과 세 시녀(drei Damen) 등에서 근대 유럽에서의 삼상여신(三相女神, Triple Goddess), 즉 존재의 세 국면을 표상하는 여신들의 흔적을 찾아볼 수 있다.

발견되는 다양한 신들의 동아리를 구성원의 수로 구분해 보면 다음과 같다(Wilkinson, 2003: 74-79). 이들 숫자는 수비학數秘學(numerology)에서 '신성수'(sacred number) 혹은 '완전수'(perfect number)로 간주되는 숫자들이다.

- **2신계**(dyad): 서로 상보적인 혹은 대극을 이루는 한 쌍의 신들은 2신계로 묶인다. 앞서 살펴본 '영원한 동일성'과 '영원한 반복성'과 같이 고대 이집트인들은 상보적 혹은 대립적 관계에 있는 한 쌍의 개념을 통해 전체를 파악하고 표현하는 방법을 사용했는데, '하늘과 땅', '낮과 밤', '상이집트와 하이집트', '농경지와 사막', '삶과 죽음', '정체와 변화', '존재와 무존재', '정의와 악' 등이 대표적인 예라 할 수 있다. 2신계로 묶이는 신들은 「오시리스 신화」에서 오시리스의 부활을 돕는 이시스-네프티스 자매, 왕위를 두고 서로 대결하는 동시에 각각 이집트 남부와 북부의 통치권을 상징하는 호루스-세트, 같은 달 신이지만 서로 다른 권능과 신격을 갖는 토트-콘수(Khnosu) 등이 있다.
- **3신계**(triad)[●]: 「헬리오폴리스 창세신화」에서 아툼-슈-테프누트가 신들의 첫 번째 세대를 구성한다면, 「오시리스 신화」의 오시리스-이시스-호루스는 아버지-어머니-아들의 조합으로 남신과 여신의 결합에서 탄생한 아들 혹은 딸로 귀결되는 성가족(holy

● 3신계(triad)와 삼위일체(trinity)는 다른 개념이다. 3신계는 이름·신격·지위·영역·권능 등이 서로 다른 세 명의 독립된 신들이 하나의 동아리로 묶이는 것인 반면, 삼위일체는 본질은 하나인 (유일)신이 세 가지 다른 위격(位格, person)을 가진다는 의미다.

family)을 구성한다. 고대 이집트의 다른 도시들 역시 아비도스의 오시리스-이시스-호루스의 성가족 모델에 따라 다양한 성가족을 결성하는데, 고대 이집트의 3신계는 대부분 이런 성가족으로 이루어져 있다. 가장 대표적인 성가족으로는 프타-세크메트-네페르툼으로 구성되는 멤피스의 3신계, 아문-무트(Mut)-콘수로 구성되는 테베의 3신계, 크눔-사테트(Satet)-아누키스(Anukis)로 구성되는 엘레판티네의 3신계 등이 있다. 여기서 호루스·네페르툼·콘수는 모두 아들 신이며, 아누키스만이 딸 신이다. 이들 아들·딸 신들은 신왕국 시대 이후부터 보유한 권능이 다른(어른) 신들과 비슷하지만, 인간이 기도나 탄원, 개인적 제의 등을 통해 접근하기는 훨씬 편안한 어린이 신(child deity)으로서 광범위하게 숭배되었다.[●]

- **4신계**(tetrad): 4신계는 주로 동서남북 네 방위를 수호하는 신들의 동아리로 표상된다. 가장 대표적인 예로 신왕국 시대 이후 왕의 석관 네 귀퉁이에서 날개를 활짝 펴고 왕의 미라를 보호하는 이시스-네프티스-네이스(Neith)-셀케트(Selqet) 4신계와 미라 제작 과정에서 방부처리된 간·폐·위·소장 등의 장기를 수호하는  "임세티"(Imsety)· "하피"(Hapy)· "두아무테프"(Duamutef)·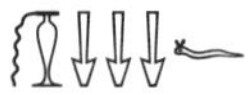 "케베세누에프"(Qebesenuef)로 구

● 멤피스 3신계의 아들 신인 네페르툼은 앞서 살펴본 것과 같이 연꽃으로 표상되는 최초의 일출을 신격화한 신이며 향기를 통해 태양신의 관능적 쾌락을 충족시켜 주는 신으로 알려져 있다. 테베의 3신계의 아들 신인 콘수는 달의 신, 치유의 신으로서의 신격과 권능을 가진다. 끝으로, 아누키스는 나일강의 수원(水原)과 범람, 다산과 처녀성, 사냥과 전쟁 등을 두루 관장하는 여신이다.

성되는 '호루스의 네 아들'(Sons of Horus) 그룹을 들 수 있다.●

- **5신계**(pentad): 앞서 살펴본 바 있는, 태양력太陽曆(solar calendar)에 기반한 고대 이집트의 상용력常用曆(civil calendar)의 1년 = 3계절 체계에서는 1년이 360일로 구성되어 있었다. 여기에 5일의  "1년 너머의 날", 즉 '윤일'閏日(epagomenal day)을 더해야 지구의 공전주기에 근접한 365일이 되는데(365일 아래 소수점 자리의 0.24일을 4년에 한 번씩 하루를 추가하여 지구의 공전주기를 맞추는 방법, 즉 윤년 체제는 파라오 시대에는 시행되지 않았다), 이 5일의 윤일 중에 태어난 신들인 오시리스-호루스-이시스-세트-네프티스가 5신계를 이룬다.●●

● 보호의 권능을 발휘하는 네 명의 여신 중 '셀케트'는 전갈을 머리에 인 여인 혹은 여인의 얼굴에 전갈의 몸을 한 모습으로 표상된다. 전갈의 독에 중독된 환자, 특히 호흡곤란을 겪는 환자를 치유하는 권능을 가지고 있다. 미라 제작 과정에서 시신에서 적출되어 방부처리된 폐·간·위·소장은 카노푸스 단지(canopic jar)로 불리는 용기에 따로 보존되었는데, 신왕국 시대 제18왕조 이후 이들 용기의 덮개 부분은 각각 사람·비비 원숭이·자칼·송골매의 얼굴로 묘사되었고 이들은 임세티·하피·두아무테프·케베세누에프와 대응한다. 각 방위와 여신-호루스의 네 아들의 조합을 보면, (1) 서쪽: 이시스-임세티-간 (2) 동쪽: 네프티스-하피-폐 (3) 북쪽: 네이스-두아무테프-위 (4) 남쪽: 셀케트-케베세누에프-소장으로 정리될 수 있다.

●● 이 5일의 윤일에 관한 이야기는 로마 시대의 그리스 작가 플루타르코스가 저술한 『이시스와 오시리스에 대하여』라는 작품의 제20절 서두에 묘사되어 있다. Ἥλιος "헬리오스"[태양신]의 아내인 Ῥέα "레아"[누트]는 헬리오스 몰래 Κρόνος "크로노스"[게브]와 통정하여 임신을 하게 되는데, 이 사실을 알고 격분한 헬리오스는 자기가 지배하는 1년 360일 동안에는 레아가 출산할 수 없을 것이라는 저주를 내린다. 이때 레아를 몰래 사랑하던 Ἑρμῆς "헤르메스"[토트]가 Σελήνη "셀레네"[달]와 보드게임을 하여 이기고 이에 360일에 속하지 않는 5일을 받아 낸다. 이 5일에 하루씩 차례로 태어난 신들이 바로 Ὄσιρις "오시리스"· Ἀπόλλων "아폴론"[천신 호루스]· Ἶσις "이시스"· Τυφῶν "티폰"[세트]·Νέφθυς "네프티스"이다. 『이시스와 오시리스에 대하여』에 따르면, 오시리스와 호루스는 레아와

- **7신계**(hebdomad): 숫자 7은 고대근동 전역에서 가장 중요한 '신성수'로 여겨졌던 숫자다.● 앞에서 언급된 메소포타미아의 '운명을 결정하는 일곱 신들'이 그 대표적인 예라고 할 수 있는데, 이집트에서 찾아볼 수 있는 가장 대표적인 7신계는 '일곱 하토르 여신'(Seven Hathors)을 들 수 있다. 고대 그리스의 '모이라이' 여신들처럼 이들도 어린아이가 태어났을 때 그 아이의 운명을 선포하는 역할을 수행하며,●● 『사자의 서』 148번 주문에 묘사된 일곱 마리의 암소, 혹은 어린이 호루스 신화에 등장하는 일곱 마리의 전갈 등으로 표상된다.
- **8신계**(ogdoad): 앞서 「헤르모폴리스 창세신화」에서 살펴본 8주신

헬리오스의 아들들이고, 이시스는 레아와 헤르메스의 딸이며, 티폰과 네프티스는 레아와 크로노스의 자식이라고 하는데, 이는 신들의 출생을 담당한 태모신이 천계[헬리오스]·중간계[헤르메스]·지상계[크로노스]와 두루 결합하여 서로 다른 신격을 가진 신들을 생산한다는 의미로 해석될 수 있다. 한편, 헤르메스와의 내기에서 진 달[셀레네]은 새로운 5일을 만드는 데 자신의 빛 중 일부를 내주어야 했고, 그 때문에 이후로는 이울고 차는 주기를 영원히 반복하게 되었다고 한다.

● 동양의 대표적인 신성수 혹은 완전수는 5이며, 이는 (1) 5행(목·화·토·금·수) (2) 5방(동·남·중앙·서·북) (3) 5색(청·적·황·백·흑) (4) 5음(각·치·궁·상·우) (5) 5장(간·심장·비장·폐·신장) 등으로 구현된다. 반면 고대근동과 서양의 대표적인 신성수 혹은 완전수는 7이며, 이는 (1) 7명의 최고신("운명을 결정하는 일곱 신들")[안/아누·닌후르쌍〉이쉬쿠르·엔키/에아·엔릴/엘릴·난나/신·우투/샤마쉬·이난나/이쉬타르] (2) 창조의 7일(월·화·수·목·금·토·일) (3) 7색(빨·주·노·초·파·남·보) (4) 7음(도·레·미·파·솔·라·시) (5) 7행성(해·달·수성·금성·화성·목성·토성) (6) 7죄종(교만·인색·질투·분노·음욕·식탐·나태) 및 7주선(겸손·자선·친절·인내·순결·절제·근면) (7) 3학4과(문법·수사·논리·산술·기하·음악·천문) 등으로 구현된다.

●● 문헌학적으로 보면, 신왕국 시대에 창작된 서사문학 작품인 『불운한 운명을 부여받은 왕자』(Doomed Prince), 『두 형제 이야기』(Tale of Two Brothers)에서 일곱 하토르 여신은 신생아와 새롭게 창조된 여인 앞에 나타나 그들의 운명을 선언한다.

체계가 가장 유명하다. 흥미로운 점은 이들 남녀 신들은 부부로서 일단 2신계를 이루고, 이것이 다시 8신계로 확장되었다는 사실이다.

- **9신계**(ennead): 앞서 「헬리오폴리스 창세신화」에서 살펴본 9주신 체계가 가장 유명하다. 고대 이집트어의 "9신계"는 관용적으로 모든 신들, 즉 만신전을 의미하기도 한다.
- **12신계**(dodecad): 12신계는 대개 태양선을 호위하고 예인曳引하는 낮의 12시간, 밤의 12시간을 상징하는 여신들로 구성된다. 이 외에도 고대 이집트 도상에서 각각 따오기·자칼·송골매·왜가리의 머리를 한 세 명의 동아리로 표상되는 헤르모폴리스,  "히에라콘폴리스"(고대 이집트의 지명은 '네켄'), 부토(고대 이집트의 지명은  "페"), 헬리오폴리스의 영靈들(souls) 역시 12신계를 이룬다.[●]

● 헤르모폴리스, 히에라콘폴리스, 부토, 헬리오폴리스는 모두 초기왕조 시대(기원전 3000-2686년경) 이후 이집트 문명 초기에 정치적·경제적으로 영향력을 발휘했던 도시들이다. 이들 도시의 영들, 특히 히에라콘폴리스와 부토의 영들은 왕조의 오랜 역사와 전통을 표상하며 파라오의 조상으로 여겨졌다.

신들의 습합·분화와 최고신-초월자의 발출拔出

고대 이집트인들은 모든 자연현상과 인간의 행위에는 신들이 개입하거나 그들의 의지가 깃들어 있다고 생각했다. 따라서 자연현상과 인간의 행위가 모여 이루어진 역사적 사건들을 신들의 활동으로 설명하고자 했는데, 이와 같은 시도가 이야기의 형식으로 구현된 것이 신화다. 어떻게 보면 고대 이집트 신화는 자연이 어떻게 구성되고 왜 그와 같은 방식으로 작동하는지를 설명해 준다는 점에서 오늘날의 과학 교과서에 비견될 수 있으며, 찬가와 기도, 봉헌 의례는 자연에 내재한 힘을 인간에게 유용한 방향으로 통제하고 변형시킨다는 측면에서 현대 과학기술이나 공학에 비견될 수 있을 것이다.

그러나 자연에 내재한 힘이 언제나 단 하나의 신적인 개념을 통해 파악된 것은 아니었다. 고대 이집트인들은 현대인의 눈에는 개별적인 것으로 보이는 자연현상과 역사적 사건이 종종 단일한 신적 개념의 다양한 측면을 반영하고 있다고 생각했는데, 이를 구체적으로 설명하기 위해 여러 신을 하나로 통합하는 방법을 사용했다. 다양한 현상과 사건의 배후에 존재하는 하나의 신적 개념을 설명하기 위해 서로 다른 신들을 마치 여러 원소들을 화학적으로 섞듯이 하나로 결합시키는 방법을 '습합'習合(syncretism)이라고 한다.● 예를 들어, 태양은 단순히 빛과 온기의 물리적 원천(레)일 뿐만 아니라 자연을 지배하는 힘(호루스)이며 모든 생명이 살 수 있도록 매일 아침 아케트에서 변신하여 솟아오르는 존재다. 현대인의 눈에는 빛과 온기를 제공하는 물리적인 태양과 우주 만물을 지배하는 힘, 그리고 아케트에서 변신하는 존재는 원칙적으로 서로 다른 범주에 속하는 실체나 개념이지만, 고대 이집트인들이 보기에 이 모든 배후에는 단 하나의 신적인 개념이 존재하며 이 개념은 레와 '호라크티', 즉 '아케트를 지배하는 호루스'가 하나로 통합된 레-호라크티를 통해 구체화될 수 있다. 다양한 신들의 습합은 고대 이집트 전반에 걸쳐 지속적으로 이루어졌다. 가장 대표적인 사례로 고왕국 시대 초기부터 국가 신으로 숭배되던 헬리오폴리스의 태양신과, 「헤르모폴리스 창세신화」에서 언급되었던 아문 간의 습합을 들 수 있다.

아문은 중왕국 시대 제12왕조 이후 그 중요성이 증대하기 시작했으며, 신왕국 시대 제18왕조(기원전 1550-1295년)에 접어들면서 헬리오폴리스의 태양신, 멤피스의 주신인 프타와 함께 국가 신으로 부상했다. 습합을 통해 결합한 두 최고신은 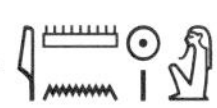 "아문-

---

● 습합의 사전적 정의는 종교나 철학에서 상이한 교리나 학설을 절충하여 통합하는 것으로 '[제설(諸說)] 혼합주의'라고 번역하기도 한다. 엄밀하게 말하면 습합은 복수의 신들을 하나로 결합시키는 고대 이집트의 관례를 정확하게 설명하는 용어는 아니다. 그러나 졸저에서는 이 용어를 앞서 언급한 고대 이집트의 관례를 설명하는 데 차용하여 쓰기로 한다.

레"(Amun-Re)로 불렸는데, 아문-레는 아문 신의 숨겨진 권능과 태양신의 가시적인 권능을 동시에 보유한 새로운 신이었다. 앞서 언급한 것과 같이 마치 서로 다른 두 종류의 원소가 화학적으로 결합하여 개별적인 원소의 원래 성격과는 완전히 다른 새로운 물질을 형성하듯(예: $2H_2 + O_2 = 2H_2O$) 고대 이집트인들은 서로 다른 두 신이 결합하면 이들이 개별적으로 보유하고 있던 신격의 합보다 더 새로운 신이 만들어질 수 있다고 생각했다(Hornung, 1982: 91-99). 아울러 습합은 "바알"(Ba'al)과  "아스타르테"(Astarte)와 같은 이방의 신들을 이집트의 신앙 체제로 받아들이는 데에도 유용하게 활용되었다. 일례로, 시리아에 위치한 도시국가 우가리트(Ugarit)에서 하늘신이자 풍우신으로 숭배되었던 바알은 신왕국 시대 제18왕조 무렵에 이집트로 유입되었는데, 이집트에서는 혼돈의 신 세트와 동일시되면서 바알-세트(Ba'al-Seth)로 습합되었다.

이와 같은 융합과는 반대로 한 신이 가진 다양한 신격이 분화하여 결국에는 각 신격이 독자적인 신이 되는 경우가 있는데 이것을 '분화'(Götterspaltung)라고 한다(Jankuhn, 1977: 709-711; Hornung, 1982: 86-91). 일례로 아비도스 3신계에 속하는 호루스의 경우, 신왕국 시대 후기부터 어린이 신으로서 보유하고 있던 그의 다양한 신격이  "호루스-어린이",  "호루스-이시스의 아들",  "호루스-그의 아버지의 복수자",  "호루스-두 땅의 통합자" 등으로 분화하였으며, 그리스 지배기 무렵부터는 이들 모두가 독자적인 사당과 신상과 신관을 보유한 독립적인 신들이 되었다. 테베의 3신계에 속하는  "콘수"(Khonsu) 역시 신왕국 시대 말부터 신격에 따라 여러 신으로

분화되어 숭배된 것으로 추정된다. 그의 신격은 '콘수-어린이', '영원한 젊은이-콘수', '콘수-네페르호텝', '콘수-섭리의 주관자', '콘수-수명을 헤아리시는 이' 등으로 분화되었으며, 후기왕조 시대에 큰 인기를 누리면서 이후 로마 지배기까지 지속적으로 숭배되었다. 흥미로운 점은 이렇게 분화한 신들 중에서도 위계가 존재했다는 점이다. 콘수의 경우에는 '콘수-네페르호텝'이 위계상으로 가장 높은 지위를 차지했으며, '콘수-섭리의 주관자'는 '콘수-네페르호텝'의 지시에 따라 환자들에게 치유의 권능을 발휘하는 역할을 맡았다.

한편, 제18왕조 말엽에는 모든 신적인 힘이 단 하나의 신,  "신들의 왕"인 최고신 아문의 다양한 측면이 발현된 것에 불과하다는 새로운 이론이 등장했다. 이 이론에 따르면 "숨겨진 자" 아문은 무한한 자연현상을 통해 자신의 의지를 드러내지만 아문 자신은 이 모든 내재적인 현상을 초월하는 존재였다(제10장 참조). 아문을 모시던 신관들은 또한 우주에 내재하는 고대 이집트의 다른 모든 신들과 달리 아문이 유일하게 초월적인 존재였으나, 그가 온 우주에 편재한다는 사실은 일상의 경험을 통해 매일 확인할 수 있다고 주장했다. 가시적이면서 숨겨진 이 존재를 그들은 앞서 언급한 '아문-레'로 표상했다.

초월자에 대한 개념은 고대 이집트의 신학 체계가 궁극적으로 도달한 결론이었으나, 그럼에도 불구하고 다신교 체제 혹은 다른 신들을 인정하면서 동시에 이들이 최고신 한 명의 다양한 측면으로 간주하는 단일신교(henotheism) 체제가 폐기되지는 않았다. 모든 신이 결국 초월자 한 명의 다양한 측면·속성·그림자와 같다는 단일신교 사상은 초월적이고 궁극적인 유일신이 하나 이상의 위격을 가진다는 후기 기독교사상과 유사하다. 이처럼 고대 이집트의 종교 혹은 신학 체계는 후대에 다른 모든 신을 부정하고 단 한 명의 유일신만을 진정한 신으로 여기는 유일신교(monotheism)의 뿌리가 되었다. 다시 말해, 고대 그리스에서 출발한 현대인의 논리적 사고는 수천 년 전 고대 이집트(와 메소포타미아)에서 시작된 사변적인 지적 모험을 모태로 하고 있다(Frankfort et al., 1977: 3-27; Assmann, 2001: 201-208).

창조주의 권능
: 창조적 인식과 발화

「헬리오폴리스 창세신화」는 창조주-원발자 아툼이 세계의 물리적 구성 요소로 발현하는 과정에 초점을 맞추고 있다. 그러나 「헬리오폴리스 창세신화」가 언급된 텍스트에는 단순히 육체적 발현을 통한 물리적 창조 행위뿐만 아니라 창조주의 의지가 반영된 추상적인 창조 행위 역시 등장한다. 일례로 『코핀 텍스트』 714번 주문에 묘사된 태초의 대양과 창조주 사이의 대화에서 창조주는 자신에 대해 다음과 같이 언급한다.

『코핀 텍스트』 714번 주문(CT VI, 343o–344e)

나는 태초의 대양에서 발원한 자라.

보라 무량이 나를 위해 물러가매 보라 (그리하여) 내가 남았느니라.

나는 내 창조력으로 내 육신을 발현시켰으니,

나는 나를 만든 자요 내 심장(의 뜻)에 따라 내가 원하는 바대로 나를 세웠느니라.

(그러므로) 나로부터 나온 것은 (모두) 나의 소관이로다.

고대 이집트인들에게 심장은 피를 신체의 각 기관으로 공급하는 단순한 펌프가 아니라 한 사람의 인식과 감정을 조절하고 관장하는, 현대인의 관점에서는 뇌와 거의 동일한 역할을 하는 기관이었다. 이 주문에서 아툼이 “나는 내 심장(의 뜻)에 따라 내가 원하는 바대로 나를 세웠느니라”라고 말한 것은 그가 육체적인 발현을 시작하기 전에 창조된 세상이 어떻게 구성되어야 하는지를 미리 인식하고 있었다는 것을 의미한다. 요컨대 고대 이집트인들은 창조주라면 자신이 창조하고자 하는 것을 미리 인식할 수 있는 능력, 즉 창조적 인식(creative perception)의 능력을 보유하고 있어야 한다고 생각했다.

창조주는 또한 창조적 인식의 능력뿐만 아니라 그와 같은 인식을 실제로 실현할 수 있는 신적인 권능도 갖추고 있어야 하는데, 이것을 고대 이집트인들은 형용동사  “유효하다” 혹은 “유능하다”에서 파생된 추상명사  “창조력”(effectiveness)으로 파악했다. 이와 관련하여 앞서 언급한 『코핀 텍스트』 714번 주문에서 창조주는 “나는 내 창조력으로 내 육신을 발현시켰다”라고 말하며, 75번 주문에서는 창조적 인식을 담당하는 기관인  “심장”과 창조 행위를 실현할 수 있는 신적 권능인 ‘창조력’ 사이의 관계가 보다 구체적으로 언급된다. “그[아툼]는 그의 심장으로 나[슈]를 창조하셨으며 그의 창조력으로 나를 만드셨노라.”(CT I, 337c-338a)

한편, ‘창조력’은 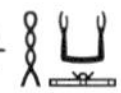 “헤카”(Heka), 즉 “주술”(magic: 종종 복수형인  “주문” 혹은 “주술 활동”으로 표기)을 통해 실현되는데, 여기서 주술은 “말이나 행위를 정해진 순서에 따라 수행함으로써 기대했던 결과를 자동적으로 성취하는 기법”으로 정의될 수 있다. 고대

이집트에서 주술은 원하는 결과를 얻기 위해 동원되는 일종의 공학 같은 것이었으며 다른 초인적인 자연현상과 마찬가지로 신적인 존재로 여겨졌다. 주술 활동에는 부적이나 이미지 등과 같은 물리적인 수단이 사용되는 경우도 있었지만, 이집트의 경우 창조적인 언어(creative speech), 다시 말해 주문(spell)이 사용되는 경우가 가장 일반적이었다. 실제로 고대 이집트어에서는 "창조력을 말하다", 즉 "신적 권능을 가지고 말하다"라는 표현이 "주문을 외우다"와 동일한 의미로 사용되었다.

아울러 고대 이집트에서 주술은 모든 사람이 익히고 사용할 수 있는 초자연적인 도구였다.● 중왕국 시대에 작성된 왕실 교훈서 중 하나인 『메리카레 왕을 위한 교훈서』(Instruction for Merikare: *p. St. Petersburg* 1116A, 12. 6-7)에서는 주술이 "일어날 수 있는 일을 막기 위한 무기로서" 창조주가 사람들을 위해 만든 것으로 묘사된다(Pinch, 1995: 17). 그러나 일반적으로 주술 행위는 입문 의식을 거친 신전의 신관들에 의해 거행되었으며, 이보다 높은 차원의 주술 행위는 대개 파라오 혹은 신과 밀접한 연관을 맺고 있었다. 파라오나 신이 수행하는 주술 행위는 다시  "시아"(Sia)와  "휴"(Hu)라는 두 개념으로 구분되는데, 시아는 주술 행위를 통해 성취하고자 하는 결과물이 무엇인지를 미리 파악하는 능력인 인식(perception)을,

● 고대 이집트인들은 주술과는 별개로 지력과 말 사이에는 밀접한 관계가 있다고 생각했다. 고대 이집트의 한 관리는 "나는 뛰어난 조언을 할 수 있는 자이며 그의 성읍에 유용한 자다"라고 자신을 소개했으며(Siut III, 4), 또 다른 관리는 자신을 "그의 주[왕]의 심장에 (즉, 왕이 보기에) 유용한 말을 하는 자"라고 묘사했다 (CG 20539 IIb, 5).

휴는 이렇게 인식된 것을 현실 세계에 실현시킬 수 있는 권위 있는 명령, 즉 발화(annunciation)를 각각 의미한다.

강력한 왕권을 보유하고 있었던 파라오는 구두 명령을 통해 자신이 원하는 바를 실현할 수 있었으므로, 왕은 종종 이 두 가지 권능을 통해 창조주의 창조 행위에 비견될 수 있는 자신의 통치행위를 수행하는 존재로 찬양되었다. 이를 명징하게 보여 주는 대표적인 예로는 이집트 남부 와디 알라키(Wadi Allaqi) 지역에서 금맥을 찾던 탐사대가 우물을 발견한 것을 기념하여 신왕국 시대 제19왕조의 람세스 2세(Ramesses II, 기원전 1279-1213년) 치세 2년에 세운 『쿠반 석비』(Kuban Stele)를 들 수 있다. "폐하[람세스 2세]께서는 폐하의 아버지이신 헬리오폴리스의 아툼께서 지상에 현현하신 살아 있는 형상이시오니, 폐하의 입에는 휴가 있사오며 폐하의 심장 속에는 시아가 있사오니 폐하의 말씀은 마아트의 전당이옵니다. 신들의 거처가 폐하의 두 입술 위에 있사오니 폐하의 언명이 매일 실현되나이다."●(KRI II, 356. 18)

왕이 인식과 발화를 유용하게 사용하여 통치하듯, 태양신 역시 동일한 두 능력을 사용하여 우주를 다스린다. 다시 말해, 주술행위 혹은 왕의 통치행위에서 핵심을 이루는 두 요소인 시아와 휴

● 본문에서 "말씀"은 직역하면 "혀의 자리"라는 뜻이며 "혀의 자리"가 "마아트의 전당"과 등치되어 사용되었다. 요컨대 파라오의 심장에 깃든 '시아', 즉 창조적 인식과 입 안에 있는 '휴', 즉 창조적 발화를 통해 "말씀"이 구현되면 그 "말씀"이 자동적으로 지상에서 마아트, 즉 우주적 질서와 조화를 이룬다는 의미다. 이것은 앞서 언급한 것과 같이 파라오가 신에게 지상에 구현된 마아트를 바칠 때 마아트가 왕의 형상으로 묘사되기도 하는데, 이는 바로 그의 말이 마아트 자체이자 마아트의 실현이기 때문이다.

는 창조주의 창조 행위에서도 결정적인 역할을 수행한다. 태양신이 시아와 휴를 통해 세상을 창조하고 통치한다는 것은 태양신이 변함 없는 상승과 하강으로 창조된 세상을 지배하는 한편, 반복되는 일출을 통해 세상을 매일 재창조한다는 것을 의미한다. 이 맥락에서 일출은 창조 행위를 새롭게 반복하는 것으로서 창조 행위의 마지막 단계였던 최초의 일출과 동일시되는데, 이때 창조주는 자신의 심장으로 창조될 우주를 인식하고(시아) 그가 인식한 것을 발화함으로써(휴) 우주를 창조한다.

창조주와 그가 보유한 두 창조적 권능인 창조적 인식과 창조적 발화, 그리고 창조적 발화를 구현할 수 있는 도구인 주술 사이의 관계를 가장 잘 보여 주는 것이 바로 신왕국 시대 파라오들의 왕실 분묘에 그려진, 태양신이 천계를 항해하기 위해 승선하는 태양선을 묘사한 장면이다. 여기서 시아와 휴, 그리고 헤카는 각각 태양신을 보좌하는 독립된 신으로 태양선에 동승하고 있다(그림 5-4). 이들 사이의 유사한 관계는 또한 『코핀 텍스트』 320번 주문을 통해서도 분명하게 확인된다. "나는 존재하는 것을 만들어 내고 존재하지 않는 것을 발현시키는 자라. 내가 말하니 휴가 발현했고 그가 다자多者가 되리라."(CT IV, 145b-c)

이처럼 인식과 발화를 통한 우주의 창조는 『구약성서』의 「창세기」에 묘사된 창조 행위와 유사하다. וַיַּרְא אֱלֹהִים אֶת־הָאוֹר כִּי־טוֹב וַיֹּאמֶר אֱלֹהִים יְהִי אוֹר וַיְהִי־אוֹר׃ "하나님이 말씀하시기를[발화] '빛이 생겨라' 하시니, 빛이 생겼다. 그 빛이 하나님이 보시기에 좋았다[인식]."(「창세기」, 1:3-4) 고대 이집트인들에게 이와 같은 창조 행위는 주술에 해당했으며, 따라서 창조력을 실현하는 수단으로서의 '헤카'는 창조적 발화인 '휴'와 밀접한 관계를 가진다. 이들에게 주술의 창조는 창조주의 창조 행위보다 앞선 창조의 첫 번째 단계였는데 주술, 즉 '헤카'가 다른 모든 것에 선행한다는 생각은 『코핀 텍스트』 261번 주문을 통해서도 확인된다. "나[헤카]는 유일한 주께서 이 땅에 두 개가 발현되기 전에● (…) 그가 '휴'를 그의 입 위에 취하심으로 만드신 자라."(CT III, 382e-384c)

● 여기서 "이 땅에 두 개가 발현되기 전에"라는 말은 원발자가 분화하기 전, 즉 창조주 자신의 발현을 통해 우주를 창조하기 전이라는 뜻이다.

결론과 요약
: 고대 이집트인들과 신의 주술

고대 이집트의 다신교 체제에서 신들은 우주에 내재하며 각자의 지위·영역·권능을 보유하고 있다. 이들은 자신들의 영역에서 자신들이 가진 권능을 사용하여 우주적 질서인 마아트가 유지되는 데 요구되는 각자의 역할을 수행한다. 이들이 자신들의 권능을 구현하는 방법은 주술이다. 주술은 "말이나 행위를 올바른(전해진) 순서에 따라 수행할 경우, 기대했던 결과를 자동적으로 성취할 것이라고 믿는 사람에 의해 이루어지는 초자연적 존재에 대한 조작"으로 정의될 수 있는데(Frazer, 1966: 12-14), 고대 이집트인들은 『메리카레 왕을 위한 교훈서』에 언급된 것처럼 창조주로부터 신적인 기술의 일부를 전수받아 활용할 수 있다고 생각했다. 이와 같은 일상적인 공감 주술(sympathetic magic)은 유사성의 법칙을 기반으로 하는 동종 주술(homoeopathic magic)과 접촉의 원칙을 기반으로 하는 감염 주술(contagious magic)로 다시 나뉜다. 그러나 신들의 경우, 주술은 대개 권능을 가진 명령을 통해 행해졌는데, 이처럼 신들이 사용하는 주술은 인간의 지력으로는 파악할 수 없는 신비로운 신적 지식, 즉 '비의'로 여겨졌다.

주술의 권능이 가장 뛰어난 창조주-최고신은 창조될 필요가 있는 대상을 인식하는 창조적 인식의 능력, 즉 시아와 함께 그것을 권위 있는 언명으로 실현할 수 있는 창조적 명령의 능력, 즉 휴를 모두 보유하고 있어야 했다. 창조적 인식과 창조적 발화, 그리고 이 둘을 포괄하는 신적 주술, 헤카는 각각 독립된 신으로 표상된다.

대개 창조적 발화의 권능과 가장 밀접한 관계가 있는 신은 바로 멤피스의 주신 프타이다. 프타와 창조적 발화와의 관계는 『코핀 텍스트』 647번 주문에 언급되어 있는데, 여기서 프타는 자신을 "나는 그의 (도시의) 벽 남쪽에 거하는 자, 신들의 아버지"로 소개한 다음 자신과 창조주와의 관계에 대해,  "내가 그[창조주]의 입 위에 있는 휴, 그의 몸 속에 있는 시아이기 때문이라"(CT VI, 268o)라고 말한다. 다시 말해, 프타는 휴와 시아를 체현한 또 다른 창조주인 것이다.

VIII

멤피스 창세신화

프타의 신격과 『샤바카 석비』

앞 장에서 살펴본 것처럼 창조적 인식과 창조적 발화를 사용하여 세상을 창조하는 신은 '프타'로 알려져 있지만 프타가 어떤 경위로 그와 같은 신격을 갖게 되었는지는 명확하지 않다.

프타의 종교 중심지는 이집트 최초의 수도인 멤피스다. 멤피스에서 프타는  "그의 (도시의) 벽 남쪽에 거하시는 이"라는 호칭으로 불리는데, 이를 통해 프타 신전이 멤피스의 남쪽에 위치했을 것이라고 추정해 볼 수 있다.● 프타는 처음부터 금속(광석)·

● 멤피스 남부에 위치했을 것으로 추정되는 프타의 신전은 앞서 언급한 헤로도토스의 멤피스에 대한 묘사에도 등장한다(『역사』, 2.99). "신관들에 따르면 아이귑토스의 초대 왕은 민으로, 그는 네일로스강에 제방을 쌓아 멤피스를 보호했다고 한다. (…) 만일 강물이 이 지점에서 제방을 뚫고 범람한다면 멤피스가 완전히 물에 잠길 위험이 있기 때문이다. 물길이 차단된 곳이 마른 땅이 되자 초대 왕 민은 그곳에 오늘날 멤피스라 불리는 도시를 세웠다. (…) 그리고 그는 도시 안에 가장 언급할 만한 가치가 있는 거대한 헤파이스토스 신전을 지었다고 한다." 여기서 "아이귑토스의 초대 왕"은 초기왕조 시대 제1왕조(기원전 3000-2890년경)의 첫 번째 왕 아하(Aha) = 메네스(Menes)를 말하며, 그가 멤피스 주위에 흰색 석회암 제방을 쌓으면서 도시의 이름이 자연스럽게 "흰 벽"으로 고착된 것으로 보인다. 한편, 그리스인들은 기예의 신 프타를 야금술(冶金術)의 신 Ἥφαιστος "헤파이스토스"와 동일시했다. 원문의 한국어 번역은 다음을 참조했다. 헤로도토스, 『역사』, 천병희 옮김(도서출판 숲, 2009), 216-217쪽.

석재 등과 같은 광물과 밀접한 관련을 맺고 있는 신이었다. 이런 신격으로 인해 프타는 운석에서 발견되는 철광석(meteoric ore)의 신이자 사막의 신 "소카"(Sokar)와 결합하여 '프타-소카'(Ptah-Sokar)로 표상되었으며, 신왕국 시대부터는 창조의 과정에서 솟아난 최초의 대지인 '타체넨'과 다시 결합하여 '프타-타체넨'(Ptah-Tatjenen)이 되었다.

여기서 프타-소카는 금속(광석)의 신으로서의 신격을, 프타-타체넨은 석재의 신으로서의 신격을 각각 나타낸다(Holmberg, 1946: 53-63). 금속과 석재가 건축과 조형예술의 재료로 사용되었기 때문에 프타는 또한 이들 재료를 가공하여 건축물과 예술작품을 제작하는 기예를 담당하는 신이자, 조각가·건축가·금속 세공사 등과 같은 장인의 수호신으로 여겨졌다. 기예와 장인의 수호신으로서 프타는 고왕국 시대의 장인들이 착용했던, 머리에 꽉 끼는 모자(skullcap)를 쓴 모습으로 등장하며(그림 8-1), 그의 고위 신관은 "장인의 감독관"이라는 호칭을 사용했다.●

기예와 장인의 수호신이라는 신격은 인식과 발화를 통해 우주를 창조하는 창조주로서 프타의 신격을 설명해 준다. 건축가·조각가·장인들은 무언가를 만들어 내기 전에 만들고자 하는 대상을 미리 인식하고 계획한 후 금속이나 석재와 같은 재료를 가공하여 원래 만들고자 했던 결과물을 구현하는데, 이와 같은 인식과 계

● 이 호칭이 원래는 종교적인 직위가 아니었으나 고왕국 시대 제6왕조부터 프타의 고위 신관에게 수여되었으며, 이후 장인(Bildner)으로서의 프타의 신격을 형성하는 데 영향을 미쳤을 것이라고 추정하는 견해도 있다.

[그림 8-1]
네페르타리와 대면하고 있는 프타

신왕국 시대 제19왕조 람세스 2세의 대왕비인 네페르타리(Nefertari)의 분묘 벽화에 묘사된 멤피스의 주신 프타. 장인들이 쓰던 머리에 꽉 끼는 모자를 쓰고 권세를 나타내는 지팡이[權杖]와 제드 기둥을 손에 들고 있다. 오시리스와 마찬가지로 손을 제외한 몸은 미라의 모습을 하고 있는데, 이것은 프타의 신격 중 하나가 최초로 솟아오른 언덕, 즉 프타-타체넨임을 의미하는 동시에 그가 땅과 밀접한 관련이 있는 지박신(地縛神, chthonic deity)의 신격을 가지고 있다는 것을 보여 준다.

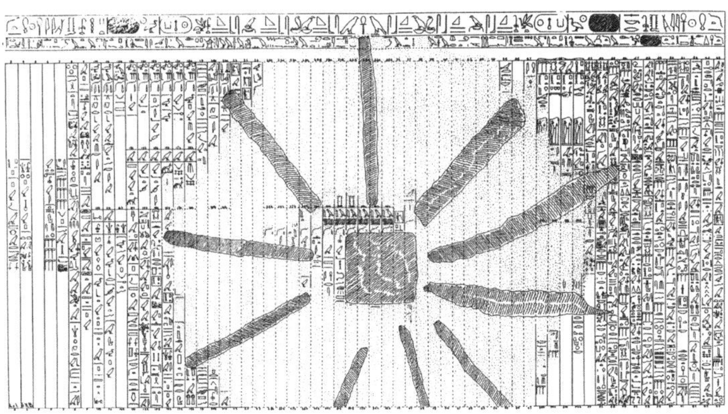

[그림 8-2]『샤바카 석비』(BM EA 498)

그리스·로마 지배기에 멤피스의 프타 대신전에서 알렉산드리아로 옮겨진 것으로 추정되며 이후 영국 군함의 바닥짐(ballast)으로 사용되다 1805년 영국박물관에 기증되었다. 안타깝게도 과거의 어느 시점에 맷돌의 아래짝으로 사용되는 바람에 석비 중앙으로부터 반지름 78센티미터 안에 적힌 성각문자가 훼손되었다. 원 안에는 중앙에서 곡물을 넣었던 11개의 홈이 방사형으로 파여 있다.

획, 가공과 구현의 과정은 건축가·조각가·장인이 제작활동 전에 가졌던 완성품에 대한 인식이 원재료의 가공을 거쳐 완성된 제품으로 '발현'되는 과정을 보여 준다. 또한 고대 이집트인들에게 프타는 이와 같은 '발현'을 가능하게 하는 창조의 힘을 상징했는데, 이런 신격을 가장 잘 설명한 종교 문서가 바로 『샤바카 석비』이다(그림 8-2).

1805년 영국박물관(British Museum)에 '498번 비석'으로 등재된 『샤바카 석비』는 후기왕조 시대 제25왕조의 샤바카(Shabaka, 기원전 716-702년)가 멤피스의 프타 신전에 세운 검은색 화강암 비석이다. 찬가나 장례 문서의 주문과 같은 여타 종교 문서와 달리 『샤바카 석비』는 초기 기독교 교부들의 저술과 유사하게 신의 속성에 대한 신학적 주장을 담고 있으며, 프타의 창조적 인식과 발화를 주제로 하는 『멤피스 창세신화』에 대한 핵심적인 정보를 제공한다. 이 석비에서 누비아 출신 파라오 샤바카는 다음과 같이 주장한다.

『샤바카 석비』 2행[*ZÄS* (39), pls. 1–2]

폐하[샤바카]께서 이것[비석의 원문]이 전대의 사람들이 지었으나 좀이 먹어 시작과 끝을 알 수 없게 된 사실을 아시고 그의 아버지 프타, 그의 (도시의) 벽 남쪽에 거하시는 이, 신전에 그 기록을 새롭게 기록하심이라. 그리하여 폐하께서 그것이 전보다 더 완벽할 수 있도록 다시 적게 하셨으니 이는 그의 아버지 프타-타체넨을 위한 태양신의 아들 샤바카의 기념물로서 그가 영원한 생명을 성취할 수 있도록 그의 (도시의) 벽 남쪽에 거하시는 이의 신전에 영원히 그의 이름을 굳건히 하고 그의 건축물들을 영속시키고자 하는 소망에 따른 것이라.

『샤바카 석비』의 주장대로라면 비석에 새겨진 원문은 파피루스나 가죽에 쓰여 있었던 것으로 보인다. 이와 같은 주장 때문에 1805년 비석이 처음 발견된 이후 1970년대 이전까지는 학자들이 석비 2행의 내용을 액면 그대로 받아들여 『멤피스 창세신화』의 원문이 고왕국 시대에 작성되었으며, 이는 「헬리오폴리스 창세신화」와의 신학적 경쟁관계를 반영한다고 주장했다. 그러나 1970년대 이후에는 엄밀한 문헌학적 분석과 신왕국 시대 후반부 이후 본격적으로 제기되기 시작한 인식과 발화 간의 상관관계, 그리고 태양신을 중심으로 한 단일신교의 경향 등이 원문에 반영되어 있다는 점 등과 같은 이슈가 제기되었다. 이와 같은 새로운 문헌학적·종교학적 증거를 바탕으로 오늘날 학계에서는 『샤바카 석비』가 실제 창작된 시기를 샤바카 치세보다 약 550년 앞선 신왕국 시대 제19왕조 람세스 2세 치세 무렵으로 보고 있다(Schlögl, 1980: 110-117; Te Velde, 1982: cols. 1177-1180; Rothöhler, 2006: 191-202).

『샤바카 석비』의 앞부분에는 멤피스에서 상·하이집트 두 땅이 하나로 통일된 것을 기념하는 의례가 기록되어 있지만, 후반부에는 창조주로서의 프타의 신격을 엿볼 수 있는 내용이 수록되어 있는데, 여기서부터 『멤피스 창세신화』가 본격적으로 시작된다. 앞으로의 분석과 논의를 위해 『샤바카 석비』와 창세신화의 전체 구조를 요약해 보면 다음과 같다.

(1) 샤바카의 서문: 과거로부터 전승된 문서를 보존하기 위해 왕

의 명령에 따라 텍스트가 새롭게 새겨졌다.

(2) 호루스와 세트의 분할 및 화해: 게브의 결정에 따라 호루스가 왕위를 계승한다. 통일된 이집트의 유일한 왕인 호루스는 프타와 동일하며 프타의 성도 멤피스를 수도로 삼는다.●

(3) 프타의 창조 행위: 프타가 '심장'과  "혀"를 이용하여 세상을 창조한다. 프타의 창조 행위는 육체적 발현을 통해 우주를 창조하는 아툼의 창조 행위에 선행한다.

(4) 멤피스의 위상: 멤피스가 프타의 성도로서, 호루스의 수도로서, 오시리스의 영원한 거처로서 성스러운 도시의 위상을 부여받는다.

● 『멤피스 창세신화』의 핵심인 창조주로서 프타의 창조 행위는 「오시리스 신화」의 일부이기도 한 '호루스와 세트의 대결'과 '호루스의 승리' 모티프에 이어 등장하는데, 호루스와 세트의 갈등이 창세신화에 선행하는 순서는 일반적인 창세신화의 서사 흐름에 비추어볼 때 그리 자연스럽지 않다. 이런 비약은 사실 『샤바카 석비』 여기저기에서 발견된다. 프타를 창조주로 언급한 다음 후대 신들의 계보에 대한 언급 없이 호루스와 세트의 갈등으로 바로 이행하는 점, 멤피스가 호루스 단독 통치의 수도로 정해진 경위를 설명한 다음 프타를 중심으로 한 창세신화가 언급되는 점 등이 그렇다. 이런 이야기의 흐름을 이해하는 핵심은 멤피스라 할 수 있다. 다시 말해, 멤피스는 『샤바카 석비』에 언급된, 창세신화를 비롯한 상이한 내용의 여러 신화적 서사를 하나로 연결시키는 역할을 한다. 본문의 두 번째 부분인 「호루스와 세트의 분할 및 화해」에서 프타와 동일한 신격을 부여받은 호루스는 그의 성도를 자신의 수도로 삼는다. 이어 성도 멤피스의 주신인 프타의 창세신화가 전개되며, 창조주의 창조 행위는 이집트에서 종교적으로 가장 신성한 성도이자 정치적으로 가장 중요한 수도, 아울러 오시리스가 영원한 안식을 취하는 성지로서의 위상을 멤피스에 부여하는 것으로 끝난다. 앞서 여러 번 언급된 것과 같이 이와 같은 구조 역시 이집트를 새로이 통일한 제25왕조 샤바카의 정치적 필요에 따른 것으로 판단된다.

프타와
헤르모폴리스의 8신계

『멤피스 창세신화』의 핵심은 프타와 아툼 간의 관계라 할 수 있다. 우선 프타는 모든 신들의 창조주로 등장하는데 프타에 의해 최초로 발현된 신들이 바로 헤르모폴리스의 8주신이다. 심하게 훼손된 원전에는 프타와 결합한 이 여덟의 신들이 목록의 형태로 등장한다.

『샤바카 석비』 48–52b열[*ZÄS* (39), pls. 1–2]

프타로 변신한 신들

위대한 옥좌 위의 프타 (…)

프타-눈: 아툼의 아버지 (…)

프타-나우네트: 아툼을 낳은 어머니 (…)

위대한 프타: [모든] 존재의 심장과 혀 (…)

((프타) …) 주 (…) 위대한 (…) 신들을 낳은 주

((프타) …) 신들을 낳은

((프타) …)

((프타) …) 매일 태양신의 코에 위치한 [네페르툼]

우주가 창조되기 전 태초의 대양의 특성과 질료를 형상화한 헤르모폴리스 8주신의 기원에 대한 이 흥미진진한 신화는 안타깝게도 원문이 심하게 훼손되어 그 면모를 정확하게 파악할 수 없다 (그림 8-2 참조). 그러나 헤르모폴리스 8주신이 프타로부터 기원한다는 주장은 의미심장하다. 『멤피스 창세신화』에 따르면 프타는 태초의 대양과 동일한 신격과 지위를 가지고 있으며, 따라서 태초의 대양 속에서 자재하다 스스로를 발현한 헬리오폴리스의 창조주 아툼에 선행한다. 앞서 언급한 것과 같이 이것은 아툼을 정점으로 한 헬리오폴리스의 9주신 위에 프타를 둠으로써 헬리오폴리스의 신들에 대한 프타의 상대적 우위를 도모하고자 하는 '신화적 전복'(mythological reversal)의 일환이다.

「헬리오폴리스 창세신화」에 따르면 태초의 대양인 눈과 나우네트는 아툼에 의해 창조된 세상을 둘러싼 창조력의 원천이며 따라서 창조된 세상의 외피外皮라 할 수 있다. 『멤피스 창세신화』는 프타-눈/나우네트가 아툼과 그가 창조한 세계로 상징되는 「헬리오폴리스 창세신화」 전체를 물리적으로 감싸게 함으로써 프타의 우월적 지위를 강조한다. 아울러 『샤바카 석비』 52a열에는 '위대한 프타'를 (창조된) "[모든] 존재의 심장과 혀"로 묘사하고 있는데, 이는 이어 등장하는 시아 = 창조적 인식, 즉 창조주가 현재 결핍된 것이 무엇인지를 인지하고 그것을 창조하고자 하는 기획을 담당하는 기관인 심장과, 휴 = 창조적 발화, 즉 자신이 창조하고자 하는 것을 발화를 통해 실재로 창조할 수 있는 권능을 가진 기관인 혀를 사용하여 우주를 창조하는 프타의 진면목을 묘사한 부분과 조응한다.

『샤바카 석비』 53-54열[*ZÄS* (39), pls. 1-2]

심장 안에서 발현한 것, 혀 안에서 발현한 것이 (모두) 아툼의 형상이라. 프타께서는 위대하시니 프타로부터 호루스가 발현한 이 심장을 통해, 프타로부터 토트가 발현한 이 혀를 통해 신들과 그들의 카를 전수하시는 이라. 프타를 통해 심장과 혀가 (다른) 모든 육신에 대해 권세를 가지게 되었으니 이는 모든 신들과 인간들, 작은 짐승들, 기는 것들 그리고 살아 있는 것들의 모든 몸에 그것[심장]이 맨 앞에 있고, 모든 입에 그것[혀]이 맨 앞에 있어 그것[심장]이 원하는 모든 것을 의도하고 그것[혀]이 의도하는 모든 것을 명령하기 때문이라.

앞서 언급한 것과 같이 심장은 창조적 인식을 담당하는 기관이며, 혀는 창조적 발화를 담당하는 기관이다. 『샤바카 석비』 53열에 언급된 "심장 안에서 발현한 것, 혀 안에서 발현한 것이 (모두) 아툼의 형상"이라는 말은 결국 창조주가 기획하고 발화한 것이 원발자 아툼으로 구현되었다는 의미다. 선행하는 텍스트에서 태초의 대양의 특성과 질료를 형상화한 헤르모폴리스 8주신이 프타로부터 기원한 것이라고 주장함으로써 프타를 아툼에 선행하는 존재로 부각했다면, 여기서는 프타의 창조적 기획과 실행(발화)이 아툼으로 구체화되었다고 언급함으로써 다시 한번 아툼에 선행하는 진정한 창조주의 지위를 프타에게 부여한다. 이와 함께 기획과 실행(발화)을 통한 프타의 추상적 창조 행위와, 이 과정을 통해 구체화된 아툼이 이후 자위 혹은 체액 방출 등의 방법으로 실행하는 육체적 발현에 근거한 물리적 창조 행위를 선명하게 대비시킨다.

이어 『샤바카 석비』 53열은 "프타로부터 호루스가 발현한 이 심장을 통해, 프타로부터 토트가 발현한 이 혀를 통해"라고 언급한다. 이는 창조적 인식을 담당하는 프타의 심장에서 왕권을 보유한 호루스가, 창조적 발화를 담당하는 프타의 혀에서 지혜의 신이자 언어와 성각문자의 신인 토트가 각각 생겨났다는 의미다. 여기서 호루스는 권위 있는 창조적 인식을, 토트는 창조적 인식을 실현할 수 있는 실행력을 각각 구현한 것으로 보인다. 헬리오폴리스의 원발자 아툼과 마찬가지로 호루스와 토트 모두 결국은 프타가 수행하는 창조 행위의 한 측면이 체화體化된 것이다. 이어 프타로부터 발현한 모든 살아 있는 것들에게는 그의 창조 능력이 신체의 모든 기관 중 가장 중요한 심장과 혀의 형태로 깃들어 있으며, 창조주의 기획력과 실행력이 심장과 혀를 통해 살아 있는 모든 생명체에 편재한다는 사실이 선포된다.

프타와 헬리오폴리스의 9신계

프타·헤르모폴리스 8신계와의 관계와 창조주의 창조 능력의 본질에 대해 언급한 후 『멤피스 창세신화』는 「헬리오폴리스 창세신화」의 원발자인 아툼과 9신계 신들의 성격을 본격적으로 규명하는 단계로 접어든다.

> **『샤바카 석비』 55–56열**[*ZÄS* (39), pls. 1–2]
>
> 이 아툼의 씨인 치아로서, 이 아툼의 손인 입술로서 그[프타]의 9신계가 그[프타]의 면전에 있노라. 아툼의 9신계는 그[아툼]의 씨와 그[아툼]의 손가락을 통해 발현하였으나 실로 9신계는 모든 것의 이름을 부여하신, 슈와 테프누트가 나온, 9신계를 낳으신 이 입 안에 있는 치아와 입술이라.

여기서 "아툼의 씨"와 "아툼의 손"은 자위를 통해 슈와 테프누트를 창조한 아툼의 육체적·물리적 창조 행위를 지칭한다. 그러나 『멤피스 창세신화』는 "아툼의 씨"와 "아툼의 손"의 구현물인 9신계가 실제로는 창조주 프타의 입 안에 있는 "치아"와 "입술"이라는 사실을 분명하게 밝히고 있다. 다시 말해, 자위를 통한 아툼의 물리적인 창조 행위와 조음기관인 치아와 입술을 사용한 프타의 추상적 창조 행위를 중첩시키면서도 프타가 발화를 통해 모든 것에 이름을 부여함으로써 우주를 창조한다는 사실을 분명하게 강조한다. 『멤피스 창세신화』는 이어 심장과 혀가 어떻게 기능하는지에 초점을 맞춘다.

『샤바카 석비』 56열[*ZÄS* (39), pls. 1–2]

눈이 보는 것, 귀가 듣는 것, 코가 숨 쉬는 것은 심장에게 고하기 위함이라. 그것[심장]이 바로 모든 식견을 나오게 하는 것이요, 혀가 바로 심장이 의도한 것을 반복하는 것이라.

『샤바카 석비』 56열에서는 창조의 과정에서 창조의 권능을 보유하고 있는 기관은 심장과 조음기관인 혀라는 사실이 다시 한번 강조되는 동시에, 지식이 창조되는 과정도 설명된다. 『멤피스 창세신화』에 따르면 지식은 감각기관이 인식한 것이 심장으로 전해짐으로써 생성되며 이렇게 심장에서 생성된 지식은 혀를 통해 전달된다. 여기서 지식을 생성하는 심장은 앞서 53열에서 언급된 권위 있는 창조적 인식을 구현한 호루스와, 생성된 지식을 바탕으로 한 심장의 의도를 전달하는 혀는 창조적 인식을 실현할 수 있는 실행력을 구현한 토트와 각각 조응한다. 이어 심장과 혀의 기능에 기반한 창조의 결과가 발현된 우주의 다양한 면모가 열거된다.

『샤바카 석비』 56–58열[*ZÄS* (39), pls. 1–2]

그리하여 모든 신이 태어났으니 아툼과 그의 9주신이라. 그러나 모든 신성한 말씀은 심장이 의도하고 혀가 명령한 바에 따라 발현되었으며, 그리하여 이 언명으로써 모든 음식과 봉헌물을 만들어 내고, 바람직한 일과 가증스러운 일을 하는 모든 카가 만들어지고 헴세트가 부여되었으며,[●] 그리하여 평화로운 자에게는 생명이 주어지고 죄 지은 자에게는 죽음이 주어졌으며, 그리하여 모든 일과 기예와 두 팔이 행하는 것과 두 발이 걷는 것과 모든 육신이 움직이는 것이, 심장이 의도하고 혀로부터 나오매 모든 것을 갖추도록 하는 이 말의 명령에 따라 만들어졌느니라.

「헬리오폴리스 창세신화」에서와 마찬가지로 『멤피스 창세신화』에서도 창조 행위는 일자에서 다자로 이행하는 과정으로 설명된다. 여기서 일자, 즉 창조주 프타가 "심장이 의도하고 혀가 명령한 바에 따라" 가장 먼저 창조하는 것은 아툼을 비롯한 헬리오폴리스의 9주신이다. 요컨대 헬리오폴리스 9주신은 물리적인 우주를 발현하는 존재로서 프타의 뜻에 따라 세상의 모든 존재를 발현시킨다. 이어 프타는 신들을 위한  "음식"과 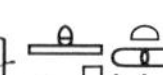 "봉헌물"을 만들어 내고 이어 생명력인 카와  "헴세트"를 부여한다.[●●] "카"와 "헴세트"는 생명이 있는 존재를 움직이게 하므로

● 여기서 "헴세트"(hemset)는 생명력을 의미하는 남성명사 카에 대응하는 여성적인 개념, 즉 여성적인 생명력으로서 운명과 보호의 권능을 가진 여신으로 표상되기도 한다. 대개 하이집트의 수호 여신으로 알려진 네이스 여신이 태초의 대양에서 길어 올린 창조력으로 알려져 있으나 『멤피스 창세신화』에서는 프타에 의해 창조된 것으로 언급된다. 『샤바카 석비』에 표기된 것과 같이 네이스 여신의 상징인 화살 두 개가 교차하는 방패로 형상화된다.

●● 생명력인 카와 헴세트보다 '음식'과 '봉헌물'이 먼저 창조되는 이유는 이들이 생명

이 둘의 작용에 따라 "바람직한 일"과 "가증스러운 일"이 발생하며, 그 결과 "평화로운 자에게는 생명이 주어지고 죄 지은 자에게는 죽음이 주어졌다"라는 말은 이들 행위를 규정하는 현상계의 법칙이 정해진다는 의미다. 끝으로 손과 발, 모든 장기臟器의 움직임이 프타의 창조적인 발화에 따라 생겨난다. 결론적으로 『멤피스 창세신화』에서 창조주 프타의 창조 행위는 헬리오폴리스의 9신계 → 음식 및 봉헌물 → 남성적·여성적 생명력 → 생명력의 작용에 따른 행위 → 행위를 규정하는 현상계의 법칙 → (구체적인 업무와 기예를 포함한) 모든 개별자의 움직임이라는 순서로 이행한다.

『샤바카 석비』 58–61열[*ZÄS* (39), pls. 1–2]

그리하여 프타에 대하여 "아툼을 창조하시고 모든 신을 발현시키신 이"라는 말이 생기매 이는 그가 신들을 낳은 타체넨이시기 때문이니 모든 것이 그로부터 봉헌물과 음식으로, 신들을 위한 제물로, 모든 좋은 것으로서 나왔느니라. 그러하니 (그의) 슬기로움은 다른 어느 신보다 영험하며 그의 권능은 다른 어느 신보다 크도다. 그리하여 프타께서는 모든 것과 모든 신성한 말씀을 만드신 후 만족하시니 그가 신들을 낳으시고 도시를 만드시고 노모스를 세우시고 신들을 그들의 사당에 두시고 그들의 의례용 빵을 마련하시고 그들의 사당을 세우시고 그들의 심장을 만족스럽게 하기 위해 그들의 몸을 창조하셨으며, 그리하여 신들이 모든 목재와 모든 석

력을 유지하는 데 필요한 선결 조건이기 때문이다. 이집트인들은 생명을 가진 존재가 음식을 먹지 못하면 '카'를 비롯한 모든 생명력이 소멸한다고 생각했다.

재와 모든 점토와 그들이 발현한 그[프타]의 가지에서 자라는 모든 다른 것들로 만든 그들의 몸으로 들어갔노라.

여기서 프타는 프타-타체넨으로서 "아툼을 창조하시고 모든 신을 발현시키신 이", 즉 아툼에 선행하는 창조주로 정의된다. 『샤바카 석비』 59-61열에서는 무엇보다 기예와 장인의 수호신으로서의 프타의 면모가 강조된다. 프타는 신들을 창조하는 한편, 노모스를 세우고 도시를 만들고 도시 안에 사당을 건립하고 그 안에 다시 신상神像을 창조한다. 여기서 "그들의 심장을 만족스럽게 하기 위해" 프타가 만든 신들의  "몸", 즉 신상은 또한 태초의 대양으로부터 솟아난 대지인 프타의 몸에서 채취할 수 있는 목재·석재·점토 등과 같은 갖가지 재료로 만들어진다. 프타의 기획에 따라 모든 신은 자신의 형상에 깃들게 되고 이로서 이집트는 앞서 살펴본 것처럼, 신들을 지상에 모신 '신국'이 된다.● 끝으로 프타는 "모든 것"과 "모든 신성한 말씀"으로 요약되는 창조작업을 수행한 후 만족한다.●●

● 신들이 신상에 깃듦으로써 이집트가 신국으로 변모하는 이유는 신들이 신상에 깃들어야만 신관들이 신전 제의를 수행할 수 있기 때문이다. 고대문명에서 신상을 중심으로 한 신전 제의는 천상에 존재하는 신들의 세계와 지상에 구현된 인간의 세계를 매개하는 중요한 종교 활동이었다.

●● 여기서 동사 "만족하다"는 "쉬다"로 해석될 수도 있으며, 따라서 59열은 "그리하여 프타께서는 모든 것과 모든 신성한 말씀을 만드신 후 쉬셨다"로도 번역이 가능하다. 창조주가 창조 행위를 마무리하고 휴식을 취한다는 발상은 특히 『구약성서』 「창세기」에서 안식일의 기원을 설명하는 중요한 신화소다. "하나님은 하시던 일을 엿샛날까지 다 마치시고, 이렛날에는 하시던 모든 일에서 손을 떼고 쉬셨다."(「창세기」, 2:2)

멤피스의
신화적 위상

『샤바카 석비』의 마지막 부분에서는 프타의 성도인 멤피스의 위상과 관련한 내용이 언급되는데, 여기서 멤피스는 프타의 성도로서, 호루스의 수도로서, 오시리스의 영원한 거처로서 신화적으로 가장 성스러운 도시로서의 위상을 부여받는다.

『샤바카 석비』 61−63열[*ZÄS* (39), pls. 1−2]

그리하여 그[프타]를 위하여 모든 신들과 그들의 카가 모이니 두 땅의 주와 만족하여 결합하였도다. 타체넨의 신성한 곡물창고는 모든 생명의 여주인 프타 신전 안에 거하는 신들의 심장과 결합한, 두 땅의 생명이 만들어진 장엄한 옥좌이니 이는 오시리스가 그의 물에서 익사했기 때문이라. 이시스와 네프티스가 살피니 이는 그들이 그를 보고 그에게 마음을 두도록 하기 위함이라. 호루스가 이시스와 네프티스에게 지체하지 말라고 명하매 이는 그들이 그를 구하고 그가 익사하는 것을 막고 적시에 주의를 기울이게 하기 위함이니 그리하여 그들이 그에게 도달하여 (그를) 땅으로 (이끌었도다). 그는 장엄한 옥좌에서 레의 길을 따라 지평선으로 떠오르시는 이의 걸음걸이로 영겁회귀[영원한 반복성]의 주들이 거주하는 신성

한 땅의 비밀스러운 대문으로 들어갔도다.●

여기서 멤피스는 창조주 프타가 창조한 모든 신과 그들의 카가 모이는 곳이자 신들의 마음을 흡족하게 만들 수 있는 "타체넨의 신성한 곡물창고", 즉 신적인 풍요가 실현된 곳이며, 창조주-지배자 프타를 위한 "장엄한 옥좌"가 있는 곳이다. 여기서 흥미로운 것은 "두 땅의 생명"으로서 멤피스가 누리는 풍요는 명계의 왕이자 식물의 생장에 관여하는 오시리스가 이곳에서 익사했다는 사실에 기인한다는 것이다.("이는 오시리스가 그의 물에서 익사했기 때문이라.") 이집트인들에게 오시리스는 지하 세계에서 식물의 생장을 촉진하는 신이며, 따라서 이 신이 머문 곳은 유례 없는 풍요를 구가한다.●● 한편, 후반부에는 「오시리스 신화」의 신화소가 다시 한번 차용되는데, 여기서 멤피스는 오시리스가 구출되어 일출의 경로를 따라 태양신과 같은 위엄을 보이며 명계로 내려가는 신성한 장소로 묘사된다. 요컨대, 『샤바카 석비』를 통해 멤피스는 프타가 창조 행위를 수행한 곳이자, 호루스가 왕으로서 신들에게 명령하는 곳, 그리고 오시리스가 구조되어 명계로 내려가는 신화적 장소가 된다.

● 본문에서 "영겁회귀의 주들"은 영생을 부여받은 망자들을 의미하며 "신성한 땅"은 이들이 거주하는 지하의 명계와 지상의 공동묘지를 의미한다. 멤피스의 경우 "신성한 땅"은 나일강 서안의 왕실 묘역인 사카라(Saqqara)가 된다. 아울러 "비밀스러운 대문"은 태양신이 뜨고 질 때 드나드는 지하 세계로 통하는 대문을 뜻한다.

●● 한편, 오시리스의 익사와 풍요 사이의 관계는 매년 발생하는 나일강의 범람을 상기시킨다. 앞서 언급한 것처럼 이집트인들은 검은색 토사가 침전된 농경지를 "검은 땅"이라고 불렀는데, 풍요와 죽음을 동시에 상징하는 검은색은 식물의 생장을 상징하는 녹색과 함께 오시리스의 피부색을 묘사하는 데 사용되었다.

『샤바카 석비』 64열[*ZÄS* (39), pls. 1–2]

그[오시리스]가 왕궁으로 들어가 타체넨과 시간의 주 프타와 같은 신들과 화친하매 그가 도달한 이 땅의 북쪽 지대에 위치한 군왕의 신전의 땅에 오시리스가 묻혔노라. (이로써) 그의 아들 호루스가 그의 부왕 오시리스의 품 안에서 그의 앞과 뒤에 있는 신들과 함께 상이집트의 왕으로, 하이집트의 왕으로 나타났노라.●

「헬리오폴리스 창세신화」가 아툼의 발현 과정을 설명하는 우주창조 신화에서 호루스의 왕위 계승을 묘사한 권력창조 신화로 이행하는 것과 마찬가지로, 『멤피스 창세신화』 역시 창조주 프타의 인식과 발화를 통한 추상적 창조 과정을 설명하는 우주창조 신화에서 프타의 성도 멤피스에서 프타와 하나가 된 오시리스가 멤피스 북부의 성소 "군왕의 신전"의 땅에 매장된 후 호루스가 새로운 왕으로 등장하는 장면을 묘사한 권력창조 신화로 이행한다.

여기서 호루스의 왕위 계승은 프타 → (프타의 창조 행위로 발현한 원발자) 아툼 → (프타와 하나가 된) 오시리스 → 호루스의 순서를 따른다. 앞서 언급된, 호루스를 유일한 왕위 계승자로 결정한 게브의 판결과 마찬가지로, 마지막 결구에 나타난 멤피스에서 벌어지는 호루스의 왕위 계승 신화 역시 이집트 통일 직후의 정치적 상황을 반영하는 한편, 왕권의 정당성을 강화하고자 하는 제25왕조 누비아의 파라오들이 원했던 신화적 선례를 제공한다.

● 여기서 "그의 앞과 뒤에 있는 신들"이란 오시리스의 앞뒤에서 오시리스를 보호하는 이시스, 네프티스 두 여신을 말한다.

말씀을 통한 창조

『샤바카 석비』가 발화를 통한 창조 행위를 강조함으로써 프타를 창조신의 지위로 격상시키고 있는 것은 사실이지만, 발화를 통한 창조 행위가 『샤바카 석비』에 최초로, 그리고 독점적으로 등장하는 것은 아니다. 「헬리오폴리스 창세신화」에서도 육체적 발현을 통한 물리적 창조와 함께 창조적 인식과 발화를 통한 추상적 창조 행위에 대한 언급을 찾아볼 수 있다. 앞서 인용된 바 있는 『코핀 텍스트』 75번 주문에서 창조주이자 원발자인 아툼은 물리적 창조 이전에 창조적 인식을 담당하는 기관인 '심장'과 창조 행위를 실현할 수 있는 신적 권능인 '창조력'을 사용한다. 그러므로 프타는 창조주라기 보다는 창조적 인식과 그 결과, 즉 아툼의 발현 사이를 매개하는 중재자에 더 가까운 모습을 보인다(8장 참조).

프타와 앞서 언급한 창조적 권능 간의 관계는 중왕국 시대의 종교 문서인 『코핀 텍스트』 647번 주문을 통해 이미 언급한 바 있다. 그런데 여기서 반드시 짚고 넘어가야 하는 것은 프타와 시아와 휴로 대표되는 창조적 권능 사이의 관계가 보편화된 것은 신왕국 시대 이후라는 점이다(Te Velde, 1982: col. 1178). 앞서 언급한 것처럼 제25왕조에 기록된 『샤바카 석비』 원전의 창작 시기를 그보다 신왕국 시대 말기로 추정하는 것은 이 때문이다.

창조의 매개자로서 프타의 신격을 이해하는 데에서 프타가 "모든 것"과 "모든 신성한 말씀"을 창조했다는 언급은 의미심장하다. "그리하여 프타께서는 모든 것과 모든 신성한 말씀을 만드신 후 만족하셨다."(『샤바카 석비』 59열) 여기서 "모든 것"의 창조는 "모든 신성한 말씀"의 창조와 병행하여 이루어진다. 다시 말해, 현상계의 "모든 것"은 "모든 신성한 말씀"에 대응하며 동시에 "모든 신성한 말씀"에 근거한다. 그러므로 현상계의 "모든 것"이 창조 행위의 결과물이라면 "모든 신성한 말씀"은 창조의 청사진이자 근거라 할 수 있다.

그런데 고대 이집트어에서  "신성한 말씀"은 동시에 이집트인들이 자신들의 문자 생활에 사용하던 '성각문자'를 의미하기도 한다. 그리고 이집트 성각문자에는 그림문자로서 현상계의 사물을 그대로 재현하는 동시에 그것이 문자로서 전달하고자 하는 개념을 지시하는 두 가지 속성이 있다. 따라서 창조의 결과물을 "신성한 말씀"으로 묘사했다는 것은 창조주의 창조 행위에서 발현한 모든 것이 실제로는 창조주가 처음으로 인식한 개념을 표현한 성각문자에 다름 아니라는 해석이 가능해진다.

여기서 주목해야 할 것은 『샤바카 석비』 53열에 언급된, "심장 안에서 발현한 것, 혀 안에서 발현한 것이 (모두) 아툼의 형상"이라는 대목이다. "아툼의 형상"에 사용된 단어  "형상"에는 성각문자라는 의미도 있는데● 성각문자는 실제 사물과 개념을 모두 지

● 여기서 "형상"이라는 단어에 쓰인 마지막 성각문자에는 장인들이 나무를 다듬어

시할 수 있으며, 따라서 창조의 과정은 성각문자를 매개로 하여 창조 행위 이전의 인식에 대응하는 원초적인 형상, 즉 보편자의 영역과 창조 행위의 결과로 만들어진 세계에 대응하는 무한히 재생된 개별자의 세계로 구분될 수 있다.

이와 같은 구분은 고대 그리스의 철학자 플라톤의 이원론二元論(dualism)을 상기시킨다. 여기서 성각문자는 현상계의 전체성을 구성하는 사물의 형상, 즉 εἶδος "에이도스"(eidos)에 대응하며, 따라서 성각문자를 사용하는 문자 체계에서 사물과 기호와의 관계는 그리스철학에서의 개별자와 보편자 = ἰδέα "이데아"(idea)의 관계와 조응한다. 이에 대하여 신플라톤주의자인 이암블리코스(Ἰάμβλιχος, 250-325년)는 그의 저서 『밀의에 대하여』(*De Mysteriis*)에서 이집트의 성각문자 체계와 플라톤의 이원론 사이의 유사성을 지적하면서, 성각문자의 작용을 플라톤의 『티마이오스』에 등장하는 *Δημιουργός* "데미우르고스"의 모방과 동일한 것으로 묘사했다.●

형상을 만들 때 사용하는 도구인 자귀, 즉 작은 손도끼(adze)가 의미한정사로 사용되었다. 이 손도끼는 '개구의식'에 사용되는 도구와 동일한 형태이고, 이를 통해 고대 이집트에서 형상의 제작은 형상에 깃들 혹은 돌아올 영적 존재를 예비하는 행위였으며, 형상을 창조하는 창조주는 다른 신과 아크와 같은 영적 존재를 형상을 통해 영원히 살 수 있게 하는 권능을 가진 존재로 인식되었다는 것을 알 수 있다.

● 데미우르고스는 플라톤의 우주생성론에 등장하는 창조신을 말한다. 데미우르고스는 무질서와 부조화의 상태에 질서를 부여하고 영원불멸의 표준, 즉 이데아를 근거로 이미 존재하는 질료로 세상을 창조한다. 따라서 데미우르고스는 기독교의 하나님과는 달리 무로부터 무엇인가를 창조하는 존재도 아니었고, 이집트의 창조주처럼 창조하고자 하는 대상을 스스로 인식할 수 있는 전능한 존재도 아니었다. 이집트인들이 프타를 지적인 활동(인식)과 발화를 통한 창조주로 파악한 것은 그리스인들이 우주의 창조주로서 상정했던 데미우르고스보다 약 500년 앞

프타의 창조 행위가 플라톤의 이원론과 비교 가능한 것은 앞서 언급한 성각문자의 이중적 성격에 기인한 것이 분명하지만, 이런 사고를 촉발시킨 배경을 보다 정확하게 이해하기 위해서는 발화에 의한 창조의 개념이 시대에 따라 어떻게 변화, 발전했는지, 그리고 후기 시대로 접어들면서 성각문자의 위상과 문자의 속성이 어떻게 바뀌었는지 등이 고려되어야 할 것이다.

우선 신왕국 시대 이전에는 사물의 기원을 우발적인 발음의 유사성에 착안한 언어유희를 통해 설명하는 전통이 있었다. 그러나 여기에 심오한 신학적 의미는 없었으며 언어는 단지 창조주가 우주를 창조하기 위해 사용한 여러 방법 중 하나에 불과했다. 제18왕조로 접어들면서 창조주가 발화를 통한 의도적인 창조 행위를 수행했다는 생각이 처음 등장했으나 발화를 통해 창조된 대상은 신적인 존재로 국한되었다. 우주 전체가 발화를 통해 창조되었다는 발상이 처음으로 등장한 것은 제19왕조 이후이며 발화를 통한 창조 행위와 관련하여 현상계에 대응하는 창조물로 성각문자가 언급되는 것은 후기왕조 시대 이후의 일이다(Assmann, 1996: 391-392).

선 지적 성취로 평가받을 만하다. 한편, 성각문자와 현상계와의 관계에 대한 이암블리코스의 설명은 다음과 같다. "왜냐하면 우주의 본성과 신들의 창조력을 모방하고자 노력하는 그들[이집트인]은 비의, 주술, 보이지 않는 관념의 상징을 통해 특정 형상을, 자연이 그 독특한 방식으로 가시적 형태를 통해 보이지 않는 원리와 유사한 것을 표현하는 것과 유사한 방식으로 드러내기 때문이다."(『밀의에 대하여』 VII, 1) 이 경우, 이원론적 창조 행위는 형상(개념)과 언어의 분절(articulation)로 파악될 수 있는데 『멤피스 창세신화』에서는 이것이 신들 간의 분업으로 설명된다.

그 이유는 외세 지배하에서 이집트의 전통과 비전을 수호하기 위해 자신들의 지식을 배타적으로 보존하고자 했던 신관 계급에 의해 성각문자가 입문 의식을 거친 신관들만이 사용할 수 있는 순수한 신성문자로서의 지위를 획득한 시기가 바로 후기왕조 시대였기 때문이다(Gaudard, 2010: 173-175). 아울러 이 순수한 신성문자가 현상계의 모든 창조물 속에 내재하는, 소위 '사물-개념 문자'로 정의될 수 있었던 것은 앞서 언급한 성각문자의 이중적 속성, 즉 그림문자로서 현상계의 사물을 그대로 재현하는 동시에 그것이 문자로서 전달하고자 하는 개념을 지시하는 양가적인 속성과 함께, 성각문자 체계가 신성문자로서의 지위로 격상되는 후기왕조 시대의 시대적 특징에 기인한다고 할 수 있다. '사물-개념 문자'라는 발상은 향후 그리스의 저자들로 하여금 성각문자 체계가 순수한 개념을 지시한다는 확신을 가지게 했으며, 이와 같은 인식은 1822년 장-프랑수아 샹폴리옹(Jean-François Champollion, 1790-1832년)에 의해 성각문자가 실제로는 표의문자(ideogram)와 표음문자(phonogram)가 혼재되어 사용된 문자 체계라는 것이 밝혀지기 전까지 중세와 근대에 걸쳐 진행된 성각문자에 대한 (잘못된) 연구에 막대한 영향을 미쳤다.●

● 예컨대 피에리오 발레리아노(Pierio Valeriano, 1497-1558년)는 1556년 출간된 호라폴로(Ὡραπόλλων, 5세기경)의 저작 『히에로글리피카』(Hieroglyphica)의 서문에 "신성문자로 쓰인다는 것은 신과 인간이 그 진정한 속성을 드러낸다는 것에 다름 아니다"라고 썼다. 이처럼 후기왕조 시대에 성립된 성각문자의 '사물-개념 문자'라는 속성은 앞서 언급한 것처럼 1822년 성각문자 체계가 과학적으로 해독되기 전까지 고대 그리스에서 근대 유럽에 이르는 기간 동안 서구 사회에서 성각문자의 본질을 파악하는 데 절대적인 영향력을 행사했다.

결론과 요약
: 신성한 말씀

언어, 좀 더 정확하게 말해 주문의 발화를 통해 의도한 결과 혹은 창조 행위를 수행하는 것은 이집트에서는 매우 오래된 전통이다. 일례로 이집트 제2중간기에 창작된 것으로 추정되는 서사문학 작품 『웨스트카 파피루스』(Papyrus Westcar)에는 주문을 사용한 다양한 주술 행위가 묘사되어 있다.● 이집트인들에게 혀로 대표되는 조음기관을 사용하여 언어를 발화하는 것은 심장을 통해 인식하고 의도한 바를 구현하는 행위였다. 후기왕조 시대에 비로소 집대성된 『멤피스 창세신화』는 이집트인들이 언어와 인식 사이의 관계에 대해 오랫동안 가지고 있었던 생각을 창세신화라는 형식을 통해 표현한 것에 다름 아니다.

후대의 헬레니즘 전통에 따르면 언어는 인식의 도구다. 언어

● 『웨스트카 파피루스』에 등장하는 주문을 통한 주술 행위의 예로는 (1) 수석 독경신관(lector priest) 우바이네르(Ubainer)가 밀랍으로 만든 악어를 물속으로 던져 살아 있는 악어로 만드는 이야기(3. 12-13), (2) 독경신관 자자엠앙크(Djadjaemankh)가 호수의 물을 한쪽으로 포개었다 되돌려 놓는 이야기(6. 7-13), (3) 주술사 제디(Djedi)가 거위와 새, 황소의 잘린 목을 다시 붙이는 이야기(8. 17-9. 1) 등이 있다.

로 파악되는 것만 인식의 대상이 된다는 점에서 언어는 대상을 존재하게 하는 능력을 보유하고 있다. 창조주를 매개로 언어의 창조적 측면을 드러내는 『멤피스 창세신화』는 따라서 인식의 도구라는 차원에서 언어의 본질과도 공명하는 측면이 있다. 기독교가 유대교의 한 분파에서 헬레니즘의 사상을 본격적으로 수용하면서 독자적인 종교로 변모할 무렵인 (기원후) 90년대에 등장한 『신약성서』의 「요한복음」(Εὐαγγέλιον κατὰ Ἰωάννην)은 헬레니즘의 전통에 따라 인식과 언어와의 관계를 바탕으로 신의 본질을 설명하고자 한다.

「요한복음」 1장 1–3절

ἐν ἀρχῇ ἦν ὁ λόγος, καὶ ὁ λόγος ἦν πρὸς τὸν θεόν, καὶ θεὸς ἦν ὁ λόγος. οὗτος ἦν ἐν ἀρχῇ πρὸς τὸν θεόν. πάντα δι᾽ αὐτοῦ ἐγένετο, καὶ χωρὶς αὐτοῦ ἐγένετο οὐδὲ ἕν. ὃ γέγονεν.

태초에 '말씀'이 계셨다. 그 '말씀'은 하나님과 함께 계셨다. 그 '말씀'은 하나님이셨다. 그는 태초에 하나님과 함께 계셨다. 모든 것이 그로 말미암아 창조되었으니, 그가 없이 창조된 것은 하나도 없다.

본문에 사용된 "말씀"은 *λόγος* '로고스'다.● 로고스를 "세계 이

● 여기서 *λόγος* "로고스"는 동사 λέγειν "말하다"에서 파생되었는데, 이 동사는 단순히 소리를 내는 행위가 아닌 분절적인 인간 언어로 말하는 행위에만 해당되는 동사다. 로고스는 "이성"뿐만 아니라 "말씀", "논리", "이치" 등으로도 번역이 가능하다. 이와 관련하여 『구약성서』에서 "말씀"으로 사용된 דָּבָר "다바르"가 동적·인격적·행위적·비물질적·세계 초월적 성격을 갖는 반면 『신약성서』에서 "말씀"으로 사용된 로고스는 정적·지적·이성적·물질적·세계 내재적 성격을 가지며, 다바르를 로고스로 표기한 요한의 작업을 통해 '로고스'의 의미가 '다바르'의 의

성”, 즉 만물의 근원적 법칙으로 파악한 사람은 에페소스(Ephesus) 출신의 그리스 철학자 헤라클레이토스(Ἡράκλειτος, 기원전 540-480년)였다. 그는 만물의 기원을 불로 상정하는 한편, 서로 대립하고 충돌하는 자연현상의 배후에는 만물을 지배하는 세계 이성인 “로고스”가 존재한다고 주장했다. “로고스는 언제나 존재하나 사람들은 그것을 듣기 전에나 처음 들었을 때라도 그것을 언제나 이해할 수 없다. 만물이 이 로고스로 말미암아 일어나지 않는 것이 없음에도 불구하고 내가 설명하는 대로 그 본성과 작용에 따라 그것을 분별시켜 주어도 사람들은 이러한 말과 행위를 체험할 때에도 (마치) 경험이 없는 사람들 같다. 다른 이들은 자고 있는 동안 무엇을 했는지 망각하는 것처럼 깨어 있을 때에도 무엇을 하고 있는지 알아차리지 못한다.”(*Diels-Kranz*, 22B1) 그가 주장한 로고스는 우주의 섭리인 동시에 인식, 즉 모든 것이 그 구성에 따라 작용하는 법칙을 파악 가능하게 하는 지적 기반이기도 했다.

이후 이집트 알렉산드리아(Alexandria)의 유대인 철학자 필론(Φίλων 혹은 יְדִידְיָה הַכֹּהֵן, 기원전 15년-기원후 45년)은 로고스를 데미우르고스와 같은 것으로 보았다. 플라톤의 이원론에 따라 형상은 완전하고 질료는 불완전하기 때문에 신과 현상계를 연결시켜 주는 매

미까지 포괄하며 확장되었다고 보는 견해도 있다(김용규, 2010: 385-857). 한편, 『멤피스 창세신화』에서 사용된 이집트어 “(신의) 말씀”은 창조주가 행하는 창조 작업의 행위자(agent)라는 측면에서는 ‘다바르’의 동적·인격적·행위적 성격에 가깝지만, 이집트 창세신화에 등장하는 창조주의 편재하는 내재적 측면을 고려할 때에는 ‘로고스’의 물질적·세계 내재적 성격과 더 유사하다고 할 수 있다.

개체가 있어야 한다는 논리다.●

『티마이오스』 29a-c

티마이오스: (…) 만약 이 우주가 아름답고 이를 만든 이[데미우르고스] 또한 훌륭하다면, 그가 눈여겨본 것은 분명 영원한 것입니다. 그러나 말하기조차 불경스럽지만 그렇지 못하다면, 그는 생성된 것을 눈여겨본 것입니다. 생성된 것들 중 우주가 가장 아름답고, 원인들 중에서는 그것을 만든 장인이 가장 훌륭하기에 하는 말입니다. 우주는 이렇게 생성되었기에, λόγος "논리"와 φρόνησις "지혜"에 의해 파악될 수 있고 영원불변하는 것을 모형으로 해서 만들어졌음에 틀림이 없으며, 사정이 이렇다면 우리의 이 우주는 필연적으로 어떤 것의 εἰκών "모상"模像일 수밖에 없어요.

그런데 주제가 무엇이든 가장 중요한 것은 그것은 본성에 걸맞게 시작하는 것입니다. 따라서 모상과 그것의 παραδειγμα "모형"[本]과 관련하여 우리는 우리의 설명이 과연 기술하는 대상들

● 한편, 플라톤은 『티마이오스』에서 감각을 통해 파악할 수 없는 이념계, 즉 이데아의 세계와 현상계를 이어 주는 매개항으로서 *χώρα* "코라"를 설정했다. 플라톤은 "코라"를 사물을 거르는 체(sieve)로 상정했는데 이데아, 즉 추상적 관념이 "코라"를 통과하는 과정에서 구체적이고 감각적인 물질적인 형태를 부여받는다고 설명했다. 여기서 흥미로운 점은 이집트의 장인들이 벽화나 부조에 새겨질 "살아 있는 이미지", 즉 형상이나 성각문자를 제작할 때 체를 연상시키는 모눈 형식의 지침선(guide line)을 사용했다는 사실이다. 이와 같은 지침선은 창조주의 대리자인 장인들이 인체를 비롯한 모든 사물에 이미 부여된 비례의 법칙에 따라 자신들이 인식하고 의도한 형상을 가시적인 형태로 완벽하게 재현하는 것을 가능하게 해주었다. 여기서 형상-지침선의 관계는 앞서 언급한 바, 현상계의 개별자에 내재하는 '사물-개념 문자'라는 성각문자의 매개적 기능을 상기시킨다.

과 같은 종류의 것인지 확인해 봐야 합니다. 그래서 한결같고 확고하며 '지성에 의해' 파악될 수 있는 것들에 대한 설명들은 한결같고 변하지 않는 법이지요. 그런 설명들은 설명으로서 가능한 범위 내에서 최대한 논박할 수 없고 공박할 수 없는 것이어야 합니다. 그런가 하면 모형의 모상으로 만들어진 만큼 사실은 모상인 사물들에 대한 설명들은 먼젓번 설명들과 비슷할 따름이지요. ἀλήθεια "진리"와 πίστις "믿음"의 관계는 οὐσία "존재"(실재성)와 γένεσις "생성"의 관계와 같은 것이니까요.●

이와 관련하여 필론은 로고스를 이와 같은 매개체 중 으뜸으로 보았고 따라서 로고스를 "신의 대표자"로 불렀다.●● 「요한복음」의 경우, "말씀"은 창조주와 함께 자재하며 동일한 신격을 보유

● 원문의 한국어 번역은 다음을 참조하였다. 플라톤, 『플라톤전집 5: 테아이테토스/필레보스/티마이오스/크리티아스/파르메니데스』, 천병희 옮김(도서출판 숲, 2016), 326-327쪽.

●● 이와 관련하여 유대교 랍비들의 「창세기」 주석서인 『베레쉬트 랍바』(בְּרֵאשִׁית רַבָּה)에 언급된 조언자 "아몬"과 하나님과의 관계를 비교하는 것도 의미 있을 것이다. 랍비들은 「잠언」에 언급된, "주님(여호와)께서 일을 시작하시던 그 태초에, 주님께서 모든 것을 지으시기 전, 이미 주님께서는 나[지혜]를 데리고 계셨다"라는 구절에 따라 하나님이 창조 활동을 하실 때 지혜가 옆에 있었다고 밝히며(8:22), 지혜 = 조언자 = אָמוֹן "아몬"을 "기능공"(우만)으로 풀이한다. 이와 관련한 다른 설명에서는, "왕이 왕궁을 지을 때 그는 자신의 기술로 짓는 것이 아니라 건축가의 기술로 짓는다. 더군다나 건축가는 자기 자신의 머리로 짓는 것이 아니라 방과 문들을 어떻게 배정하는지를 알기 위해 계획서와 도면을 사용한다. 이처럼 하나님은 토라를 들여다보고 세상을 만들어 내셨다"라고 언급한다. 즉, 유일신은 『토라』(תּוֹרָה)를 참조하여 세상을 만들어 냈으며 여기서 지혜, 즉 토라는 로고스와 마찬가지로 창조주와 현상계를 매개하는 역할을 한다(조철수, 2008: 29-32; Niehoff, 2006: 61-64).

한 존재이며 동시에 모든 것을 존재하게 하는 원인자(causa)다. 또한 "말씀"은 시공이 단절되는 절대적 타자로서의 초월적 창조주를 시공 속에 드러나게 해주는 매개체이다. 『멤피스 창세신화』에서는 프타가 창조한 "모든 신성한 말씀"이 창조주가 의도한 창조 기획의 청사진이자 동시에 현상계의 "모든 것"을 존재하게 만드는 매개체다. 다시 말해, 창조주의 발화는 현상계의 수많은 개별자들과 함께 그들의 존재근거인 "신성한 말씀"을 창조했고, 궁극적으로 이 "신성한 말씀"은 창조주의 핵심이자 본질이라 할 수 있다. 이처럼 문화적·역사적 전통과 철학적·신학적 배경은 다르지만 창조주와 동일시된 "말씀"의 위상에는 1,500년 전의 『멤피스 창세신화』의 그림자가 짙게 드리워져 있다고 할 수 있을 것이다.

더 들어가기 ③

『샤바카 석비』의 역사적 배경

『샤바카 석비』에 새겨진 『멤피스 창세신화』의 의미를 보다 정확하게 파악하기 위해서는 『샤바카 석비』와 관련된 시대적 배경을 이해할 필요가 있다. 신왕국 시대의 마지막 왕조인 제20왕조는 람세스 시대라고 불린다. 이 람세스 시대의 마지막 파라오 람세스 11세(Ramesses XI, 기원전 1099-1069년)가 사망하면서 이집트는 다시 한번 내분기에 접어들게 되는데 이 시기가 바로 제3중간기(기원전 1069-664년)이다. 당시 이집트는 다시 남북으로 갈라져 북부에서는 타니스(Tanis)가 제21왕조(기원전 1069-945년)와 제22왕조(기원전 945-715년)의 수도가 되고, 남부에서는 아문의 성도 테베에 위치한 카르낙 대신전을 중심으로 한 신정정치(theocracy)가 시행된다. 신왕국 시대 후기부터 이집트 북부의 나일 삼각주 지대에는 많은 리비아인이 정착하게 되는데, (제21왕조의 일부 왕을 비롯하여) 이들 리비아 부족의 지배계층이 제22왕조, 제23왕조(기원전 818-715년), 제24왕조(기원전 727-715년)를 건설한다. 같은 시기 중부 이집트와 나일 삼각주 지역에는 소규모 왕조가 난립한다. 이렇게 분열된 이집트는 지금의 수단 동북부에 해당하는 상(上)누비아(Upper Nubia) 출신 세력인 제25왕조(기원전 747-656년) 혹은 쿠시(Kush) 왕조에 의해 재통일된다.

제25왕조가 이집트를 재통일하게 된 계기는 북부 하이집트를 분할하여 통치하던 리비아 부족장 중 한 명인 테프나크트(Tefnakht, 기원전 727-720년)가 다른 부족을 결집하여 남부 상이집트 지역을 공략하기 시작했기 때문이다. 이집트가 북부 리비아 세력에 의해 통일되는 것을 바라지 않았던 남부 누비아의 왕 피예/피안크히(Piye/Piankhi, 기원전 747-716년)는 자신의 영토인 나파타(Napata)에서 군대를 이끌고 누비아 왕조가 실질적인 영향력을 행사하고 있던 테베로 향했다. 피예는 중왕국 시대 이후 아문의 성도였던 테베에서 희년제(禧年祭, Sed Festival)와 오펫 축제(Opet Festival)를 거행하고 북으로 진격하는 누비아 군 전원에게 사상 유례 없는 정결 의식을 명했는데, 이는 누비아의 왕들이 아문 신의 충직한 최고위 신관임을 자임했기 때문이다.●

신왕국 시대 전반에 걸쳐 지속적으로 전개된 정복전의 결과 누비아 전역이 이집트의 식민지가 되고 이를 계기로 아문 신앙이 누비아인들의 거주지인 제6급류까지 확산된 이후 특히 누비아 왕실은 이집트의 아문에 대해 이집트 본토에 못지 않은 깊은 신앙심을 가지게 되었다. 이후, 신왕국 시대가 끝나고 쿠시 왕조가 이집트를 지배하게 되면서 자신들의 왕권 강화를 위해 아문 신앙을 적극 활용하는 행보를 보였다. 누비아 출신 파라오들은 또한 이집트의 적법한 통치자로서 자신들의 정통성을 강조하기 위해 고왕국 시대의 수도였던 멤피스를 물리적으로 재건했으며, 이에 만족하지 않고 고대로부터 계승되어 내려오던 지적·종교적 전승을 복원하는 데에도 힘썼다.●●

● 희년제는 왕이 즉위 30년을 기념하여 이집트 전역에서 모인 신들 앞에서 거행하던 왕실 행사였다. 오펫 축제는 카르낙 대신전의 주신인 아문과 룩소르 신전의 주신인 아멘오펫(Amun-Opet)이 룩소르 신전에서 만나 서로의 창조력을 교환하고 축제의 중재자인 왕의 왕권을 다시 인정하는 왕위 갱신제였다. 한편, 피예는 자신의 지휘하에 있는 모든 병사들에게 신관에 준하는 정결 의식을 행하도록 명했는데, 이는 자신의 군대가 아문 신의 성전(holy war)을 수행하는 성스러운 군대라는 것을 과시하기 위한 조치였다.

●● 제3중간기와 제25왕조 시기는 고전에 대한 관심이 그 어느 때보다 높았던 시기였다. 정통성이 취약한 리비아와 누비아의 왕들은 자신의 왕권을 강화하기 위하여 이집트가 가장 높은 지적 성취를 이루었던 고왕국 시대와 신왕국 시대의 문헌과 예술 양식을 적극 장려했으며 귀족들 역시 이러한 지적 경향을 적극 수용했다. 제3중간기부터 『피라미드 텍스트』, 『사자의 서』 등과 같은 장례 문서에 대한 문헌학적 연구와 정전화(canonization)가 진행되었으며, 아울러 조형예술 부문에서도 정교한 복고화

피예의 아우였던 샤바카의 치세에 제작된 『샤바카 석비』 역시 이러한 노력의 일환이라 할 수 있다. 테프나크트가 주도한 리비아 제후들의 '반란'을 성공적으로 진압했음에도 불구하고 기존의 체제를 그대로 유지하려 했던 피예와는 달리 샤바카는 상·하이집트의 완전한 통일을 꾀했다. 누비아 왕조의 이와 같은 정책의 변화는 『멤피스 창세신화』 전반부에 신화의 형태로 제시되어 있다. 창세신화는 우선 프타-타체넨을 태초의 신으로, 그리고 다른 모든 신을 창조한  "스스로를 창조한 자"(self-begotten), 즉 "원발자"로 선포하고, 이어서 누비아 왕조가 새로운 수도로 정한 멤피스의 주신인 프타를 상·하이집트를 하나로 통합하는 "통합의 주"로 선포한다.

> 『샤바카 석비』 3-6열[*ZÄS* (39), pls. 1-2]
>
> 위대한 이름 타체넨을 부여받으신 이는 (바로) 이 프타 (…) 상이집트와 하이집트를 [엮으시는 이]가 바로 그이시니 상이집트의 왕으로 하이집트의 왕으로 나타나시는 이 (두 땅을) 통합하시는 이 (…) "9신계를 낳으신 스스로를 창조하신 자"라고 아툼이 말씀하시네 (…)

프타가 언급되는 부분 다음에는 「오시리스 신화」를 차용하여 호루스와 세트 사이의 신화적 분쟁을 다룬다. 「오시리스 신화」에 따르면 이집트의 왕으로서 선정을 베풀던 오시리스를 그의 동생 세트가 살해한다. 오시리스의 누이이자 아내인 이시스가 자신의 자매이자 세트의 아내인 네프티스와 함께 오시리스의 시신을 수습하고 마법으로 오시리스를 부활시켜 아들 호루스를 잉태한다. 장성한 호루스는 왕권을 두고 세트와 대결하게 되는데, 호루스와 세트의 대결과 관련해서는 신왕국 시대에 창작된 『호루스와 세트의 대결』이 가장 대표적이다. 호루스와 세트의 대결에서는 항상 적법한 왕위 계승자인 호루스가 강력한 힘을 보유한 찬탈자 세트를 이기고 왕위를 양도받는 것으로 끝난다. 한편, 『멤피스 창세신화』에서 땅의 신이자 오시리스의

(archaism)의 바람이 불었다. 요컨대, 당시 고대의 다른 문화권들과 마찬가지로 과거의 선례가 현재의 방침을 규정하는 규범적 과거(normative past)가 전반적으로 정립되던 시기였다(Assmann, 1996: 375-382).

아버지로서 적법한 왕권의 소유자인 게브가 신들의 회의를 소집하고 세트에게 상이집트를, 호루스에게 하이집트를 각각 분할하여 통치하라는 판결을 내린다.

『샤바카 석비』 7-9열[*ZÄS* (39), pls. 1-2]

그[게브]가 9주신을 통합하시고 호루스와 세트에 대한 판결을 내리셨다. 그가 그들의 분쟁을 막으셨으니 세트를 그가 태어난 곳인 상이집트 수(Su)까지의 왕으로 두시고 게브께서 호루스를 그의 아비가 익사한 곳인 하이집트[투라(Tura)]까지 왕으로 두시니 이로서 두 땅이 분할이 됨이라.● 그리하여 호루스가 (그의) 영역에 서고 세트가 (그의) 영역에 서니 그들이 투라에서 / 수에서 두 땅에 만족하였다. 이것이 두 땅에서 (호루스의·세트의) 경계니라.

본문에 언급된 것과 같이 게브의 명에 따라 세트는 "자신이 태어난 곳"인 상이집트를, 호루스는 "그의 아비가 익사한 곳"인 하이집트를 각각 다스리게 되는데, 이것은 누비아가 상이집트 지역을, 리비아의 제후들이 하이집트 지역을 지배하고 있던 당대의 정치적 상황을 반영한다. 그러나 게브는 곧 자신의 판결이 잘못되었음을 깨닫고 이집트 전체를 호루스가 다스려야 한다고 판결하는데, 호루스가 적법한 장자로서 아버지 오시리스의 왕권을 승계할 수 있는 자격을 갖추고 있다는 것을 판결의 이유로 내세운다.

● 본문에서 세트가 게브에게 받은 영역은 상이집트의 "수"(Su)까지라고 명시되어 있으나 호루스가 받은 영역은 명시되어 있지 않다. 그러나 아래 9열에 "투라"(Tura)가 호루스의 경계로 명시되어 있으므로 이를 차용하여 [투라]로 표시했다. 지명 '투라'는 오늘날 카이로 서부에 위치한 석회암 채석장이다. 투라 채석장에서 채취된 석회암은 건축자재와 기자 고원에 건립된 피라미드의 외장석으로 사용되었다. 한편, '수'는 세트의 성지로 추정되지만 그 정확한 위치는 알려지지 않았다.

『샤바카 석비』 10b-12b열[*ZÄS* (39), pls. 1-2]

(그때) 게브의 마음에 호루스의 몫이 세트의 몫과 같은 것이 나쁘게 여겨졌다. 그리하여 게브께서 그의 유산을 호루스에게 주시니 이는 그[호루스]가 그[게브]의 몸을 연 그의 아들[오시리스]의 아들[호루스]이기 때문이라.●

여기서 이집트를 양분하여 호루스와 세트에게 각각 양도한 것은 일시적인 미봉책에 불과했으며, 유일한 왕위 계승자인 호루스가 두 땅의 왕권을 인수하는 것이 당연한 귀결이라는 것이 강조된다. 여기서 신의 결정에 따른 필연적인 결과로서 실현되는 호루스의 단독 통치는 누비아 왕조의 이집트 통일에 대한 '신화적 선례'가 된다.

『샤바카 석비』 13c-14c열[*ZÄS* (39), pls. 1-2]

그리하여 호루스가 그 땅에 섰네. 그는, 타체넨, 그의 (도시의) 벽 남쪽에 거하시는 이, 영원불변의 주의 위대한 이름을 선언받은, 이 땅을 통합하신 이. (그러자) 위대한 두 (여성) 주술사께서 그의 머리에서 솟아나셨으니●● 그가 두 땅이 하나로 통합되는 곳, 멤피스에서●●● 두 땅을 통합하신, 상·하이집트의 왕으로 나타나신 호루스이시기 때문이라.

● 여기서 "그의 아들의 아들"은 호루스가 게브의 손자라는 사실을 말하며 "그의 몸을 연 자"는 오시리스가 게브의 장자라는 의미다. 요컨대 장자 상속과 부자 상속을 왕위 계승의 원칙으로 강조하고 있다.

●● 여기서 "위대한 두 (여성) 주술사"는 상·하이집트의 왕관을 뜻한다. 이집트어에서 상·하이집트의 왕관은 여성이며, 대개 왕관을 쓴 여신으로 표상된다. 본문에서 보듯 고대 이집트에서 왕관은 단순히 왕의 복식 중 일부를 차지하는 무정물이 아니라 왕권을 보호하는 주술적인 힘을 보유한 신적인 존재로 여겨졌다.

●●● 본문의 성각문자는  "깃대"(Gardiner, 1957: 502, R12) 위에  "벽"(Gardiner, 1957: 496, O36)이 놓인 모습으로 묘사되어 있으며, 따라서 직역하면 "벽의 주(州)/노모스"이지만 본문의 다른 부분에서는 "흰 벽"으로 표기되어 있으므로 '흰 벽'의 그리스식 지명인 '멤피스'로 번역했다.

흥미롭게도 호루스가 이집트의 왕으로 등장하는 순간 멤피스의 주신인 프타와 하나가 되는데, 이를 위해 호루스에게는 파라오의 속성을 나타내는  "이 땅을 통합하신 이"라는 호칭과 함께 프타의 대표적인 호칭인 "타체넨"과 "그의 (도시의) 남쪽에 거하시는 이"가 동시에 부여된다. 더구나 호루스가 두 땅을 하나로 통합하는 곳은 다름 아닌 프타의 성도 멤피스다.

> 『샤바카 석비』 15c-16c열[*ZÄS* (39), pls. 1-2]
>
> 골풀과 파피루스가 프타 신전의 양쪽 문에 꽂혔으니 그것은 호루스와 세트가 화평하고 통합되었다는 것을 의미하도다. 이는 두 땅의 무게가 재어지는 곳, "두 땅의 저울"●, 프타의 신전에서 하나가 되매 (어디서나) 그들이 화친하고 다투지 않게 하기 위함이라.

비록 이집트의 왕권은 호루스에게 주어졌지만 호루스와 세트는 프타의 신전에서 화해하고 평화로운 관계를 이룬다. '호루스와 세트의 대결과 화해' 모티프는 원래 이집트가 최초로 통일된 후 세트의 사악한 의도로 인해 다시 분열되었으나 호루스에 의해 재통합되었다는 내용을 담고 있다. 하지만 샤바카가 『멤피스 창세신화』 전반부에 배치한 이 신화적 모티프는 당대의 정치적 상황에 따라 재해석된다. 요컨대 리비아 제후들의 권력 분점을 용인한 선왕 피예와는 달리 샤바카 자신은 단 한 명의 파라오가 이집트 전역을 지배하는 통일왕국의 시대로 회귀할 것이며, 이를 통해 이집트가 멤피스를 수도로 번성했던 고왕국 시대의 영광을 재현하겠다는 뜻을 분명하게 밝힌 것이다.

무엇보다 샤바카는 세트에 대한 승리 후 호루스가 멤피스를 자신의 수도로 정했으며 아버지 오시리스의 왕묘를 멤피스의 왕실 묘역인 서부 사카라

● 여기서 "두 땅의 저울"은 멤피스의 호칭 중 하나로서 계곡 지대의 상이집트와 삼각주 지대의 하이집트가 만나는 "이집트의 중심"이라는 뜻을 가지고 있다. 두 땅의 중심이라는 의미를 가진 멤피스의 또 다른 호칭으로는 "두 땅의 생명"이 있다.

지역에 조성했다고 기술함으로써 멤피스를 새로운 수도로 지정하고 하이집트 전역에 대한 통일 전쟁을 전개한 자신의 정책을 정당화한다. 요컨대, 『멤피스 창세신화』 전반부는 이집트를 다시 통일한 제25왕조의 정치적 의도를 깊이 반영하고 있으며, 이와 같은 사실은 후반부의 창세신화 역시 순수한 지적·신학적 언술이라기보다는 프타를 아툼에 앞서는 창조주로 부각시키는 신화적 전복을 통해 허약한 외래 왕조의 정통성을 강화하고자 하는 정치적 의도에서 작성되었을 가능성을 시사한다.

더 들어가기 ④

『샤바카 석비』의 비교종교학적 분석

언어를 매개로 한 창조 행위의 예는 메소포타미아의 주요 창세신화 중 하나인 바빌로니아 창세 서사시 『에누마 엘리쉬』에서 발견된다.

『에누마 엘리쉬』 제1토판, 1-8행

위로 하늘이 아직 불려지지 않았고
아래로 땅이 이름으로 불려지지 않았을 때
태고의 압수(Apsu), 그들의 아버지,
그리고 그들 모두를 낳은 모체 티아마트(Tiamat)가
하나로 물을 섞고 있었다.
그때에는 들판이 형성되지 않았고 갈대밭도 찾을 수 없었다.
어떤 신도 나타나지 않았고
어떤 이름으로 불리지 않았고 운명도 결정되지 않았을 때.

『에누마 엘리쉬』는 이름 짓기(naming)를 창조 행위의 기본으로 보고 있으며 이름이 부여되어야만 존재가 설명된다고 보고 있다. 즉 이름 자체가 피조물들의 의의가 되는 것이다(조철수, 2003: 149).• 그러나 『에누마 엘리

• 한편, 이와 유사한 발상은 『멤피스 창세신화』에서도 발견되는데, 앞서 살펴본 『샤바카 석비』 55열에서 프타는 "모든 것의 이름을 부여하신 이"로 불린다.

쉬』와 『멤피스 창세신화』의 가장 큰 차이점은 전자에서 창조 행위의 주체가 되는 창조주가 구체적으로 제시되지 않는다는 점이다. 『에누마 엘리쉬』에서는 『멤피스 창세신화』에 제시되어 있는 창조주의 심장을 통한 창조적 인식 과정이 나타나지 않으며 발화, 즉 이름 짓는 행위의 주체도 명쾌하게 제시되지 않는다.●

한편, 권위 있는 발화를 통해 주술을 실행하는 것 역시 창조주가 보유한 권능 중 하나라는 생각은 『에누마 엘리쉬』에서도 발견된다.

『에누마 엘리쉬』 제4토판, 19-28행

그들은 한 성좌를 그들 가운데 설치하였다.
그리고 그들의 맏아들 마르둑에게 말했다.
"오 주여, 당신의 명령은 신들에게 위대합니다.
성좌의 해체와 축조를 명령하시고 그대로 행하도록 하시오.
당신의 말로써 그 성좌가 없어지게 하시오."
그가 입을 열어 말할 때, 성좌가 없어지고
그가 다시 말할 때, 그 성좌가 다시 창조되었다.●●
그의 조상인 신들이 그의 말의 놀라운 효력을 보고
즐거워하며 "마르둑은 왕이다"라고 말했다.

한편, 『멤피스 창세신화』에 나타난 인식과 발화를 통한 창조는 『구약성서』

● 이와 관련하여, 『구약성서』 「창세기」에서는 이름 지음을 통한 창조 행위가 이중적으로 이루어진다. 우선 하나님이 이름을 지음으로써 존재를 창조하며(「창세기」, 1:5, 1:8, 1:10) 이어 첫 번째 사람인 아담이 하나님이 창조한 피조물들에 대해 이름을 짓는다(「창세기」, 2:19-20, 2:23, 3:20, 4:25-26).

●● 『에누마 엘리쉬』에서처럼 문제가 주어지고 그 문제가 주술 행위에 의해 해결되는 구도에서 가장 주목할 만한 점은 이와 같은 주술이 가역적 기적(reversible miracle)으로 정의될 수 있다는 사실이다(Bertman, 1964: 323-327). 여기서 가역적 기적이란 주술 행위의 결과로 실현된 변화를 원래 상태로 되돌릴 수 있는 초현실적인 행위를 말한다.

에 묘사된 발화를 통한 창조와 상당한 유사성을 보이는데, 이와 관련하여 크게 네 가지 측면을 살펴보고자 한다.

첫째, 발화에 의한 창조의 유사성이다. 『멤피스 창세신화』와 「창세기」에서 발화는 우주창조를 성취하는 중요한 수단으로 묘사된다(「창세기」, 1:8-11, 1:14, 1:20, 1:22, 1:24, 1:26).● 그러나 이 두 텍스트에는 두 가지 중요한 차이점이 존재한다. 먼저 성경의 창조신화에는 우주창조를 미리 기획하는 심장을 통한 인식이 분명하게 제시되지 않는다. 물론 전지전능한 창조주로서 「창세기」의 하나님이 행한 창조적 인식은 당연한 전제 조건이고 동시에 인간의 능력으로는 파악할 수 없는 영역에서 이루어지는 창조 사역이므로 기록될 수 없다고 볼 수도 있다. 아울러 발화를 통한 창조의 진행 방식도 다르다. 앞서 언급된 것과 같이 프타의 창조 행위는 헬리오폴리스 9주신의 발현이라는 형식을 차용한다. "실로 9신계는 모든 것의 이름을 부여하신, 슈와 테프누트가 나온, 9신계를 낳으신 이 입 안에 있는 치아와 입술이라."(『샤바카 석비』, 55-56열) 다시 말해 프타는 「창세기」의 하나님과 같이 7일에 걸쳐 자신의 명령으로 세상을 단계적으로 창조해 가는 것이 아니라 발화를 통해 9주신을 창조함으로써 창조를 완성한다. 사실 『멤피스 창세신화』에서 9신계의 창조는 다른 모든 창조 과정의 기반이자 전제 조건이다.

둘째, 창조주 프타의 발화행위는 「창세기」에 묘사된 하나님의 명령(「창세기」, 1:3 이하. "하나님이 말씀하시기를 '빛이 생겨라' 하시니, 빛이 생겼다.")과 비교할 때 발화를 통한 창조라는 유사성 찾을 수 있으나, 프타의 창조 행위로 인해 현상계에 존재하게 된 모든 사물과 성각문자의 관계는 성경에 묘사된 이름을 부르는 행위와는 뚜렷한 차이를 보인다. 앞서 언급한 것과 같이 성각문자는 청각적 명령보다는 오히려 형상의 발현, 다시 말해 형상을 통해 개념을 드러내는 시각적 표상에 더 초점이 맞추어져 있다. 여기서 고려해야 할 점은 창조 행위는 형상(개념)과 언어의 분절(articulation)로 파악될 수 있는데, 『멤피스 창세신화』에서는 이것이 신들

● 발화에 의한 우주창조 모티브는 『구약성서』 「시편」에서도 발견된다. "주님(여호와)은 말씀으로 하늘을 지으시고, 입김으로 모든 별을 만드셨다."(「시편」, 33:6)

간의 분업으로 설명된다는 사실이다. 즉, 형상의 분절(구상)은 창조주 프타가, 언어의 분절(발화)은 프타의 혀인 토트가 수행한다. 앞서 언급한 것과 같이 토트는 달의 신이자 지혜의 신이면서 동시에 성각문자의 신이자 서기관의 수호신이다. 『멤피스 창세신화』에서 토트는 다음과 같은 방법으로 프타의 창조 행위에 참여한다. "프타께서는 위대하시니 프타로부터 호루스가 발현한 이 심장을 통해, 프타로부터 토트가 발현한 이 혀를 통해 신들과 그들의 카를 전수하시는 이라."(『샤바카 석비』 53-54열) 요컨대 토트는 혀의 신으로서 심장이 인식한 것을 문자와 발화로 구현시키는 매개자 역할을 수행하며, 이는 프타-토트의 창조 행위가 개념·형상·음성의 발현에 의해 구현된다는 것을 알 수 있다.●

셋째, 프타의 창조 행위를 소위 "무로부터의 창조"로 볼 수 있는가 하는 문제다.●● 『멤피스 창세신화』에서 프타는 태초의 대양인 눈과 그 여성형인

● 일견 프타-토트의 관계는 「창세기」에서의 하나님-아담과의 관계와 유사한 것처럼 보인다. 아담이 하나님이 창조한 모든 살아 있는 것들에게 이름을 부여하듯이, 토트 역시 발화와 기록을 통해 프타가 심장으로 인식한 것을 창조적으로 낭독 혹은 선포한다. 「창세기」에 언급된 하나님-아담의 협업 체계는 다음과 같다. "주(여호와) 하나님이 들의 모든 짐승과 공중의 모든 새를 흙으로 빚어서 만드시고, 그 사람[아담]에게로 이끌고 오셔서, 그 사람이 그것들을 무엇이라고 하는지를 보셨다. 그 사람이 살아 있는 동물 하나하나를 이르는 것이 그대로 동물들의 이름이 되었다."(「창세기」, 2:19) 그러나 「창세기」의 창조주가 창조를 명령한 후 창조 행위가 발생하고, 그 후 이름을 부르는 행위가 뒤따른다는 점을 고려할 때 창조 행위와 이름을 부르는 행위가 반드시 멤피스 창세신화에 언급된 프타-토트의 협업 관계와 동일하지 않으며, 아울러 하나님의 이름 짓기가 셋째 날에 끝난다는 점을 고려할 때 「창세기」의 창조 행위와 이름 짓기 사이에는 본질적인 관련이 없는 것처럼 보일 수도 있다.

●● 물론 「창세기」의 창조 기사 역시 순전히 "무로부터의 창조"로 볼 수 있는지 여부에 대해서는 논란의 여지가 있다. 요컨대 "'빛이 생겨라' 하시니, 빛이 생겼다"를 첫 번째 창조 행위로 본다면(「창세기」, 1:3) 그 이전에 어둠 속에 태초의 대양이 존재하고 있었기 때문이다(「창세기」, 1:2). 무로부터의 창조 개념은 「마카베오기 하권」에 처음 등장한다. "하늘과 땅을

나우네트와 동일시된다. "위대한 옥좌 위의 프타 (…) 프타-눈: 아툼의 아버지 (…) 프타-나우네트: 아툼을 낳은 어머니 (…)."(『샤바카 석비』 49a-51a열) 태초의 대양은 우주가 창조되기 전부터 자재하던 존재였다. 그러므로 프타-눈, 프타-나우네트보다 더 오래된 존재는 존재하지 않으며 따라서 프타는 우주의 창조주일 뿐만 아니라 가장 오래된 존재(또는 신)이라 할 수 있다. 창세신화에는 또한 프타가 우주를 창조하는 과정에서 태초의 대양을 질료로 사용했다는 언급이 전혀 발견되지 않는다.● 프타는 오로지 자신의 지력인 인식과 창조적 발화인 명령을 통해서 우주를 창조한 것으로 묘사된다. 그렇다면 프타의 창조 행위를 무로부터의 창조로 볼 수 있지 않을까? 이 질문에 대답하기 위해서는 먼저 『멤피스 창세신화』에서 프타가 눈/나우네트와 동일시된 이유를 고민해 보아야 한다. 『멤피스 창세신화』를 작성한 신관들이 의도한 것은 프타를 무로부터 우주를 창조한 신으로 만들기 위한 것이 아니었다. 이집트 신학 체계에서 우주로부터 완전히 초월한 신은 아문이 유일하다. 아문의 성도 테베 신관들이 작성한 종교문서에 따르면, 아문은 물리적 실체를 창조한 단일한 신적 원리이며 그로부터 창조된 모든 것은 각각 그의 한 단면에 불과하다. 프타를 초월적인 창조주로 상정하지 않았다면 『멤피스 창세신화』에서 그를 눈/나우네트와 결합시킨 것은 아마도 프타를 아툼에 선행하는 태초의 대양과 결합시킴으로써 아툼을 정점으로 하는 헬리오폴리스 9주신 체제를 프타에 종속시키기 위한 의도였을 것이라는 추정이 가능하다. 다시 말해 프타와 태초의 대양과의 결합은 프타를 정점으로 한 『멤피스 창세신화』를 아문을 정점으로 하는 「헬리오폴리스 창세신화」보다 우위에 두기 위한 일종의 '신학적/신화적 전복'의 포석이었던 것이다.

바라보고 그 안에 있는 모든 것을 살펴라. 하나님께서 이미 있는 것에서 그것들을 만들지 않으셨음을 깨달으라."(「마카베오기 하권」 7:28) 이후 이와 같은 창조 개념은 초대 교부들의 문헌에 의해 기독교의 기본교리로 고착되기에 이르렀다(배철현, 2001b: 79-80).

● 그러나 신왕국 시대 제22왕조에 창작된 것으로 추정되는 『베를린 프타 찬가』(Berlin Hymn to Ptah)에 따르면, 프타는 태초의 대양에서 창조의 질료를 취한다. "그대의 입으로 형성하신 것, 그대의 손으로 창조하신 것, 그대는 그것을 태초의 대양에서 취하셨습니다."(*P 3048* IV, 8)

넷째, 최고신으로서의 프타의 신격이다. 「창세기」에서 하나님은 홀로 발화(명령)만으로 우주를 창조한 전능한 유일신으로 묘사된다. 『멤피스 창세신화』에 따르면, 프타 역시 인식과 발화의 힘을 이용하여 우주를 창조하는 창조주로 등장한다. 이것은 멤피스의 주신인 프타를 최고신으로 부상시키려는 신관단의 의도와도 부합한다. 이집트 신학 체계의 초점이 신들 간의 협력관계가 창조주-태양신의 독자적인 통치로 변모하는 단일신교 사상이 처음 등장하는 시기는 신왕국 시대로 추정된다(Assmann, 2001: 201-208). 또한 다른 모든 신을 부정하고 하나의 신만을 인정하는 유일신교는 고대 이집트에서는 신왕국 시대 제18왕조의 아멘호텝 4세 혹은 아켄아텐의 '아마르나 시대'(Amarna Period, 기원전 1352-1336)가 유일하다(9장 참조). 고대 이집트 역사 전반에 걸쳐 일신교를 근간으로 하는 다신교 체제가 유지되었음을 고려할 때, 프타의 신격 역시 기독교의 배타적인 최고신이라기보다는 단일신교 체제에서 다른 신보다 높은 지위를 점유하고 있는 독보적인 창조주로 보는 것이 타당할 것이다.

지금까지 『멤피스 창세신화』에 등장하는 인식과 발화를 통한 추상적 창조 행위와 바빌로니아의 창조 서사시 『에누마 엘리쉬』와 『구약성서』의 「창세기」에 등장하는 발화를 통한 창조주의 창조 행위 사이의 유사점과 차이점을 간략하게 살펴보았다. 이들 종교 문서들이 어떤 영향을 주고받았는지는 정확하게 파악되지 않는다. 다만 히브리 민족은 예외로 하더라도 고대 이집트와 메소포타미아 문명이 절대 권력자의 존재를 인정하고 신성한 왕권이라는 개념을 통해 절대 권력자의 통치를 적극적으로 수용했다는 점을 고려할 때, 왕이 보유한 권위를 가진 명령의 효용과 고대 서아시아인들이 거기에 내재되어 있었을 것이라고 추정했던 신비로운 힘이 발화를 통한 창조 행위라는 발상을 이끌었다는 것은 분명해 보인다.[●] 아울러 『멤피스 창세신화』와 발화를 통한 창조 행위를 언급한 고대 근동의 다른 창세신화 사이의 가장 큰 차이점은 인식과 발화의 분화와 성각문자를 기반으로 한 이원론적 창조 과정이라 할 수 있을 것이다.

● 이는 『에누마 엘리쉬』 역시 비상사태를 수습하는 왕의 등장과 군주제의 고착화를 설명하는 한편, 바빌론이라는 도시의 위상을 제고하기 위해 창작된, 정치적 메시지가 깊이 전제된 작품이라는 점을 통해서도 확인된다.

IX

아마르나 종교개혁

아켄아텐의 출현과 아텐의 부상

지금까지 살펴본 창세신화는 고대 이집트 문명의 근간을 이루는 세계관이었으며, 이는 이집트 문명이 지속되는 3,000년간 큰 변화 없이 계승되었다. 그러나 이와 같은 기본적인 세계관에 20년간의 재위 기간 중 획기적인 변화를 시도한 왕이 있었다. 소위 "일신교 혁명"으로 유명한 신왕국 시대 제18왕조의 10번째 파라오 아멘호텝 4세 혹은 아켄아텐이다.

아멘호텝 4세가 부왕 아멘호텝 3세(Amenhotep III, 기원전 1391-1353년)와의 길지 않은 공동통치(co-regency) 후 왕위에 올랐을 때[●] 이집트는 고대 근동의 대제국으로서 전례 없는 번영을 누리고 있었다. 즉위 후 처음 5년간 아멘호텝 4세는 당시 국가신이었던 아문의 카르낙 대신전 동편에 새로운 형태의 태양신 레-호라크티를 위한 대대적인 건축 활동을 전개했다.[●●] 아멘호텝 4세가 선택한 새

● 아멘호텝 3세와 아멘호텝 4세의 공동통치와 관련한 논란은 이집트학 학계 내에서 아직도 진행 중이다(Hornung, 1999: 98; Van Dijk, 2000: 274-275).

●● 아멘호텝 4세가 아문 대신 레-호라크티를 위해 카르낙 대신전의 동편에 신전을 건립한 이유는 "부활한 태양이 발산하는 생명의 빛"이 아문 신전보다 이들 신전에 먼저 비춰질 수 있도록 하기 위해서였을 것으로 추정된다.

로운 태양신 레-호라크티는 송골매 혹은 송골매의 머리를 한 남신의 모습을 한 신이 아니라 생명을 주는 빛이 뻗어 나오는  "태양원반", 즉 '아텐'(Aten)으로 표상되었다. 또한 카르낙 대신전 경내에 건설된 겜파아텐(Gempaaten), 즉 "아텐께서 발견되시다"와 후트-벤벤(Hut-Benben), 즉 "벤벤의 신전" 같은 아텐을 위한 건축물에 도입된 예술 양식은 고대 이집트 문명 초기부터 수립·전승되어 오던 기존의 예술 양식과 상당한 괴리를 보여 주면서 아멘호텝 4세의 새로운 세계관을 반영했다.

아멘호텝 4세는 건축물과 예술 양식의 변화뿐만 아니라 '레-호라크티'의 이름을 새로운 방식으로 표기함으로써 자신의 독보적인 세계관을 표현하려 했다. 그는 아텐의 이름을 표기하기 위해 전통적으로 왕의 이름을 표기하는 데 사용되었던 기호인 카르투슈(cartouche)를 채택했다.●

● 파라오는 모두 다섯 개의 왕명을 가지고 있었는데, 이 중 네 번째 즉위명(throne name)과 다섯 번째 탄생명(birth name)은 '카르투슈'라고 불리는 타원형의 기호 속에 기입되었다. '카르투슈'를 뜻하는 고대 이집트어는 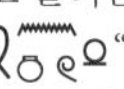 "원"(circle)인데, 영원히 순환하는 태양(신)의 주기와 태양(신)이 일주하는 인간 세계 전체를 다스리는 파라오의 권능을 상징한다. 원래는 왕의 이름을 기입하는 데에만 사용되었으나 중왕국 시대 이후로는 종종 왕비와 왕실 자녀의 이름을 표기하는 데에도 사용되었다.

[그림 9-1] 아텐에게 봉헌물을 바치고 있는 아켄아텐

신왕국 시대의 파라오들이 즐겨 쓰던 푸른색 "케프레쉬"(Khepresh) 관을 쓰고 있는 아켄아텐이 태양원반 속의 빛을 속성으로 하는 아텐에게 봉헌물을 바치고 있다. 태양원반에서는 아텐의 빛이 아켄아텐과 왼쪽 아래 조그맣게 묘사된 왕비 네페르티티를 비추고 있다. 빛살 끝에는 손이 묘사되어 있고 이들 손은 왕과 왕비의 코에 생명을 제공하거나 두 인물의 몸을 감싼다. 이를 통해 아켄아텐은 자신과 왕비가 아텐의 빛 혹은 축복 아래 있다는 것을 표현하려 했을 것이다. 가늘고 긴 얼굴·몸통·팔다리와 타원형으로 길게 찢어진 눈·기다란 코·두꺼운 입술·과장되게 굽은 턱 등은 모두 아마르나 시대의 독특한 인체 표현 방식을 가감 없이 보여 준다.

새로운 태양신의 이름은 위의 그림과 같이 두 개의 카르투슈에 나뉘어 표기되었는데, 첫 번째 카르투슈에는 "앙크 레-호라크티 하이 엠 아케트", 두 번째 카르투슈에는 "엠 렌.에프 엠 슈 네티 엠 아텐"이 각각 쓰여 있다. 이 두 카르투슈에 새겨진 이름은 "살아계신 이(앙크), 태양원반(아텐) 안의(네티 엠 아텐) 빛을 그 이름으로(엠 렌.에프 엠 슈) 지평선에서(엠 아케트) 활동하시는(하이) 레-호라크티"를 의미한다. 이 신명神名을 바탕으로 새로운 신은 간단히 '태양원반', 즉 '아텐'으로 불렸다.

앞서 언급한 것처럼 제18왕조가 되면서 생명을 제공하는 태양신의 역할이 강조되기 시작했으며, 이렇게 새롭게 부각되기 시작한 태양신의 측면은 전통적인 종교적 심성에 따라 아문-레로 습합되어 표상되었다. 그러나 이전의 파라오들과는 달리 아멘호텝 4세는 이와 같은 기존의 신학 체계에서 아문을 배제해 버렸다. 아문-레에서 태양신은 볼 수도 없고, 파악할 수도 없으며, 내재하지도 않는 "숨겨진 이" 아문의 존재를 가늠할 수 있게 해주는 물리적 실체 혹은 시각적 체현이었다. 그러나 태양원반에서 쏟아져 나오는 빛을 본질로 하는 아텐은 우주에 내재하고 편재하는 물리적 빛이라는 가시적인 힘 그 자체였다. 아울러 빛이 머무는 구체적 실체를 표현한 '아텐' 혹은  "파 아텐", 즉 '태양원반'은 마치 기존의 아문 신앙에서 태양(신)이 아문의 가시적 현현이듯, 아멘호텝 4세가 선택한 새로운 신의 물리적 실체로서 생명의 빛을 세상으로 발산하는 수단(vehicle)에 불과했다. 요컨대 아멘호텝 4세 치세 전반에 등장하는 태양원반은 태양 혹은 빛 그 자체를 묘사한 것이라기보다는  "태양빛"(Gardiner, 1957: 486, N8)을 의미하는 성각문자를 더욱 정교하게 변형시킨 형태로 보는 것이 더 정확하다.

아멘호텝 4세는 자신의 재위 5년에 (아문의 성도인) 종교 중심지 테베, (프타의 성도인) 행정수도 멤피스 등 오랜 역사를 가진 주요 도시에서 탈피하여 전통적인 신에게 바쳐지지 않은 이집트 중부의 처녀지에 새 수도를 건설하였다. 이 새로운 수도에는  "아케트-아텐"(Akhet-Aten), 즉 "아텐의 지평선"(Horizon of Aten)이라는 이름이 부여되었으며 도시 외곽에 경계비가 세워졌다.● 새 수도가 건설된 후 약 1-2년에 걸쳐 왕실과 왕의 측근을 비롯한 약 2-4만 명

● 아케트-아텐을 좀 더 정확하게 번역하면 "태양원반이 권능을 가지게 되는 장소"가 된다. 오늘날 아케트-아텐의 지명은 텔 엘-아마르나(Tel el-Amarna, 아랍어: تلالعمارنة)이며, 여기서 '아마르나'는 아케트-아텐이 건설된 지명뿐만 아니라 약 20여 년에 걸쳐 아멘호텝 4세/아켄아텐의 종교개혁이 진행된 시기를 지칭하기도 한다. 도시로서 아케트-아텐의 특징 및 의의에 대해서는 다음을 참조. Barry J. Kemp, *Ancient Egypt – Anatomy of a Civilization* (London: Routledge, 1989), pp. 261-317; *The City of Akhenaten and Nefertiti – Amarna and Its People* (New York: Thames & Hudson, 2012), pp. 79-229.

의 이집트인들이 이주한 것으로 추정된다. 천도의 시기에 맞춰 파라오는 자신의 이름을 “아멘호텝”, 즉, “아문 신께서 만족하시다”에서  “아켄아텐”, 즉 “태양원반을 위해 유용한 권능을 가진 이”(he who is effective for the sun-disk)로 바꿈으로써 아문과의 결별과 이를 대체할 아텐 신앙의 확립을 공식화했다. 이 당시 아켄아텐이 새로운 신을 최고신의 자리에 올리려고 했던 것은 사실이지만, 아직 아문을 비롯한 다른 신들에 대한 신앙을 탄압하지는 않았다. 그러나 아텐 신앙에 대한 정비 작업이 마무리된 것으로 추정되는 치세 9-11년 사이에 새로운 정책이 시행되기 시작했으며, 이때 아텐 역시 새 이름을 부여받게 된다.

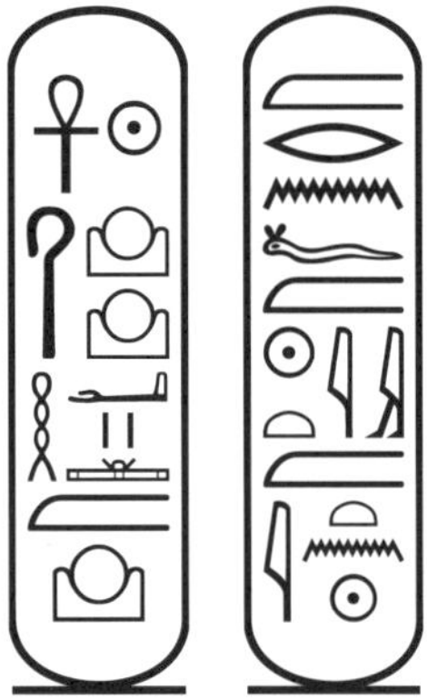

개작된 신명 역시 위의 그림처럼 두 개의 카르투슈에 나누어 쓰여졌다. 두 이름 “앙크 레 헤카 아케티 하이 엠 아케트”, “엠 렌.에프 엠 하이트 이이 엠 아텐”는 “살아 계신 이(앙크), 태양(레), 태양원반(아텐)에서 오는(이이 엠 아텐) 빛을 그 이름으로(엠 렌.에프 엠 하이트) 지평선에서(엠 아케트) 활동하시는(하이) 지평선의 지배자(헤카

아케트)"로 해석할 수 있다. 신명을 "태양원반 안의 빛(슈)을 그 이름으로 지평선에서 활동하시는 레-호라크티"에서 "태양원반에서 오는 빛(하이트)을 그 이름으로 지평선에서 활동하시는 지평선의 지배자"로 바꿈으로써 (1) 레-호라크티와 대기의 신 슈(태양원반 안의 '빛', 슈는 빛을 머금은 대기의 신으로서 '빛' 혹은 '빛이 가득 찬 공간'을 상징할 수 있었다)와 같은 신들의 이름을 각각 '태양'과 '빛'과 같은 중립적인 용어로 교체하는 동시에, (2) "태양원반에서 오는 빛"이라는 표현을 통해 태양원반이 아켄아텐이 숭배한 '빛'의 근원이 아니라 빛의 발산을 돕는 수단에 불과하다는 것을 분명히 했다.

또한 신명을 교체하는 것을 시작으로 '빛'을 본질로 하는 아텐을 최고신, 유일신으로 승격시키는 작업이 본격적으로 진행되었다. 이때부터 아켄아텐은 이집트 전역에 걸쳐 아문과 그 신관단(priesthood)에 대한 대대적인 탄압에 착수했으며, 아켄아텐의 명령을 받은 관리들은 당시까지 세워졌던 이집트의 모든 건축물과 기념물에서 아문과 그의 아내  "무트" 여신의 이름을 지웠다. 아울러 다신교 체제에서 그동안 복수형으로 쓰여졌던  "신들"을 단수형  "신"으로 바꾸는 작업도 시작되었다. 또한 아켄아텐 재위 이후 후대의 왕에 의해 반포된 왕실 포고령의 내용을 고려할 때 신전들이 폐쇄되고 이들 신전에 소속되어 있던 신관단이 해체되었던 것으로 추정된다. 이와 같은 급진적인 종교 정책을 단행한 아켄아텐은 자신을 새로운 교리를 전파하는 교주로서, 또한 아텐과 이집트 사이를 매개하는 유일한 연결고리의 역할을 자임하고 나섰다.

시간관의 변화
: '영원한 반복성'의 부상

아켄아텐의 종교개혁으로 인해 고대 이집트의 문화는 한마디로 격변이라는 말이 어울릴 법한 커다란 변화를 겪게 되는데, 이 중 가장 큰 변화가 일어났던 부분은 '영원한 반복성'과 '영원한 동일성'을 중심으로 하는 전통적인 시간관념이었다. 앞서 언급한 것처럼 순환적 시간관 속에서 '영원한 반복성'은 역동적이고 반복적인 변화를, '영원한 동일성'은 완전하고 완결된 정체를 각각 의미한다. 그러나 아켄아텐의 '종교개혁'에서 이와 같은 이원론적인 시간관은 근본적으로 재구성된다.

일부 학자들은 아켄아텐에 의해 시작된 일련의 변화를 종교개혁이라기보다는 자연을 파악하는 관점의 변화로 보고자 한다(Allen, 1996: 3). 그 이유는 아켄아텐이 기존의 세계관을 포괄적이면서 단일한 신적 원리로 대체하려 했기 때문이다.● 모든 것이 '궁극

● 일견 아켄아텐의 아텐 신앙은 일종의 자연철학으로 간주될 수도 있는데 그 이유는 아텐으로 구현된 원칙이 (1) 단일성(single) (2) 지배적(governing) (3) 내재적(natural) (4) 근원적(underlying) 속성을 지니며 이오니아의 자연철학자들이 자연에서 찾고자 했던 만물의 공통적 요소인 *ἀρχαί* "아르케"(arche)와 비견될 수 있기 때문이다.

의 근원·원인'에서 출발했다는 생각은 아켄아텐의 종교개혁 시기, 즉 아마르나 시대 이전에도 이미 존재했다. 다음 장에서 다루게 될 「테베의 창세신화」에 따르면, 아문은 물리적 실체를 창조한 단일한 신적 원리이며 그로부터 창조된 모든 것은 각각 그의 한 단면에 불과하다. 창조된 세계를 초월하는 창조주로서 아문은 창조된 세상에 내재하는 다른 신들과는 달리 초월적 존재이다. 그러나 아켄아텐은 초월적인 신 대신 자연에 내재한 힘, 즉 빛(과 빛에 의해 생성되는 시간)을 궁극적인 원리로 채택했다. 이와 관련하여 아켄아텐의 신학 체계는 '우주신론적'(cosmotheistic)이라고 정의될 수 있는데, 이유는 (1) 아켄아텐의 아텐 신앙이 우주에 내재하는 태양빛의 형태로 현현하는 우주적 힘을 숭배하고, (2) 현존하는 가시적 혹은 비가시적 존재를 모두 태양에서 방출되는 빛(과 이러한 태양의 움직임에 의해 생성되는 시간)의 산물로 보기 때문이다(Assmann, 2002: 216).

모든 존재를 하나의 궁극적 원리로 환원할 수 있게 된 아켄아텐에게 다른 신들은 불필요한 존재였으며, 따라서 왕은 아문을 비롯한 기존의 신들을 배척하는 동시에 자신이 선택한 아텐을 단일한 지배원리로 승격시켰다. 다른 고대 문명에서와 마찬가지로 이와 같은 혁신적 인식은 종교라는 이름을 통해 구현되었다.● 문제는 창조된 세계의 유일한 지배원리인 빛이 침묵하는 '궁극의 근원'

● 그러나 자연철학에 가까운 아켄아텐의 신학은 일종의 '이신론적 각성'(deistic enlightenment), 다시 말해 비인격적이며 완고한 법칙을 체현한 신에 의해 운행되는 우주를 상정한다는 점에서 고대 히브리인들의 일신론 신관이었던 '유신론적 현현'(theistic revelation), 즉 의지와 목적의식을 가지고 인간에게 명령하고 개입하는 인격신 개념과는 다르다.

이라는 점이다. 자신의 뜻을 신탁이나 기도에 대한 응답 등을 통해 드러내는 아문과 달리 아텐은 침묵하는 신이며, 아텐의 의중을 유일하게 파악할 수 있는 지상의 매개자는 아켄아텐과 그의 대왕비 네페르티티(Nefertiti)뿐이다. 따라서 아텐 신앙에서 가장 중요한 것은 빛의 효과와 태양의 움직임을 면밀하게 관찰함으로써 신의 의도를 파악할 수 있는 왕의 인식능력이며, 이것은 다시 아마르나 시대의 가장 중요한 두 가지 특징, 즉 (1) hic et nunc "지금-여기"(here-and-now)에 대한 집착과 (2) 감각, 특히 시각에 의해 파악 가능한 현실에 대한 관심으로 표출된다.

'지금-여기'에 대한 집착은 아텐이 매일 우주를 새롭게 창조한다는 아마르나 신학에 따른 것이다. 아케트-아텐의 공동묘지 구역에 위치한,  "신의 아버지"(God's Father)라는 신관직을 가지고 있었던 아켄아텐의 총리대신 아이(Ay)의 분묘 동쪽 벽면에 새겨진 총 13열의 『아텐 대찬가』(Great Hymn to Aten)에는 아마르나 신학(Amarna Theology)이라고 부를 수 있는 아텐 신앙의 정수가 표현되어 있다. 그런데 『아텐 대찬가』의 시작 부분에 묘사된 것은 최초의 순간에 있었던 전통적인 창조 과정이 아니라 일몰 후 매일 아침 다시 떠오르는 아텐의 새로운 일일 주기이다.

『아텐 대찬가』 2-6열(*Amarna* VI, 17-19, 28-29)

하늘의 지평선에서 당신께서 나타나심은 완벽하시다,
오 살아 있는 아텐이시여, 생명을 정하시는 이,
당신께서는 동쪽 지평선에서 떠오르실 때,
모든 땅을 당신의 완벽함으로 채우신 후에,

당신께서는 아름다우시고 위대하시고 빛나시고,
모든 땅 위에 높이 계시나니.
당신의 광선은 땅들을 아우르니,
당신께서 창조하신 모든 것의 경계에 이르기까지,

당신께서는 태양 안에 계시고 그들의 경계에 이르시니,
당신께서 사랑하는 아들을 위해 그들을 복속시키시니,
당신께서는 멀리 계시지만 당신의 빛은 땅 위에 있으니,
당신께서는 그들의 얼굴에 있음이라.
당신의 움직임이 약해져 서쪽 지평선으로 질 때,
땅은 죽음의 형태로 어둠 속에 있고,
침대에서 잠들고 머리는 덮였으니,
한쪽 눈이 다른 쪽을 보지 못하고,
그들의 머리 아래에 있는 물건을 도둑 맞아도,
그들은 알지 못하리라,

모든 사자가 그의 동굴에서 나오고,
모든 기는 것들이 물고,
어둠은 충만하고 땅은 고요하니,
그들을 만드신 이가 그의 지평선으로 지셨기 때문이라.
여명에 당신께서 지평선에서 떠오르시고,
낮에 태양원반 안에서 빛나시며,
어둠을 쫓아내시고 당신의 빛을 주시니,
두 땅은 깨어나 두 발로 선 채 축제 분위기이네,

(이는) 당신께서 그들을 들어 올리셨기 때문이라,

그들의 몸은 정결하고 의복을 갖추어 입었으며,
두 손은 당신께서 나타나심을 찬양하노라.
온 땅이 그들의 일을 하니,
모든 동물들이 그들의 식물에 만족하고,
나무와 식물이 번성하며,
새들이 그들의 둥지에서 날아오르고,
그들의 날개가 당신의 카를 찬양하노라,
모든 길짐승이 두 발로 껑충거리며,

모든 날고 내려앉는 것들이 사는 것은,
당신께서 그들을 위해 떠오르시기 때문이라,
배들이 하류와 상류로 오르내리고,
모든 길들이 당신께서 나타나심에 열리며,
강의 물고기들이 당신의 얼굴로 뛰어오르니,
당신의 빛은 바다에(도) 있음이라.

『아텐 대찬가』의 가장 두드러진 특징은 가시적 세계가 구체적으로 발현되는 모습을 다양한 시각적 이미지로 생생하게 묘사했다는 데 있다(Foster, 1995: 1757-1758). 다시 말해, 신의 피조물은 가시적인 현상으로 드러나는데, 그 결과 찬가에서 가장 근본적으로 부각되는 감각은 신적인 창조 행위의 가시성을 파악 가능하게 해주는 시각이다.• 이처럼 가시적이며 파악 가능한 현재의 순간에 초점을 맞추는 아마르나 시대의 새로운 관점(과 삶의 방식)은 건축과 예술, 문학 등 이집트 문화 전반에 걸쳐 발견된다. 예술 작품에서는 시간의 작용을 배제하고 이상적인 모습만을 묘사하고자 했던 전통적인 예술 원칙에서 탈피하여 빛을 통해 묘사된 현재의 순간을 포착하고자 하는 새로운 사조가 등장하고, 문학작품에서는 고전어로 여겨졌던 중기 이집트어로 저술되던 관례에서 탈피하여 당시 구어였던 후기 이집트어(Late Egyptian: 기원전 1600-600년경)가 문어체로 편입되기 시작했다.●● 또한 신전과 도시의 건축 활동에서는 크고 무거운 석재 대신 탈라타트(talatat)라고 불리는 석회암이나 사암 블록이 주로 사용되었는데, 탈라타트는 운반은 편리하지만 크기가 작은

● 이처럼 유일신의 권능을 찬양하는『아텐 대찬가』의 생생한 시각적 묘사는『구약성서』의「시편」104편을 연상시킨다. "주님께서 어둠을 드리우시니, 밤이 됩니다. 숲속의 모든 짐승은 이때부터 움직입니다. / 젊은 사자들은 먹이를 찾으려고 으르렁거리며, 하나님께 먹이를 달라고 울부짖다가, 해가 뜨면 물러가서 굴에 눕고, 사람들은 일을 하러 나와서, 해가 저물도록 일합니다. 주님, 주님께서 손수 만드신 것이 어찌 이리도 많습니까? 이 모든 것을 주님께서 지혜로 만드셨으니, 땅에는 주님이 지으신 것으로 가득합니다. 저 크고 넓은 바다에는, 크고 작은 고기들이 헤아릴 수 없이 우글거립니다. / 물 위로는 배들도 오가며, 주님이 지으신 리워야단도 그 속에서 놉니다. 이 모든 피조물이 주님만 바라보며, 때를 따라서 먹이를 주시기를 기다립니다. 주님께서 그들에게 먹이를 주시면, 그들은 받아먹고, 주님께서 손을 펴 먹을 것을 주시면 그들은 만족해합니다. 그러나 주님께서 얼굴을 숨기시면 그들은 떨면서 두려워하고 주님께서 호흡을 거두어들이시면 그들은 죽어서 본래의 흙으로 돌아갑니다. 주님께서 주님의 영을 불어넣으시면, 그들이 다시 창조됩니다. 주님께서는 땅의 모습을 다시 새롭게 하십니다."(「시편」, 104:20-30)

●● '후기 이집트어'가 문학작품에 사용되기 시작한 것과 관련하여, 아켄아텐 왕이 의도적으로 구어적 요소를 문어체에 지속적으로 편입시킨 이유가 텍스트에 대한 접근성을 높이는 데 있지 않고 오히려 텍스트에 대한 배타성을 높이는 데 있다고 보는 견해가 존재한다(Silverman, 1991: 79; 1999: 153-154).

만큼 내구성이 떨어지는 건축자재였다.● 요컨대, 아텐 신앙의 세계관에서는 '규범적 과거'보다는 태양신 아텐의 빛 아래 전개되는 시각 중심의 '지금-현재'가 부각되기 시작한 것이다.

태양빛을 통해 파악된 현재의 모습, 즉 현세의 현상을 강조하는 새로운 관점은 전통적인 시간관념에도 영향을 미쳤다. 완벽한 상태가 영원히 지속되는 '영원한 동일성'의 중요성은 감소한 반면, 순환적인 틀 안에서 변화무쌍한 변화를 보여 주는 '영원한 반복성'이 전면으로 부상하게 된다.

『아텐 대찬가』 9-11열(*Amarna* VI, 17-19, 28-29)

(…) 그들을 위해 떠오르시는 모든 땅의 주여,
낮의 태양원반, 경외로 가득 찬 이여,
머나먼 모든 이국에서도 당신께서 그들의 생명을 창조하시니,
하늘에 홍수[하피]를 두시어 그들을 위해 내려오게 하시고,

바다(에서)처럼 산들 위에 파도를 만드시니,
그들의 성읍에 있는 들판에 물을 대도록 하시기 위함이라.
당신의 계획은 얼마나 뛰어나신지요, 영원한 반복성의 주여!
하늘의 홍수는 이방인들과

● 탈라타트는 한 사람이 운반할 수 있도록 규격화된 화강암 혹은 사암 블록으로서 그 크기는 고대 이집트의 큐빗(cubit)을 기준으로 가로·세로·두께가 0.5×0.5×1큐빗(27×27×54센티미터)으로 규격화되었다. 탈라타트는 아랍어 ثلاثة "3"에서 파생되었는데, 그 길이가 약 손바닥(25센티미터) 3개를 늘어놓은 크기였기 때문이다(Kemp, 2012: 60).

두 발로 걷는 모든 이방의 가축을 위한 것이며,
지하에서 오는 홍수는 이집트를 위한 것이라,
당신의 빛은 모든 습지를 키우시며,
당신께서 떠오르시니 그들이 살고 당신을 위해 자라나옵니다.
당신께서 행하신 것을 변모케 하려 절기를 만드니,
겨울(파종기)은 그들을 서늘하게, 열기는 그것을 맛보게 함이라.

『아텐 대찬가』에서 아텐은  '영겁회귀의 주'로 불리는데, 이처럼 아마르나 시대에는 가시적인 세계가 '변화'(transformation)와 동일시된다. 다시 말하자면, 전통적인 이원론적 시간관념에서는 '영원한 반복성'으로 상징되는 '발생하는 시간'(time happening)과 '영원한 동일성'으로 상징되는 '존속하는 시간'(time persisting)이 동일한 비중으로 중요했다면, 아마르나 시대에서 신은 '(발생하는) 시간'이며 그 시간의 경과 속에서 "발현하는 만물"은 그가 가진 창조적 에너지의 정수가 변모하는 것이라 할 수 있다.

내세관 및 건축·예술 원리의 변화

'영원한 반복성'이 부상함에 따라 명계의 신 역시 배제되었다. 이집트의 사생관과 신왕국 시대부터 구체화되기 시작한 '태양의 일일 주기'에 따르면, 낮 동안의 일주를 마치고 서쪽 지평선으로 하강하는 태양신은 '밤의 태양선'으로 갈아탄 후 총 12시간에 걸쳐 '두아트', 즉 '지하 세계'(명계)를 여행하게 되는데,● 이와 같은 태양선의 하계 여행은 신화적 선례를 통한 사후 부활을 위한 일종의 가이드북 역할을 했던 『암두아트』 같은 신왕국 시대의 장례 문서에 상세하게 묘사되어 있다(2장 2절 참조. Lesko, 2001: 570). 태양신의 하계 여행에서 가장 중요한 테마 중 하나가 바로 태양신과 오시리스와의 결합이다. 태양신은 하계의 가장 깊숙한 곳에서 가장 신비한 형태인 철광석의 신 소카로 변신한 오시리스와 결합하는데, 이때 두 신은 서로의 에너지를 교환하며 태양신은 이를 통해 다음 날 아침 부활할 수 있는 생명력을 얻는다.●● 이때 모체(매트릭스)의 역할

● 장례 문서에서 지하 세계를 여행하는 태양신은 죽은 왕과 동일시된다. 지하 세계의 여정(오시리스와 결합, 혼돈 세력과 투쟁 및 승리)을 마치고 매일 아침 부활하는 태양은 죽음을 이기고 부활하는 파라오에게 신화적 선례를 제공한다.

●● 태양신과 오시리스의 결합을 장례의 영역으로 대입하면 태양신은 망자의 바에

을 하는 오시리스는 '영원한 동일성'을, 오시리스로부터 지하의 에너지를 충전받은 후 매일 아침 부활하는 태양신은 '영원한 반복성'을 각각 체현하는 것으로 여겨졌다. 이렇게 '영원한 동일성'을 체현하는 오시리스의 속성은 그의 호칭 중 하나인  "웬네페르"(Wennefer), 즉 '완벽한 상태로 존재하는 이'를 통해서도 확인할 수 있는데, 이 호칭은 "시간 속에서 실현된 것의 불변하고 불멸하는 지속성"을 상징한다.● 한편, 태양신은 일출과 일몰의 영원한 주기를 반복함으로써 (아마르나 시대의 아텐과 마찬가지로) '영원한 반복성'을 상징하는 존재로 표상된다.●●

아마르나 시대로 접어들면서 '영원한 동일성' 개념이 배제되

오시리스는 망자의 시신에 각각 대응된다. 바는 사후에도 육체를 벗어나 자유롭게 움직일 수 있는 반면 육체는 사후에 움직이지 않는 상태가 된다. 여기서 태양신과 오시리스는 사후 지속되는 두 가지 존재 양식을 각각 대표하며, (주기적인 재생을 경험하는) 바는 '영원한 반복성', (미라 처리된 후 불변·불멸의 완벽한 상태를 지속하게 되는) 시신은 '영원한 동일성'에 각각 대응된다. 한편, 신왕국 시대 이후 다른 신들과의 관계에서 태양신이 점차 독보적인 위치를 차지하게 됨에 따라 오시리스 역시 다른 신들과 마찬가지로 태양신의 속성 중 하나로 간주되기 시작한다. 이와 같은 경향은 앞서 언급한 것처럼 신왕국 시대 이후 우주를 지배하는 초월적이면서 단일한 지배원리에 대한 개념, 즉 아문을 중심으로 한 단일신교 사상이 싹트기 시작한 것과 밀접한 관련이 있다.

● 영어 인명 Humphrey "험프리"와 이탈리아어 인명 Onofrio "오노프리오" 혹은 D'Onofrio "도노프리오"는 모두 '웬네페르'에서 파생되었다.

●● '영원한 동일성'을 체현하는 신으로서 오시리스는 '정체'의 시간인 '어제'의 신으로 묘사되며, 이에 반해 '영원한 반복성'을 상징하는 태양신은 '변화'의 시간인 '내일'의 신이 된다. 태양신과 오시리스를 각각 미래와 과거의 신으로 보는 관점은 『사자의 서』 17번 주문에 언급되어 있다. "나는 어제이며 내일을 안다. 그는 누구인가? '어제'에 관해 말하자면 그것은 오시리스. '내일'에 관해 말하자면 그것은 궁극의 주의 적들이 전멸하고 그의 아들 호루스가 다스리게 되는 그날의 태양신이다."

기 시작하고, 이로 인해 아마르나 시대의 텍스트와 조형예술에서 '영원한 동일성'을 체현한 오시리스(와 그와 관련한 비의)가 사라짐에 따라 태양신의 하계 여행, 그리고 하강과 상승을 반복하는 부활의 순환구조를 바탕으로 하는 비의 역시 일시적으로 폐기되고 만다.● 아마르나 시대의 세계관에 따르면, 밤은 더 이상 태양신과 오시리스의 신비로운 결합이 일어나는 시간이 아니라 아텐에서 발산되는 빛(과 그 작용에 의해 발생하는 시간)이 부재하는 결핍의 시간이며 온 우주가 어둠과 혼돈 속으로 침잠하는 시간이다. "그대의 움직임이 약해져 서쪽 지평선으로 질 때, 땅은 죽음의 형태로 어둠 속에 있고, 침대에서 잠들고 머리는 덮였으니, 한쪽 눈이 다른 쪽을 보지 못하고, 그들의 머리 아래에 있는 물건을 도둑 맞아도, 그들은 알지 못하리라, 모든 사자가 그의 동굴에서 나오고, 모든 기는 것들이 물고, 어둠은 충만하고 땅은 고요하니, 그들을 만드신 이가 그의 지평선으로 졌기 때문이라."(『아텐 대찬가』 3-4열)●● 결론적으로 감각,

● 이와 같이 변화된 내세관에서 망자는 아텐과 왕과 신전에 머무는 것으로 여겨졌다. 신전에서 망자(혹은 그들의 바)는 매일 봉헌물을 받는다. 이와 같은 이유 때문에 아마르나 시대의 귀족 분묘에는 항상 아텐 신전, 왕과 왕비가 전차를 몰고 신전으로 가는 모습, 왕과 왕비가 아텐에게 봉헌물을 바치는 장면 등이 묘사된다. 한편 아케트-아텐의 신전과 궁전은 새로운 내세가 된다. 망자들이 무덤에 머물지 않고 산 자들과 함께 지상에 머문다. 무덤은 그들의 바가 쉬는 곳에 불과하다(Van Dijk, 2000: 277).

●● 시대의 변천에 따라 점진적으로 진행되어 온 소위 '내세의 민주화'(democratization of the afterlife) 과정을 거치면서 왕실이 독점하던 오시리스의 비의와 태양신과의 결합을 통한 부활이라는 신화적 선례에 일반인들도 접근할 수 있게 되었다. 다시 말해, 고왕국 시대에 왕들만이 사용할 수 있었던 장례 문서였던 『피라미드 텍스트』가 중왕국 시대, 신왕국 시대를 거치면서 『코핀 텍스트』, 『사자의 서』의 형태로 왕실의 일원이 아닌 귀족이나 일반인들 역시 사후 부활을 위한 신화적 선

특히 시각을 통해 '파악 가능한' 현실적 측면이 강조되었던 아마르나 시대의 경우 이집트인들이 밤에 대해 전통적으로 가지고 있던 신비한 측면은 사라지고 시각으로 파악할 수 없는 어둠과 혼돈만이 강조된다. 이와 같이 기성 종교가 적극적으로 옹호하고 활용했던 비의에 대한 적대적인 태도는 특히 그 본질이 '숨겨진' 아문에 대한 강한 반감으로 이어졌다.

이와 같은 시간관 및 내세관의 변화는 신전의 구조에도 영향을 미쳤다. 기존의 신전은 밖에서 신전 가장 깊숙한 곳에 지어진 지성소로 들어갈수록 천정은 낮아지고 바닥은 높아지는 동시에 벽 사이의 간격은 좁아지는 구조를 하고 있으며 실내 조명 역시 지성소로 갈수록 어두워지도록 고안되어 있었다. 이와 같은 구조는 고대 이집트의 창세신화에 따라 지성소로 이행하면서 원발자의 창조행위를 역행하는, 다시 말해 창조 이전의 시간으로 되돌아가는 과정을 건축학적으로 재현한다. 결과적으로 지성소는 신전에서 가장 신성한 공간인 동시에 가장 어둡고 좁은 공간으로 설계되었으며, 이는 인간의 지력으로는 파악할 수 없는 신비스러운 신격을 강조하기 위한 조치였다.

그러나 아마르나 시대의 신전은 말 그대로 '빛의 장소'(place of light)였으며, 지성소를 비롯한 신전의 모든 구조물이 빛을 최대한 수용할 수 있도록 태양빛에 완전히 노출되는 한편, 그림자를 최대

례와 주술의 수단에 접근할 수 있게 된 것이다. 그러나 아켄아텐이 주도한 종교개혁은 사후 불멸에 이르는 모든 신화적 선례와 주술적 수단을 박탈하는 결과를 초래했다. 이것은 아켄아텐의 종교개혁이 실패할 수밖에 없었던 중요한 이유 중 하나였다.

한 적게 만들기 위해 설계되고 건축되었다.• 아울러 봉헌 의식 역시 지붕이 없는 탁 트인 공간에서 이루어졌으며 그 결과 석재로 제작된 제단 역시 모두 태양 아래 드러났는데, 이때 하늘에 떠오른 태양이 기존의 신상과 같은 역할을 수행했을 것으로 보인다.

결론적으로, 아켄아텐은 새로운 신학 체계를 통해 매일 아침 부활하여 우주를 새롭게 창조하는 아텐을 단 하나의 지배적인 원리로 내세웠으며, 하루를 주기로 반복되는 신의 창조 행위·행동 주기가 강조되면서 전통적인 시간관념의 두 축이었던 '영원한 동일성'과 '영원한 반복성' 중 후자의 중요성이 비대칭적으로 부각되기 시작했다.•• 그 결과 감각, 특히 시각으로 파악 가능한 현실에 초점이 맞추어지고 '지금-여기'에 대한 관심이 증대했으며 이와 같은 시간관념은 새로운 예술 원칙을 통해 표현되었다.

매일 세계를 재창조하고 밤의 무질서를 바로잡는 아텐의 빛 아래에서 전개되는 매 순간은 자연과 인간의 창조가 반복되는 신성한 순간이며 매일 재현되는 '최초의 순간'이었다. 따라서 아마르나 시대의 예술에서 중요하게 여겨진 것은 내세의 죽은 자들을 위

• 이 과정에서 탄생한 것이 바로 '개방형 상인방'(上引枋, broken lintel)이다. 상인방은 기둥이나 창문, 벽 사이의 위쪽 공간을 가로지르는 축을 말하는데 개방형 상인방은 태양빛이 그림자를 만들지 않고 신전 축을 통과할 수 있도록 이음매 부분을 절단한 상인방을 뜻한다. 이 획기적인 상인방 구조는 아마르나 시대 이후에도 살아남아 제20왕조의 람세스 3세의 장제전 등에 사용되었으며, 그리스·로마 지배기까지 명맥을 유지했다.

•• 『아텐 대찬가』에 따르면, 신의 창조 활동은 하루를 주기로 구현된다. "여명에 당신이 지평선으로부터 떠오르시고, 낮에 태양원반 안에서 빛나시며, 어둠을 쫓아내시고 당신의 빛을 주시니, 두 땅은 깨어나 두 발로 선 채 축제 분위기라, (이는) 당신께서 그들을 들어올리셨기 때문이라."(『아텐 대찬가』 4열)

한, 시간이 배제된 이상적인 이미지가 아니라 태양빛 아래 현재 진행 중인 창조주의 지속적인 창조 행위, 다시 말해 감각(시각)을 통해 바로 확인 가능한 '지금-여기'의 세계였다. 요컨대 아마르나 시대의 예술은 마치 스냅숏처럼 순간을 포착하고 묘사하는 데 집중했다.●

● 고대 이집트의 예술 관념에서는 보이는 그대로 그리는 것보다 인식된 이상적인 형태로 그리는 것이 더 중요했다. 그 이유는 "보이는 대로 그린다는 것은 찰나의 대상이 된다는 것이요, 그것을 필멸의 운명으로 드러내는 것이다. 하지만 아는 대로 그린다는 것은 영원한 질서의 대변자가 되는 것이요, 영생을 약속 받는 것"이기 때문이다(이주헌, 2009: 87). 그러나 아마르나 시대에는 '지금-여기'의 중요성이 강조되면서 현재의 순간순간을 보다 세밀하고 구체적으로 묘사하는 데 초점이 맞춰졌으며 영원이라는 개념은 폐기되었다. 그 결과, 조형예술을 통해 표현되는 이미지는 영원을 향해 이상화한 모습이 아닌 '변형된 현실'(perverted reality), 다시 말해 이집트 역사상 처음으로 실체 현실을 자연주의적으로 재현하게 되었다는 평가를 받는다(Reeves, 2001: 147).

아켄아텐의 종교 독점 : 새로운 3신계의 등장

아마르나 시대의 예술에서 가장 자주 묘사된 대상은 물론 아켄아텐과 왕비 네페르티티, 그리고 딸들이었는데, 그 이유는 아텐 신앙에서 아텐의 의중을 파악할 수 있는 존재는 오로지 왕(과 왕비)이었기 때문이다. 『아텐 대찬가』의 마지막 연에 명시된 것처럼 아텐은 그의 유일한 아들인 신왕 아켄아텐의 아버지이며, 아텐을 이해할 수 있는 유일한 존재이자 매개자는 그의 아들 아켄아텐밖에 없다. 한마디로 정리하자면, 아켄아텐은 아텐이라는 신을 통해 다신교 체제로 분산되어 있던 고대 이집트의 종교를 독점하려 했던 것이다.

『아텐 대찬가』 12-13열(*Amarna* VI, 17-19, 28-29)

(…) 당신께서는 내[아켄아텐] 심장에 계시니,

당신을 아는 다른 이는 존재하지 않습니다.

당신의 아들 네페르케페루레-와렌레 이외에는,•

• 여기서 "네페르케페루레-와렌레"(Neferkheferure-Wahrenre)는 왕의 즉위명에 해당하는 아켄아텐의 네 번째 이름이며 "태양의 현현(들)은 아름답다. 태양을 위

당신께서 당신의 계획과 당신의 힘을 아시게 한 이,
당신께서 그들을 지으신 것처럼 당신의 팔에서 땅이 발현하니,
당신께서 떠오르시니 그들이 살고, 당신께서 지면 그들은 죽습니다.
당신께서는 스스로 일생이라 당신으로부터 삶이 있으니,

당신께서 지실 때까지 눈들은 당신의 완벽한 모습을 쫓으며,
당신께서 오른쪽[서쪽]으로 질 때 모든 일은 멈춥니다.
당신의 몸에서 나온 당신의 아들을 위해 땅을 세우시고,
그들을 높이시매 떠오르시어 왕[을 위해?] 발로 분주한
모든 이들을 위해 [모든 것을] 자라게 만드시는 이여,
상·하이집트의 왕, 마아트로 인해 사시는 이,
두 땅의 주 (네페르케페루레-와렌레),
태양의 아들, 마아트로 인해 사시는 이, 현현의 주,
아켄아텐, 장수하소서, (그리고)
대왕비, 그가 사랑하는 이, 두 땅의 여주,
네페르네페루아텐 네페르티티,● 영원한 생명을 얻은 이.

한 유일한 이"라는 의미다.

● 여기서 "네페르네페루아텐 네페르티티"(Nefer-neferu-aten Nefertiti)는 아켄아텐의 정비 네페르티티의 공식 명칭이며 "아텐/태양원반의 완전함은 완전하다. 아름다운 이가 왔다"라는 의미다. 일부 학자는 후반부의 "네페르티티", 즉 "아름다운 이가 왔다"라는 이름을 근거로 네페르티티가 북부 시리아에 위치한 미탄니(Mitanni)에서 이집트와의 동맹을 위해 이집트 왕실로 시집을 온 투쉬라타(Tushratta, 기원전 1382-1342년)의 딸 타두헤파(Tadukhepa)일 것으로 추정한다. 그러나 아켄아텐의 총리대신이었던 아이의 아내 테이(Tey)의 직함 중 하나가 '네페르티티의 유모'였다는 점을 고려할 때 이와 같은 주장은 설득력이 떨어진다. 한편, 이탈리아의 작곡가 주세페 베르디(Giuseppe Verdi, 1813-1901년)가 수에

여기서 『아텐 대찬가』가 말하고자 하는 바는 분명하다. 창조된 세계는 단 한 명의 신과 대면하며 만물은 "태양에로 그들의 머리를 돌려" 신을 찬양하나 신은 "말하지 않고 단지 비출 뿐"인데, 이는 그의 신격이 단일한 원칙으로서의 빛(과 시간)에 불과하기 때문이다(Allen, 1989: 99). 그러므로 "말하지 않고 단지 비출 뿐"인 신의 뜻을 파악할 수 있는 존재는 아켄아텐밖에 없다. "당신께서는 내[아켄아텐] 심장에 계시니, 당신을 아는 다른 이는 존재하지 않습니다. 당신의 아들 네페르케페루레-와렌레 이외에는."(『아텐 대찬가』 12열)

아울러 전통적인 이집트 신들과는 달리 아텐은 자신만의 신화나 배우자(여신)를 가지지 않으며 대신 왕과 왕비와 결합하여 3신계 혹은 성가족을 이룬다(그림 9-2). 이렇게 함으로써 왕과 왕비는 인간의 영역에서 생명을 부여하는 힘의 매개자가 된다. 아텐-아켄아텐-네페르티티로 구성된 아마르나의 3신계는 「헬리오폴리스 창세신화」에 등장하는 아툼-슈-테프누트의 3신계를 모델로 한 것으로 보인다(Johnson, 1999: 46).● 헬리오폴리스의 3신계 혹은 (여왕과 여섯 딸로 구성된) 9신계를 새롭게 건설된 아텐의 성도인 아케트-아텐에 실제로 구현함으로써 아켄아텐은 전통적인 이집트 신화에 묘사된 추상적이며 숨겨진 비의, 즉 불가해한 신들의 협업을 통해 유지

즈운하 개통을 기념하여 세워진 카이로 오페라 하우스(Cairo Opera House)의 개관 공연을 위해 1871년 작곡한 오페라 「아이다」(Aida)의 주인공인 에티오피아의 공주 아이다의 이름 역시 '네페르티티'의 축약형인 '이이티'로 알려져 있다.

● 이와 관련하여 아켄아텐 재위 초기에 건립된 카르낙의 겜파아텐 신전 기둥에 세워진 왕의 석상을 살펴볼 필요가 있다. 대형 석상에서 왕은 슈를 상징하는 이중 깃털 왕관을 쓴 모습과 상·하이집트의 이중 관을 쓴 모습으로 번갈아 가며 묘사된다.

[그림 9-2] 아켄아텐과 그의 가족을 묘사한 「카이로 석비」(JdE 44865)

중앙의 아텐을 중심으로 왼쪽에는 아켄아텐, 오른쪽에는 네페르티티가 앉아 있고, 이들 사이에는 나체의 딸들이 어린이 특유의 자연스러운 포즈를 취하면서 장난을 치는 모습이 묘사되어 있다. 부왕에게 장신구를 받고 있는 딸은 메리타텐(Meritaten)이며, 왕비의 무릎에 앉아 있는 두 딸은 각각 메케트아텐(Meketaten)과, 투탕카멘의 이복누나로서 이후 그의 아내가 되는 앙케센파아텐(Ankhesenpaaten)이다. 아텐-아켄아텐-네페르티티가 만들어 내는 삼각형 구도는 이들이 이집트의 전통적인 3신계 혹은 성가족을 이루었다는 것을 명쾌하게 보여 주고 있다. 「카이로 석비」는 1912년 독일의 고고학자인 루드비히 보르카르트(Ludwig Borchardt, 1863-1938년)에 의해 텔엘-아마르나에서 출토되었으며 현재 카이로의 이집트 박물관에 소장되어 있다. 당시에는 발굴된 유물을 이집트 정부와 고고학 팀이 반씩 나누는 관례가 있었는데, 이집트 정부가 이 석비를 선택하는 바람에 독일은 유명한 「네페르티티 흉상」을 자국으로 반출할 수 있었다.

되던 우주 질서를 일상의 현실에서 창조가 반복되는 신성한 순간, 다시 말해 일상의 삶에서 경험 가능한 구체적인 실체로 만들려고 했던 것이다.●

● 왕실이 종교를 완전히 독점하고 3신계 혹은 9신계를 구성하려고 했던 시도를 선

아켄아텐과 그의 가족이 성가족을 이루어 아텐을 숭배했다면 이집트인들은 그들을 숭배해야 했다. 기존의 신들에 대한 숭배가 금지되면서 종교의례의 핵심이라 할 수 있는 신상과 이미지가 파괴되거나 훼손되고 아텐에 대한 직접적인 접근 역시 원천적으로 봉쇄된 상황에서 이집트인들이 신과 교감할 수 있는 유일한 통로는 왕과 그의 가족밖에 없었다. 물론 이집트 역사 전반에 걸쳐 왕은 살아 있는 신으로서 신들의 세계와 인간의 세계를 잇는 매개자의 역할을 수행했다. 문제는 아켄아텐이 단 하나의 신만을 옹립하고 그 유일신과 인간 사이의 '인터페이스'(interface)를 자처함으로써 신과 인간이 교감할 수 있는 통로를 독점해 버렸다는 데 있다. 결과적으로 아마르나 시대에는 왕과 그의 가족이 숭배의 대상이 되었으며, 이것이 자연스럽게 아마르나 시대 예술의 핵심적 테마로 부상했다(Freed, 1999: 114).

아켄아텐과 그의 가족을 묘사한 장면은 아마르나 시대에 조

왕인 아멘호텝 3세의 신격화 작업과 연결 짓는 학자들도 있다. 아멘호텝 3세와 아멘호텝 4세/아켄아텐의 공동통치 기간에 연로한 아멘호텝 3세는 스스로를 아툼으로서 신격화한 후 '찬란한 아텐/태양원반'(Dazzling Aten/Sun-Disk)이라는 호칭을 사용했는데, 후계자였던 아켄아텐은 신격화한 부왕의 고위 신관이자 장자로서 (아툼의 장자인) 대기의 신 슈와 동일시되었다. 일부 학자들은 이를 근거로 아마르나 시대에 아켄아텐이 살아 있는 아텐을 '아버지'로서 숭배한 것은 자신의 실제 아버지이자 신격화한 파라오인 아멘호텝 3세를 염두에 둔 것으로 보아야 한다고 주장한다. 한편, 앞서 언급한 것과 같이 아텐-아켄아텐-네페르티티 그룹은 아툼-슈-테프누트의 헬리오폴리스 3신계에 대응하며 여기에 여섯 명의 공주, 즉 (1) 메리타텐, (2) 메케트아텐, (3) 앙케센파아텐, (4) 네페르네페루아텐-타셰리트(Neferneferuaten-tasherit), (5) 네페르네페루레(Neferneferure), (6) 세테펜레(Setepenre)를 포함시킬 경우 헬리오폴리스의 9주신이 지상에 구현된다.

성된 귀족 저택의 정원이나 실내에 마련된 예배실에 안치된 의례용 비석, 귀족 분묘의 저부조低浮彫 등 아마르나 시대에 제작된 거의 모든 조형예술에 등장한다. 이들이 묘사된 장면은 유형별로 (1) 태양원반이 발산하는, 그 끝에 사람의 손이 달린 형태의 광선이 왕·왕비(혹은 카르투슈 안에 쓰인 왕·왕비의 이름)와 그 가족을 어루만지거나 ☥ "생명"을 나누어 주는 장면,[●] (2) 아켄아텐이 홀로 혹은 네페르티티와 함께 향, 봉헌물, 마아트 등을 아텐에게 바치거나 두 손을 들어 찬미하는 장면, (3) 신전과 궁전을 잇는 약 30미터 길이의 포장도로인 왕도(Royal Road)를 왕과 왕비가 전차를 타고 이동하는 장면,[●●] (4) 왕과 그 가족이 왕궁 앞 광장에 모인 군중 앞에서 고위 관리를 포상하기 위해 (마치 지평선에 떠오르는 태양처럼) '알현의 창'(Window of Appearance)이라고 불린 창문으로 등장하는 장면 등으로 분류될 수 있다.

왕과 그의 가족이 살아 있는 아텐의 유일한 매개자가 되고, 우주의 창조 행위가 부단히 진행 중인, '지금-여기'로 대변되는 현실에 대한 관심이 증대하면서 신성한 왕권의 상징적·전형적 면모는 왕권의 실재성, 다시 말해 아켄아텐이 행하는 실제 행동으로 대체되었으며, 이 과정에서 기존의 공식화된 왕의 포즈나 역할과는 구

● 사람의 손이 달린 아텐의 태양 광선은 생명뿐만 아니라 "권세"와 "희년제", 즉 즉위 30년 기념 희년제(세드-축제)도 함께 선물한다. 생명, 권세, 희년제는 전통적으로 신이 왕에게 주는 선물이다.

●● 왕과 왕비가 전차를 타고 왕도를 이동하는 장면은 신의 신상을 모신 가마가 지성소를 빠져나와 일반 대중에게 모습을 드러내는 전통적인 축제 기간의 행렬을 대체한다(Freed, 1999: 114).

별되는 구체적이고 생생한 동작, 예컨대 먹고 마시는 동작 혹은 왕의 가족이 서로 포옹하거나, 입을 맞추거나 단란한 한때를 보내는 모습 등이 자연스럽게 묘사되기 시작했다.●

이처럼 종교개혁 이후 신화적 이미지가 억압되고 자신을 가로막는 적과 우주적 대결을 벌이는 인격적·활동적 태양신의 모습이 사라지면서(아마르나의 신학 체계에서 아텐의 일주를 막는 존재는 언급되지 않는다) 선과 악, 빛과 어둠, 정의와 불의, 삶과 죽음 간의 영원한 대결은 단 하나의 창조 원리가 전 우주를 대상으로 자애로운 빛과 온기를 제공하는 '긍정적 우주관'(positive cosmology)으로 대체되었다(Assmann, 1989: 66-67; 1998: 179). 그 결과 우주 질서를 유지하기 위해 협업하는 전통적인 다신교의 모습은 사라지고 삶과 존재는 그 자체로서 근원적인 종교적 의미를 가지게 되었으며, 바로 이런 이유 때문에 아마르나 시대의 예술가들은 시각적 실재로서 왕과 왕실 구성원의 행동을 마치 스냅숏과 같이 포착하려고 노력했다. 이것은 다시 '지금-여기'의 영구화·고착화로 이어졌다. 요컨대, 아마르나 시대의 가장 중심적인 모티프였던 왕과 왕실 가족의 도상은 이들을 매개로 한 아텐의 현현을 통해 창조 행위가 영원히 반복되는 과정을 시각적으로 표현한 것에 불과하다고 할 수 있다.

한편, 왕과 왕의 가족이 예술의 핵심 모티프로 부상했던 아마르나 시대의 예술가에게는 작품의 주제를 자유롭게 선정하는 자유

● 한편, 왕실 구성원의 친밀한 관계 묘사가 아켄아텐이 추구하고자 했던 강압적인 종교개혁과 독선적인 통치 행태를 시각적으로 은폐하는 역할을 했다고 추정하는 견해도 존재한다(Reeves, 2001: 147).

는 없었으나 부차적인 테마, 즉 주변부의 인물 혹은 일상생활의 세세한 모습 등을 선택하고 묘사하는 데는 어느 정도의 자율성을 부여받았던 것으로 추정된다. 일례로 아마르나 시대의 부조에서는 조형예술에 전통적으로 포함되던 농업·어업·가사노동 등과 같은 작업들뿐만 아니라 먹는 모습, 조는 모습, 건축자재를 운반하는 모습, 신전이나 저택에서 대화하는 모습 등이 다채롭게 묘사되었다. 특히 『아텐 대찬가』에 묘사된 장면들이 조형예술에 그대로 재현되었다는 사실 역시 주목할 만하다. 당시 이집트의 장인들은 들판이나 강에서 다양한 동물과 새, 물고기들이 생명을 부여하는 태양빛 아래서 활기차게 뛰노는 모습을 자연스럽고 세밀하게 묘사했는데, 이는 예술이 묘사하고자 하는 대상이 영적이고 일반적인 모티프에서 고유하고 구체적인 모티프로 전환되었음을 시사한다.●

앞서 언급한 것처럼 아마르나 시대의 예술은 말 그대로 '전통 속의 혁명'을 겪었지만,●● 이와 같은 표면적인 자연주의, 즉 '지금-여기'의 실재성에 초점을 맞춘 가시적이고 구체적이며 감각적

● 앞서 인용된 바 있는, 『아텐 대찬가』에서 태양빛 아래 모든 동식물이 뛰노는 모습은 다음과 같다. "나무와 식물이 번성하며, 새들이 그들의 둥지에서 날아오르고, 그들의 날개가 당신의 카를 찬양하노라, 모든 길짐승이 두 발로 껑충거리며, 모든 날고 내려앉는 것들이 사는 것은, 당신께서 그들을 위해 떠오르시기 때문이라 … 강의 물고기들이 당신의 얼굴로 뛰어오르니, 당신의 빛은 바다에(도) 있음이라."(『아텐 대찬가』 5-6열)

●● 예술 원칙의 급격한 변화에도 불구하고 (1) 정면성의 원칙 (2) 기준선(register)의 사용 (3) 인물의 위계적 중요도에 따른 크기의 차이 (4) 전통적인 포즈와 몸짓(예: 겜파아텐의 기둥에 세워진 오시리스의 포즈를 취한 왕) (5) (왕관 앞의 우레우스·목자의 지팡이와 도리깨·이중 관 등과 같은) 왕권의 상징과 왕의 지물(持物) 같은 전통적인 특징은 그대로 유지되었다.

인 일상의 묘사에도 불구하고 왕과 왕실 구성원은 모두 아마르나 시대의 예술의 가장 큰 특징인 과격한 인체 비례에 따라 묘사되었다. 다시 말해, 과거의 이상적인 신체 묘사와 달리 왕과 왕실 구성원의 인체는 예외 없이 "길고 아래로 처진 얼굴 모습, 긴 얼굴과 목, 좁은 어깨, 짧은 상체, 불룩 튀어나온 엉덩이, 거대한 허벅지와 가늘고 근육이 없는 팔다리"로 형상화되었다. 특히 아켄아텐의 경우, 성기가 2차원 부조에서뿐만 아니라 3차원 조각상에서도 전혀 묘사되지 않는다.● 한때 이와 같은 인물 묘사는 왕이 가지고 있던 신체적 결함을 가감 없이 묘사한 것으로 여겨지기도 했으나●● 오늘

● 전통적으로 왕과 귀족들은 속이 비치지 않은 요의를 입는다. 따라서 요의를 입은 모습으로 묘사된 왕의 이미지에서 성기가 표현되지 않는 것은 일견 당연하다. 그러나 부조나 조각상 대다수에 묘사된 아켄아텐의 경우 요의 안의 넓적다리가 분명하게 묘사되어 있으나, 넓적다리 사이를 묘사하는 선은 항상 성기 부분을 지나 접힌 배로 바로 이어진다. 반투명 요의 안의 몸의 굴곡이 상세하게 묘사된 것을 고려할 때, 아마르나 시대의 부조에서 왕의 성기가 묘사되지 않는 것은 의도적인 것으로 판단된다. 다시 말해, 아켄아텐은 남신과 여신의 생식력을 모두 갖춘 창조주와 마찬가지로 스스로를 남성적·여성적 창조 원리를 두루 체현한 양성구유적 존재로 표현하고자 했던 것으로 보인다.

●● 아마르나 시대의 급진적인 인체 비례의 변화를 설명하는 근거로서 거론되는 신체적 결함 혹은 질병에는 시상하부 종양 등 시상하부 영역의 장애로 비만과 성기 발육부전 등을 주요 증세로 하는 유전병인 프뢸리히 증후군(Froelich's Syndrome)과 근골격계, 심혈관계, 눈에 심각한 장애를 초래할 수 있는 선천성 유전병인 마르판 증후군(Marfan's Syndrome)이 있다. 프뢸리히 증후군은 대퇴부·둔부·하복부·안면 등에 지방이 침착하여 남성이 여성형 체형을 보이며 사춘기 이후에도 2차 성징이 발현되지 않아 무모증·성기 위축·불임 등과 같은 장애가 발생한다. 이와 같은 특징은 아켄아텐이 아마르나 시대의 예술 작품에서 과거의 파라오들이 추구했던 우아하고 강인한 이상적인 왕의 모습 대신 남녀의 특징을 모두 갖춘 양성구유적인 모습으로 묘사되는 이유로 제시된 바 있다. 그러나 프뢸리히 증후군 환자가 불임으로 인해 2세를 가질 수 없는데 반해, 아켄아텐에게는 앞서 언급한 것과 같이 여섯 딸이 있었으며, 후궁인 키야(Kiya) 사이

날에는 왕을 비롯한 왕실 구성원들을 다른 일반인들과 구별하기 위한 예술적 장치로 보는 견해가 더 우세하다.● 실제로 아켄아텐

에는 아들 투탕카멘이 있었다. 따라서 아켄아텐이 프뢸리히 증후군 환자라는 가설은 현재 받아들여지지 않고 있다. 한편, 마르판 증후군 환자는 골격계의 이상에 의해 몸이 마르고 키가 매우 크며 몸에 비해 팔다리가 비정상적으로 긴 특징을 가지고 있으며, 이와 함께 좁고 긴 얼굴, 매우 가늘고 긴 손가락과 발가락, 흉곽 기형 등의 증상을 보이는데, 이러한 외관은 아마르나 시대의 예술 작품에 묘사된 아켄아텐과 왕실 가족들의 이미지와 대체적으로 일치한다. 아울러 마르판 증후군 환자의 경우, 정상인과 비교하여 지적·성적 능력이 크게 저하되지도 않는다. 그러나 2010년 아켄아텐의 친자인 투탕카멘의 미라에 대한 유전자 검사 결과 마르판 증후군 음성으로 판정됨에 따라 아켄아텐이 마르판 증후군 환자였을 것이라는 추정 역시 근거가 없는 것으로 밝혀졌다. 2012년에는 아켄아텐이 측두엽간질(TLE: temporal lobe epilepsy) 때문에 일찍 사망했을 것이라는 주장이 새롭게 제기되었다. 측두엽간질은 뇌의 옆부분에서 간질이 발생하는 것을 말하는데, 경련발작과 함께 초월적 황홀경이나 영적 환영, 계시 같은 격렬한 종교체험도 동반하는 것으로 알려져 있으며, 따라서 일부 아켄아텐의 과격한 종교개혁의 이유를 설명해 줄 수 있다. 근대 문학작품에서 간질, 즉 뇌전증 환자가 종교적 환각을 경험하는 대표적인 사례로는 러시아의 소설가 표도르 도스토옙스키(Фёдор Михайлович Достоевский, 1821-1881년)의 『백치』(Идіотъ)에 등장하는 미슈킨 공작을 들 수 있다. 한편, 비잔틴제국 시대의 역사가 테오파니스(Θεοφάνης Ὁμολογητής, 750-818년)는 알라의 선지자 무함마드(مُحَمَّد اَبْن عَبْد الله, 517-632년)가 자주 뇌전증 발작을 일으켰다고 주장했다. 그러나 현재로서는 미라에 대한 유전자 검사 등으로 측두엽간질 여부를 판단할 방법이 없으므로 아켄아텐이 측두엽간질 환자였다는 주장은 당분간 검증될 수 없는 가설로 남을 수밖에 없을 것으로 보인다.

● 전통적 신체 묘사에서 크게 벗어난 이와 같은 '매력 없고 추한 형상'(unprepossessing, ugly features)을 새로운 왕권의 개념 표현, 그리고 새로운 신앙체계를 철저히 추구하려는 의지로 보는 관점에서는, 과거에는 이와 같이 비정상적인 인체 묘사가 '비정상적인 것의 표현', 즉 외국인, 목부, 노인, 강한 인상을 가진 사람 등과 같이 '정상'이라는 범주 밖에 존재했던 '개성 있는 사람들'을 묘사하기 위해 사용되었으며, 따라서 여전히 전통적인 예술 규범에 익숙했던 당대 이집트인들에게 왕과 왕비를 비롯한 왕실 인물들의 과장된 인체 표현은 이들이 자신들과는 완전히 다른 존재라는 것을 새삼 환기시켰을 것이다(Arnold, 1996: 19-20). 한편, 과장된 인체 비례가 등장인물 간의 정치적·종교적 위계를 표현하는 시각적 수단으로 활

통치 말기로 갈수록 초기의 왕은 전통적인 예술 원리에 근접한 '정상적인' 모습을 되찾는다.

용된 예는 근대 회화에서도 발견된다. 흔히 매너리즘 양식의 거두로 알려진 그리스 태생 에스파냐 화가 엘 그레코(El Greco, 1541-1614년)의 작품, 특히 1586-1588년에 제작된 「오르가즈 백작의 매장」(El Entierro del Conde de Orgaz)을 보면 지상의 인물들보다 천상의 인물들이 훨씬 길쭉하게 그려져 있는데, 이와 같은 왜곡된 인체 비례는 상이한 두 공간에 위치한 인물들—즉 성자와 망자, 그리고 지상의 인간들—의 서로 다른 위상을 시각적으로 차별화하기 위한 장치다.

아텐의 황혼
: 아마르나 시대의 종말

기원전 1336년 아켄아텐 사후 그가 주도했던 '종교혁명'은 실패로 끝났다. 아텐을 중심으로 한 아마르나 신학 체계에서 아텐은 일상이 지배하는 세계에 생명을 부여하는 태양 광선이 발산되는 '매개자'이며, 왕은 아텐에 의해 구현되는 우주의 현상과 의미를 인간세계에 구현시키는 '매개자'였다.● 따라서 아마르나 시대의 위계질서는 '(만물의 근원인) 빛 → 아텐 → (유일한 매개자로서의) 왕 → 이집트'로 도식화될 수 있다. 그러나 지상의 유일한 '매개자'인 왕이 사라짐으로써 우주의 근원인 빛 = 아텐과 이집트 사이의 '회로' 역시 단절되고 말았다. 이제 신성과 접촉할 수 있는 유일한 길은 과거의 전통적인 신앙과 신화 체계로 복귀하는 길밖에 없었다.

치세 말엽 아켄아텐은 네페르네페루아텐을 자신의 공동통치

● 아울러 왕과 왕실 구성원이 그려지거나 새겨진 석비를 비롯한 조형예술 작품들은 아마르나 신학의 교리를 표현한 '종교적 아이콘'으로서 아텐과 왕의 존재를 일반 신도들을 위해 구현하는 또 다른 '매개물'이 된다. 이들은 일반 가정에서 전통적으로 숭배되던 조상신을 대체했으며, 저 멀리 홀로 존재하는 최고신 아텐을 대신하여 신적인 세계와 인간계 간의 가시적이고 현존하며 실제적인 매개자 역할을 수행했다.

자이자 여왕으로 승격시켰는데, 이 여인이 누구인지는 정확하게 밝혀지지 않고 있다. 일부 학자들은 네페르네페루아텐이 네페르티티일 것으로 생각하지만 학자에 따라 그의 첫째 딸 메리타텐 혹은 동일한 이름을 가진 넷째 딸로 보는 견해도 있다. 그녀의 통치 기간은 약 3년 정도였던 것으로 추정된다. 아켄아텐이 역사의 무대에서 사라진 후 왕위를 계승한 인물은 아켄아텐의 딸과 결혼한 스멘크카레(Smenkhkare, 기원전 1338-1336년)였다. 스멘크카레 역시 그 정체가 정확하게 밝혀지지 않았는데 아켄아텐의 남동생일 가능성이 높다. 스멘크카레의 짧은 통치 이후 왕위에 오른 인물이 바로 투탕카멘(Tutankhamun, 기원전 1336-1327년)이다.

투탕카멘이 왕위에 올랐을 때 그의 이름은 투탕카텐(Tutankhaten)이었으며 이복 누나이자 아켄아텐의 셋째 딸인 앙케센파아텐과 결혼했다. 그러나 재위 3년 '소년 왕'은 아텐의 성도인 아케트-아텐을 버리고 아문 신을 중심으로 한 기존의 다신교 체제로 회귀하기로 결정하는데, 이때 왕과 왕비의 이름 역시 투탕카멘과 앙케센아문(Ankhesenamun)으로 교체했다.● 사실 기존의 다신교 체제로 복귀하려는 움직임은 네페르네페루아텐 치세 때부터 이미 시도되었던 것으로 추정되지만 본격적인 회귀는 투탕카멘 치세에 이루어졌다.

투탕카멘은 폐쇄되었던 신전들을 다시 복구하고 아문 신관단을 비롯한 기존의 신관들의 지위를 복원해 주었다. 투탕카멘이 후

● 투탕카멘의 원래 이름 투탕카텐은 "태양원반의 살아 있는 형상"이라는 뜻이며 왕비의 원래 이름 "앙케센파아텐"은 "태양원반을 위해 그녀는 살 것이다"라는 뜻이다. 따라서 아문 신앙으로 회귀하면서 교체된 이름 투탕카멘은 "아문의 살아 있는 형상", "앙케센아문"은 "아문을 위해 그녀는 살 것이다"가 된다.

계자 없이 사망하자 그 뒤를 이어 왕이 된 인물은 군을 장악하고 있던 장군 호렘헵(Haremhab, 기원전 1323-1295년)이었다. 제18왕조의 마지막 파라오였던 호렘헵은 아켄아텐의 종교개혁에 대해 투탕카멘보다 과감한 조치를 취하기 시작했다. 아켄아텐의 치세에 건립된 건축물들과 조형예술 작품들은 대부분 헐리거나 파괴되어 새로운 건물의 건축자재로 사용되었으며, 아켄아텐에서 투탕카멘까지의 왕의 이름은 후대의 공식적인 기록이나 왕명록(king list)에서 삭제되었다.[●] 그 결과 제19왕조 이후에 작성된 왕명록에서는 아멘호텝 3세 다음에 바로 호렘헵이 등장한다. 아울러 아마르나 시대 이후의 서기관들은 불가피하게 아켄아텐이 언급될 필요가 있을 때 아켄아텐을 직접 언급하는 대신  "아케트-아텐의 적"이라는 표현을 사용했다.

● 아켄아텐, 스멘크카레, 투탕카멘 역시 후대의 왕명록에서 삭제되었기 때문에 제5대 카나번 백작 조지 허버트(George Herbert, 1866-1923년) 경의 후원을 받던 영국의 고고학자 하워드 카터(Howard Carter, 1873-1930년)가 1922년 왕가의 계곡에서 그의 왕묘(KV62)를 발견하기 전까지는 그에 대해 알려진 바가 거의 없었다. 한편, 투탕카멘의 왕묘는 일반적으로 전혀 도굴되지 않고 발견된 것으로 알려져 있으나 실제로 고대에 약 두 차례 도굴된 바 있다. 고대 이집트 파라오 중 단 한 차례도 도굴되지 않고 현대에 발견된 무덤은 프랑스의 고고학자 피에르 몬테(Pierre Montet, 1885-1966년)가 1939년 하이집트 타니스에서 발굴한 후기왕조 시대 제21왕조 페수센네스 1세(Pseusennes I, 기원전 1039-991년)의 왕묘가 유일하다.

결론과 요약
: 이단으로 남게 된 이유

아켄아텐의 종교개혁에 대해서는 사료의 부족으로 정확히 파악되지 못한 부분도 많고 현대 학자들의 해석 또한 다양하다. 아켄아텐이 무슨 이유에서 기존의 종교적 심성을 완전히 전복시킬 만한 과격한 종교개혁을 시행했는지는 알 수 없다. 그러나 앞서 언급한 것과 같이 그가 초기 히브리인들이 시도했던 것과 유사한 유일신교를 도입하려 했던 것은 아니라는 점은 분명한데, 그가 선택한 신은 초월적인 유일신이 아니라 내재하는 동시에 포괄적이고 보편적이면서 단일한 신적 원리인 빛이었기 때문이다. 아켄아텐의 이런 시도는 어떻게 보면 신왕국 시대 후반부 이집트인들이 초월신 개념을 통해 이룬 지적 성취에서 한발 후퇴한 것이라고 할 수 있다.

그러나 아켄아텐의 종교혁명이 실패하게 된 가장 큰 요인은 그의 종교개혁이 왕에 의해 주도된 일방적인 하향식 조치였으며 왕이 아텐의 유일한 매개자로서 종교를 독점하려 했다는 데 있다. 이와 같은 개혁 정책은 고대 이집트의 개방적인 다신교 체제와는 맞지 않았을 뿐만 아니라 부활과 영생을 중시하는 고대 이집트인들의 내세관과도 충돌할 수밖에 없었다. 아울러 왕과 왕비가 전차를 이용해 왕도를 이동하는 왕실 행차로 지역사회 전체가 참여하는 축제를 대체하려고 한 것과 신왕국 시대 후반기부터 유행하기 시작하던 신탁을 없앤 것 역시 신과의 접점을 끊임없이 넓혀 가던 당시 이집트인들의 반감을 사기에 충분했다. 이런 이유 때문에 아켄아텐의 종교개혁은 계승되지 못하고 폐기되었으며 후대의 이집트인들은 이것을 새로운 각성이 아닌 '이단'으로 받아들였다.●

● 아켄아텐의 종교혁명이 고대 이집트에서는 계승되지 못하고 이단으로 여겨졌지만 이후 모든 유일신교의 시초가 되는 유대교의 산파 역할을 했다는 주장이 있다(Assmann, 1998: 23-54). 이런 주장에 따르면, 전통적인 다신교 체제로 회귀한 제18왕조의 마지막 왕 호렘헵이 아텐 신앙을 탄압하자 아텐 신관들이 하이집트 삼각주 지대로 도피했으며, 이들 중 일부가 왕족의 일원이었던 모세(Moses)를 만나게 되었다. 한편, 당시 하이집트에는 상당수 셈족이 다양한 건축공사에 동원되었는데, 아텐 신관들은 모세를 아텐 신앙으로 개종시키는 동시에 이들 셈족을 규합하여 이집트에서 이단이 되어 버린 종교를 새롭게 뿌리내리고자 했다. 이어 제19왕조의 람세스 2세 재위 중 모세가 이들의 지도자가 되어 『구약성서』 「출애굽기」에 기록된 히브리 민족의 탈출을 인도하고 세계 최초의 유일신교인 유대교의 교리와 율법을 완성했다.

더 들어가기 ⑤

아문 신앙의 종점 : 신정정치

비 온 뒤 땅이 굳는다고 했던가? 아마르나 시대에 잠시 탄압받았던 아문(과 그 신관단)은 투탕카멘이 전통적인 다신교 체제로의 회귀를 결심하면서 이전보다 더 높은 지위와 더 많은 권세를 누리게 되었다. 아문(혹은 그 신관단)은 마침내 실질적으로 상이집트를 다스리는 지배자가 되는데 이 과정을 이해하기 위해서는 우선 '신정정치'라는 개념을 간단히 살펴볼 필요가 있다.

앞서 언급한 것과 같이 신정정치라는 말을 처음 사용한 사람은 로마시대의 유대인 역사가 플라비우스 요세푸스(Flavius Josephus, 37-100년)였다. 그는 이 용어를 이스라엘 민족이 야훼를 왕으로 선택하고 야훼가 이스라엘 백성을 선택하는 계약(Covenant) 관계를 설명하기 위해 사용했다. 그러나 고대 이집트의 신정정치는 왕이 없는 상태에서 신이 그의 의중이 반영된 신탁을 통해 국가를 실질적으로 통치하는 체제를 말한다. 이때 신정정치는 다시 '직접 신정정치'(direct theology)와 '대리 신정정치'(representative theology)로 나뉘는데, 아마르나 종교개혁 시기는 시기적으로 늦은 '직접 선정정치'와 선행하는 '대리 신정정치'의 과도기 역할을 했다.

우선, '대리 신정정치'의 특징은 (1) 파라오가 (태양)신의 아들로서, 지상에 현현한 창조주의 대리자로서 이집트를 다스리며 (2) 이때 왕은 항상 태양신·창조주의 아들(호루스)로 여겨지지만 결코 아툼·아문·프타 등과 같은 창조주의 화신으로 생각되지는 않는다는 것이다.

그런데 아켄아텐의 종교개혁은 이와 같은 '대리 신정정치'를 극단적으로 적용하고 '직접 신정정치'의 외피를 도입함으로써 왕권을 강화하려고 했던 사례라 할 수 있다. 아켄아텐은 왕의 이름을 표기하는 데에만 사용되던 카르투슈에 아텐의 이름을 일관되게 표기함으로써 원래 지상의 왕과 후계자 사이에 성립했던 공동통치를 신과 왕의 관계로 확대했으며, 이를 통해 신과 왕 사이의 '대리 신정정치' 체제를 강화했다. 아울러 아문 신을 비롯한 전통적인 신들을 부정함으로써 소위 '일신교 혁명'을 통한 절대군주제를 시도했으며, 이와 동시에 신관단을 해체하고 자신만이 아텐의 유일한 예언자라고 선언함으로써 직접 신정정치를 시도했다. 요컨대 아켄아텐은 대리 신정정치와 직접 신정정치의 과도기 사이에서 절대적 왕권을 수립하고자 했는데, 이는 그만이 아텐의 유일한 예언자인 상황에서 왕을 제외한 인물이 아텐의 뜻을 파악하는 것은 원천적으로 불가능했기 때문에 가능했다(Assmann, 2002: 299-311).

한편, 제18왕조 말기에 다신교 체계가 복원되면서 아문과 그의 신관단은 신왕국 시대 후반기 내내 유례 없는 번영을 누렸다. 그러나 신왕국 시대의 마지막 왕조인 제20왕조의 마지막 파라오 람세스 11세가 사망하면서 이집트는 다시 한번 내분기에 접어들게 되는데, 이 시기가 바로 제3중간기다. 당시 이집트는 다시 남북으로 갈라져 북부 지역에서는 타니스가 제21왕조와 제22왕조의 수도가 되고 남부에서는 테베의 카르낙 대신전을 중심으로 한 신정정치가 본격적으로 시행된다. 남부의 경우, 람세스 11세 치세 19년 헤리호르(Herihor, 기원전 1080-1074년)라는 사람이 아문의 고위 신관과 총리대신, 장군의 지위를 독점하며 종교·행정·군사 부문에서 전권을 행사했다. 헤리호르 이후 테베의 정치적 지배자들은 테베의 주신인 아문의 신탁을 권력 기반으로 삼았으며 신탁에 따라 각종 정치적 결정이나 신관의 임명 등을 단행했다. 이와 같이 제3중간기 이후의 신정정치는, (1) 신관단이 신탁을 통해 국사와 관련한 중요한 결정을 내린다는 점, (2) 신관단이 국정의 전면에 나서지 않으며 세속적인 왕의 자리는 공석으로 남아 있었다는 점, (3) 국정을 주도했던 신관단이 자신들을 명령을 내리는 신·왕의 충복으로 생각했다는 점에서 대리 신정정치와는 구분되는 직접 신정정치 체제였다.

신정정치의 핵심은 신의 의지다. 그렇다면 가장 긴급한 문제는 신의 의지를 파악하는 방법일 것이다. 신의 의지를 파악하기 위해 이집트인들이 채택한 방법은 신탁이었다. 그러나 메소포타미아와는 달리 이집트에는 기본적으로 신탁을 중시하는 문화가 존재하지 않았다. 이집트에 신탁이 처음 도입된 것은 신왕국 시대 이후로 추정되며 꿈의 해몽이나 새점 혹은 바람이나 별로 점을 치는 방법이 광범위하게 도입되기 시작한 것은 람세스 시대 이후로 알려져 있다.

신탁의 경우에도 신의 의지를 영매 등을 통해 말로써 전하는 방식보다는 신상을 모신 가마의 움직임을 보고 파악하는 방식이 사용되었다. 다시 말해, 가마의 앞부분이 올라가는지 아니면 뒷부분이 올라가는지에 따라 신이 특정 질문에 대해 "그렇다" 혹은 "아니다"로 대답한 것으로 해석되었다. 따라서 특정 사안에 대한 신의 응답은 구체적이지 않고, 단답형으로 제한적일 수밖에 없었다. 그런데 신상을 모신 가마가 신전의 지성소 밖을 나서는 경우는 대개 신전 축제 기간으로 국한된다. 따라서 이집트의 신탁은 신전 축제와 밀접한 관련을 맺고 있었다. 신전 축제는 원래 왕이 자신이 다스리는 영역에 모습을 드러내어 자신의 영역을 확인하고 해당 영역에 대해 권력을 행사하던 데에서 비롯되었다. 따라서 신전 축제는 신의 존재를 재확인시키는 재현의례의 성격을 띠고 있었으며, 신탁은 신의 임재(臨在)를 확인하는 의례의 일부로서 진행되었다.

신탁과 관련하여 제21왕조 무렵부터 널리 유행하던 것 중 하나가 바로 '신의 포고령'(oracular decree)이었다. 원래 왕의 명령을 공적인 문서의 형태로 기록한 포고령이 '신의 뜻'을 공표하는 데 사용된 것이다. 신의 포고령은 산 사람과 죽은 사람 모두에게 효력이 있는 것으로 여겨졌다. 산 사람의 경우, 신의 포고령을 부적의 형태로 몸에 지니고 있으면 다른 신의 분노나 불운을 피할 수 있다고 여겼으며, 죽은 사람의 경우 신의 포고령은 일종의 '추천서'로서 내세에서 사자의 안전과 지위를 높일 수 있다고 생각했다. 특히 신의 포고령의 내용이 지상의 왕은 물론 다른 신들의 권능을 훨씬 넘어선다는 점에서 신의 포고령은 신정정치의 핵심이라고 할 수 있는 신의 뜻을 일상 혹은 내세까지 확대 적용한 사례로 볼 수 있다.

테베를 중심으로 한 이집트 남부의 통치 방식으로 자리잡은 직접 신정정치는 제3중간기 이후 고대 이집트 국경 남부 누비아 지역으로 확산되었다. 신왕국 시대 제18왕조 초기 투트모세 1세(Thutmose I, 기원전 1504-1492

년)와 투트모세 3세(Thutmose III, 기원전 1479-1425년)의 대대적인 정복 사업에 힘입어 이집트는 누비아의 제3급류까지 진출했으며 당시 누비아를 지배하던 쿠시 왕조를 복속시켰다. 이때부터 누비아의 이집트화가 진행되었으며 아문 신앙이 누비아 지역에 본격적으로 전파되기 시작했다. 아문 신앙은 특히 누비아를 정복한 이집트 왕들이 누비아의 성지에 아문 신을 위한 신전을 건립하면서 본격적으로 뿌리내리기 시작했다.

투트모세 3세는 누비아 정복 후 상누비아의 수도 나파타 맞은편 동안에 위치한 제벨 바르칼(Gebel Barkal)에 아문을 위한 신전을 건립했는데, 제19왕조의 세티 1세와 람세스 2세가 이후 투트모세 3세의 신전을 개축했다. 제벨 바르칼의 신전 정면에는 사암 절벽이 솟아 있는데, 제18왕조 이후 이 사암 절벽은  "정결한 산"(pure mountain)으로 불렸으며 사암 절벽에서 떨어져 나온 뾰족한 산봉우리는 '레의 눈'(Eye of Re) 혹은 아문의 생식력을 상징하는 천연기념물로 숭배되었다. 한편, 아멘호텝 3세는 상누비아 제3급류 서안에 위치한 솔렙(Soleb)에 카르낙 대신전의 주신인 아문-레와 자신을 신격화한 "넵마아트레, 누비아의 주"(Nebmaat-Re, Lord of Nubia)를 위한 신전을 건설했는데, 솔렙 주변의 도시는 제18왕조 후반부터 이집트의 식민지 쿠시의 주도로 성장했다. 아울러 제19왕조의 람세스 2세는 남부 국경의 바위 절벽이었던 아부심벨(Abu Simbel)에 당시 이집트의 국가신이었던 아문-레, 레-호라크티, 프타와 람세스 2세 자신을 주신으로 한 대신전과, 자신의 대왕비 네페르타리(Nefertari)를 위해 하토르 여신을 주신으로 하는 소신전을 건립함으로써 누비아에 대한 이집트의 패권을 과시했다.

그러나 신왕국 시대 말기(기원전 1070년경) 이집트는 누비아에 대한 통제력을 상실하게 되었으며, 기원전 900년경 누비아 남부의 나파타를 중심으로 쿠시 왕국이 수립되었다. 쿠시 왕국이 수립될 당시 이집트는 이미 누비아에 대한 정치적 영향력을 완전히 상실했다. 하지만 이집트 문화는 누비아 북부를 중심으로 광범위한 영향력을 미쳤으며 아문 신앙 역시 쿠시 왕실의 비호를 받으며 번성했다. 특히 제벨 바르칼에 건립된 아문 신전의 경우 제25왕조의 카쉬타(Kashta, 기원전 767-747년)가 왕권 강화를 위해 신전 근처에 점토질 벽돌로 궁전을 건립했으며, 신전 건물 역시 피예(또는 피안크히)에 의해 복원되었다가 타하르카(Taharqa, 기원전 690-664년)에 의해 증축되었다. 이후 신전은 하이집트 사이스에 기반한 제26왕조의 프삼테크 2세(Psamtek II, 기원전 595-589년)의 침공으로 일부 파괴되었으나 이후에도 누비아 왕권의 상징적 건물로 기능했다.

요컨대 아문 신앙은 나파타를 중심으로 한 쿠시 왕국이 정통성을 확립하고 왕권을 강화하는 데 기여했을 뿐만 아니라 향후 이집트에 대한 누비아의 지배를 정당화하는 데에도 결정적인 역할을 했다. 일부 학자들은 북부 삼각주 지대의 타니스를 중심으로 한 제22왕조와 레온토폴리스(Leontopolis)를 중심으로 한 제23왕조 간의 분란 중에 테베의 아문 신관 중 일부가 제벨 바르칼로 이주하여 이집트 본토에서 행해지던 카르낙의 신전의례와 신학적 지식 및 비의를 전수했을 것으로 추정하고 있다. 이와 같은 이집트 문화의 이식은 이후 쿠시 왕국의 왕들이 스스로를 본토 이집트인에 못지않은 아문 신앙을 바탕으로 자신들을 이집트의 유일한 계승자로 여기게 만들었다.

누비아에 이식된 아문 신앙 역시 아문 신의 의지가 누비아 왕들의 주요 정책, 특히 이집트 정복 전쟁을 정당화시켜 준다는 점에서 '직접 신정정치'의 형태를 띤다. 누비아의 왕들이 아문 신의 의지에 따라 정복 전쟁을 전개한 대표적인 예로는 피예와 타누타마니(Tanutamani, 기원전 664-656년)의 이집트 침공을 들 수 있다.

우선, 앞서 언급된 바와 같이 북으로 진격하여 리비아의 반란을 제압한 피예는 자신의 승리가 아문 신의 뜻에 의한 것임을 전승비를 통해 선포했다(그림 9-3).

『피예 전승비』(JdE 48862+47086-47089, 67-69)

그대[님로트]는 신[아문]의 그림자가 짐 위에 드리워져 있다는 것을 모르는가? 신께서는 짐의 과업을 좌절시키시지 않느니라. 혹여 짐이 알지 못하는 다른 신께서 그렇게 하실지라도 나는 그 때문에 (그) 신을 책망하지 않으리라.● 짐은 그의 몸에서 탄생했으며 신성한 알 속에서 발현했느니, 신

● 님로트(Nimlot)는 테프나크트 진영에 속했던 리비아 부족장 중 한 명이

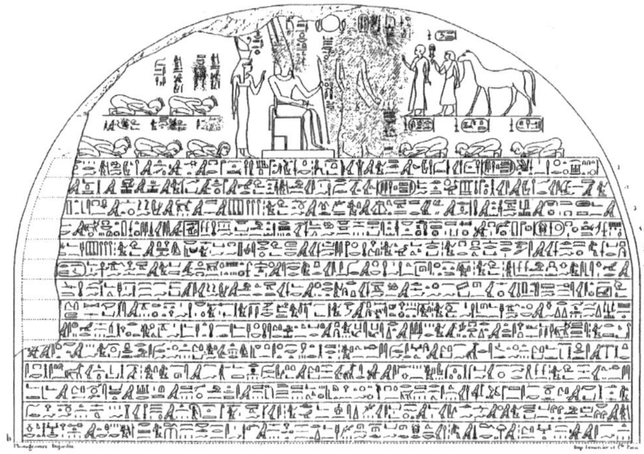

[그림 9-3] 『피예 전승비』 상단(JdE 48862+47086-47089)

석비 상단의 반원 모양(lunette)의 중앙에는 오른쪽에서 왼쪽으로 피예·아문·무트가 묘사되어 있다. 피예의 형상은 후기왕조 시대 리비아 계열의 제26왕조 왕들에 의해 훼손되었다. 피예 뒤로는 테베의 주신인 아문이 앉아 있고, 그 뒤로는 무트 여신이 서 있다. 피예 앞에는 리비아 부족장들을 대표하여 님로트와 그의 아내가 피예가 언제나 강한 애정을 보인 말과 함께 서 있다. 그의 발 아래와 무트 여신 뒤에는 이집트 북부의 권력을 분점하고 있던 리비아의 부족장들이 피예에게 복종한다는 의미로 땅에 엎드려 경의를 표하고 있다.

다. 『피예 전승비』(Victory Stela of Piye)에서 그는 그의 부인과 말 한 마리와 함께 피예에게 자비를 구하는 모습으로 묘사된다(그림 9-3). 당시 헤르모폴리스를 다스리고 있던 님로트는 테프나크트를 대신하여 피예에게 항복했다. 한편, "혹여 짐이 알지 못하는 다른 신께서 그렇게 하실지라도 나는 그 때문에 (그) 신을 책망하지 않으리라"라는 말은 자신이 알지 못하는 신이 자신의 과업을 방해하더라도 원망하지 않겠다는 의미인데, 이는 일종의 반어법으로 그 어떤 신도 자신의 과업을 방해하거나 좌절시킬 리 없다는 강한 확신을 표현한 것이다.

의 씨가 짐 안에 있노라. 신의 카가 영속하는 한, 나는 그가 모르시게 행동하지 않을 것이니 짐에게 행하라 명하시는 이가 바로 그이시기 때문이라.

전승비에서 피예는 자신을 아문 신의 아들이자 이집트 전역을 지배할 적법한 왕으로 칭하며 자신의 과업 혹은 의지가 바로 신의 뜻이라고 밝히고 있다. 리비아 연합군의 남진을 막은 피예는 리비아 제후들의 권력 분점을 허용했으나 그의 후계자인 타하르카를 비롯한 누비아 출신 왕들은 자신만이 아문 신의 비호를 받는 유일한 통치자라는 생각으로 이집트의 통일을 달성했다.

한편, 기원전 664년 타하르카 사후 이집트는 아시리아의 침공을 받게 되고 누비아의 왕들은 이집트에 대한 장악력을 상실한 채 쿠시로 물러나고 말았다. 그러나 타하르카의 후임자인 타누타마니는 아시리아로부터 이집트를 탈환하겠다는 야심을 가지고 있었는데 이집트 재탈환의 의지는 다시 한번 아문의 의지로 표현된다. 타누타마니는 자신이 꾼 꿈을 다음과 같이 기록했다.

『타누타마니의 현몽 석비』(JdE 48863, 3-6)

왕으로 대관식을 치르신 치세 1년 (…) 폐하[타누타마니]께서 밤에 꿈을 꾸시매 두 마리 뱀이 하나는 오른쪽에서 다른 하나는 왼쪽에서 나타났다. 폐하께서 잠에서 깨시니 그들을 찾지 못하셨다. 폐하께서 이르시기를, "이것이 무슨 연고로 내게 나타났는가" 하시니 그들이 그에게 대답하여 이르기를, "남부는 (이미) 폐하의 것이옵니다. (이제) 북부 또한 취하소서. 두 여신께서 폐하의 이마에서 빛나시니 그 땅이 종횡(縱橫)으로 폐하께 주어졌사옵니다. 그 누구도 그것을 폐하와 나누지 못할 것이옵니다.

타누타마니는 이 꿈을 이집트를 취하라는 아문 신의 명령으로 여기고 아시리아의 지배를 받는 이집트로 진격했다. 그는 피예와 마찬가지로 아문 신의 충직한 최고위 신관임을 자임했으며 이집트의 신관단에게 열광적인 환영을 받았다. 타누타마니는 하이집트가 시작되는 멤피스까지 거침 없이 진격했으며 아시리아의 지배를 받던 리비아의 실권자 네카우 1세(Nekau I, 기원전 672-664년)를 물리쳤다. 성공적인 전과에 고무된 타누타마니는 아문 신의 현몽이 현실에서 이루어졌다고 생각했다. "폐하께서 말씀하시기를, '보라, 꿈은 진짜였다.'"(JdE 48863, 7)

『타누타마니의 현몽 석비』(JdE 48863, 29-30)

> 내[타누타마니] 주께서 나와 함께 계시니 이 지고하신 신, 아문-레, 두 땅의 왕좌의 주, 정결한 산[제벨 바르칼]에 거하시는 이, 위대한 신, 명성이 자자한 베푸시는 이, 그가 사랑하시는 이들을 돌보시고, 그의 물 위에 있는[그에게 충실한] 이들에게 힘을 주시는 이, 그의 조언을 따르는 자는 정도를 이탈하지 않고, 그의 인도를 받는 자는 길을 잃지 않으니.

그러나 현실은 그의 생각과 달랐다. 기원전 667년 아시리아 제국의 아슈르바니팔(Ashurbanipal, 기원전 668-627년)이 이집트를 침공했을 때 누비아 군은 대패하여 쿠시로 후퇴해야 했고 두 번 다시 이집트 땅을 밟지 못했다. 이와 같은 패배는 자신들을 아문의 적법한 후계자로 생각했던 누비아의 왕들에게는 엄청난 충격이었다. 타누타마니의 패배 이후 아문의 의지에 근거한 직접 신정정치는 이집트나 누비아에서 더 이상 등장하지 않게 되었고, 제26왕조(기원전 664-525년)부터는 신의 의지에 근거한 '성전'의 개념은 완전히 종적을 감추게 되었다.

X

초월적 창조주의 출현

'숨겨진 자'
아문의 정체

신왕국 시대로 접어들면서 최고신을 중심으로 한 단일신교 개념이 등장하기 시작했다는 사실을 앞에서 살펴본 바 있다(7장 참조). 아텐과 같이 소위 '종교개혁' 시대에 배타적으로 숭배되었던 신이 아니더라도 신왕국 시대의 최고신은 태양신이었다(Assmann, 2001: 201-208). 그리고 이 태양신은 신왕국 시대부터 테베의 주신이자 국가신 중 하나였던 아문과 습합하여 아문-레라는 최고신이 되었다. 여기서 아문은 습합된 두 신의 본질을, 태양신 레는 그의 가시적 현현을 각각 대표하는데, 이처럼 아문-레는 습합을 통해 아문과 태양신의 권능을 아우르면서 동시에 넘어서는 새로운 신이었다. 「헬리오폴리스 창세신화」에서 살펴본 것과 같이 태양신은 명실상부한 원발자-창조주이며 창조 이후 마아트라는 신성한 법칙에 따라 우주를 지배하는 창조주-지배자였다. 그렇다면 아문-레의 본질이라 할 수 있는 아문은 도대체 어떤 신이었을까?

아문은 고왕국 시대에 출현한 『피라미드 텍스트』에 언급될 정도로 오랜 역사를 가진 신이며, 동시에 「헤르모폴리스 창세신화」에서는 '아문-아마우네트'(Amun-Amaunet) 조합으로 태초의 대양이 내포한 파악할 수 없는 신비한 속성을 상징하는, 창조 이전부터 자재하던 신이었다. 그러나 이와 같은 과거의 속성에서 탈피하여 자신만의 고유한 신격이 정립되기 시작한 것은 테베 출신의 파라오들이 제1중간기의 내분을 수습하고 이집트를 재통일한 중왕국 시대 제11왕조와 제12왕조부터다. 이때부터는 아문의 '숨겨진 속성' 혹은 '보이지 않는 속성'이 강조되기 시작했다. 이어 신왕국 시대 제18왕조에 이르러 아문은 국가신의 지위에 오르며 마침내 테베를 중심으로 한 창세 서사의 주인공이 된다. 소위 「테베 창세신화」(Theban Cosmology)의 등장이다.

고대 이집트어로 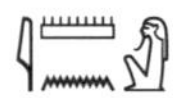 (보다 정확하게는 ) "아문"은 "숨겨진 이"(hidden)를 의미한다. 다시 말해, 대기의 신 슈처럼 항상 자연현상 속에 내재하는 다른 신들과는 달리 그는 창조된 세상으로부터 '숨겨져' 있는 존재인 것이다. 아울러 창조주로서 그는 자재하는 신이어야 했으며, 따라서 자신의 씨를 자신의 몸과 섞어 스스로 알을 만들고 그 알에서 멤피스 신화에서 최초의 땅으로 알려진 타체넨으로 태어난다. (이로써 테베의 주신 아문은 헬리오폴리스의 태양신과 멤피스의 주신인 프타-타체넨의 신격을 모두 흡수하게 된다.) 태초의 대양에서 솟아난 최초의 대지 타체넨의 형상을 한 아문은 이어 자신의 도시인 테베에서 다른 신들과 온 우주를 창조하며 시간의 주로서 창조주-지배자가 된다. 창조주 아문의 속성은 남성의 생식력과 다산을 상징하는 숫양(학명: *Ovis platyura aegyptiaca*)으로 상징되며● 곧게 뻗은

● '아문의 숫양'은 엘레판티네의 주신인 크눔을 묘사하는 데 사용된  "숫양"(학명: *Ovis longipes palaeoaegypticus*. Gardiner, 1957: 459, E10)과는 다른 종이다. '아문의 숫양'은 안쪽으로 둥글게 말리는 뿔을 하고 있는 반면, '크눔의 숫양'은 양옆으로 길게 뻗어나가는 뿔을 하고 있다. 아울러 아문은 '아문의 숫양'

[그림 10-1] 카르낙 신전 벽면에 묘사된 테베의 3주신

신왕국 시대 제19왕조 람세스 2세의 장제전인 라메세움(Ramesseum) 벽면에 새겨진 아문·무트·콘수 성가족. 아문은 한 쌍의 깃털 모자를 쓰고 왕좌에 앉아 있는 모습으로, 그의 아내 무트 여신은 '태양신의 딸' 중 하나로 여겨져 사자 머리를 한 여성의 모습으로 각각 묘사되어 있다. 한편, 이들의 아들인 달의 신 콘수는 머리에 초승달과 보름달을 이고 있으며 미성년임을 나타내는 옆댕기를 하고 있다. 콘수의 몸은 멤피스의 주신 프타와 동일하게 미라 모습을 하고 손에는 지팡이 등의 지물을 쥐고 있는 모습을 하고 있다.

깃털 두 개와 태양원반이 부착된 관을 쓴 하늘색 피부의 남성으로 표상된다. (그러나 숫양의 머리를 한 신으로는 표상되지 않는다.) 깃털과 하늘색 피부는 아문의 신격을 슈와 같은 대기의 신과 하늘신으로 시각화하고자 한 노력의 산물이라 할 수 있다(Sethe, 1929: 90-102).

「오시리스 신화」에서 오시리스-이시스-호루스가 성가족 3신

머리를 한 신으로는 표상되지 않지만, 크눔은 대개 '크눔의 숫양' 머리를 한 모습으로 시각화된다.

계를 구성하는 것처럼 아문 역시 아내 무트와 결합하여 아들 콘수를 낳는다(그림 10-1 참조). 테베의 3신계인 아문-무트-콘수의 구성을 살펴보면, "어머니"를 의미하는 무트 여신으로 대표되는 여성성을 매개로 태양신의 신격(아문-레)을 가진 태양신 아문과 "일주자"(courser)라는 의미를 가진 달의 신 '콘수'가 부자 관계로 고착된다(Roberts, 1995: 75). 콘수는 달의 신답게 머리 위에 초승달과 보름달을 이고 있으며, 고대 이집트 어린이의 특징인 옆댕기를 한 모습으로 묘사된다. 또한 콘수는 부왕과 왕비 사이에서 탄생한 적법한 왕권 계승자로 묘사되는데, 특히 그리스·로마 지배기부터는 '신들의 왕'인 아문의 신격을 반영하여 '어린이(신) 콘수, 위대한 신, 아문의 장자, 모든 어린이(신)의 왕'으로 숭배된다.

아문의 성도, 테베 : 남부의 헬리오폴리스

아문의 신성한 도시이자 우주의 탄생지인 테베는 '권세'의 여성형인(고대 이집트어에서 지명은 여성명사였다) 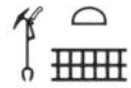 "권세의 도시/여신"이었고, 이 도시의 주신인 아문은 최고신으로서 '신들의 왕'으로 불렸으며, 이를 통해 명실상부한 παντοκράτορ "만물의 지배자"(pantocrator), 즉 '창조주-지배자'의 지위를 차지하게 되었다.● '신들의 왕'으로서 아문-레는 또한  "두 땅의 왕좌(들)의 주"로서 신성한 왕권의 원천으로 여겨졌다.●● 이집트 전역에 아문 신을 모신 여러 신전이 있었지만 가장 중요한 신전은  "성소聖所 중의 성소"(Most Select of Places), 즉 '카르낙' 대신전이었는데, 아마도 중왕국 시대부터 파라오의 대관식이 카르낙 신전에서 거행되었을 것으로

● 여기서 "권세의 도시/여신"을 표기하는 데 사용된 성각문자(Gardiner, 1957, 503, R19)는 "권세"를 의미하는 성각문자(Gardiner, 1957, 509, S40)에 깃털이 부착된 모양인데, 여기서 깃털은 보이지는 않지만 분명히 존재하는 신성을 상징한다. 깃털은 또한 이중 깃털관을 쓴 모습으로 묘사되는 천신으로서의 아문과 조응한다.

●● 한편, '아문-레, 신들의 왕'의 이집트식 발음인 '이멘-라-네수-네체루'에서 Ἀμονρασονθήρ "아몬라손테르"(Amonrasonther)라는 그리스어 호칭이 파생되었다.

추정된다. 카르낙 대신전에서 즉위식을 가진 파라오들은 카르낙 대신전을 보다 웅장하고 아름답게 만드는 데 인력과 재원을 아끼지 않았다. 수백 년에 걸친 증축·개축·보수를 통해 카르낙 대신전은 이집트에서 가장 크고 장대한 신전이 되었을 뿐 아니라 이집트라는 신국 자체를 상징하는 성지가 되었다.

한편, 고대 이집트인들은 카르낙 대신전, 즉 "이펫-수트"에 여성 정관사  "타"를 붙여 "타 이펫-수트"라고 불렀는데, 일설에 따르면 이 지명을 들은 그리스인들은 그 발음이 자신들의 Θῆβαι "테바이"(Thebes)와 유사하다고 해서 이 지역을 테베라고 부르기 시작했다고 한다. 일단 테베가 이집트의 도시를 칭하는 지명이 되자 그리스인들은 이집트의 테베는 Θῆβαι ἑκατόμπυλοι "테바이 헤카톰퓔로이", 즉 "100개 문을 가진 테베"로, 그리스의 테베는 Θῆβαι ἑπτάπυλοι "테바이 헵타퓔로이", 즉 "일곱 성문을 가진 테베"로 각각 구분했다. 호메로스(Ὅμηρος, 기원전 750년경)의 『일리아스』(Ἰλιάς)에서는 그리스인들에게 강력하고 부유한 도시로 알려진 이집트의 테베를 다음과 같이 묘사한다. "집집마다 보물이 가득 차 있고 100개의 성문이 있어 그 문마다 200명의 전사들이 말과 전차와 함께 달려 나온다는 아이귑토스의 테바이로 들어가는 모든 것을 준다 해도, (…)"(IX, 380-385) 또한, 아문이 고대 그리스 만신전의 최고신 Ζεύς "제우스"(Zeus)와 동일시되면서 테베는 Διόσπολις Μεγάλη "디오스폴리스 메갈레" 혹은 *Diospolis Magna* "디오스폴리스 마그나", 즉 "제우스의 큰 도시"로 불렸다.

이집트의 테베는 다른 한편으로는  "남부의 헬리오폴리스"(Southern Heliopolis)로 불렸는데, 이는 아문-레의 신격을 반영

한 것인 동시에 새로운 종교 중심지로 떠오른 테베를 오랜 역사를 가진 헬리오폴리스와 같은 반열에 올리기 위한 테베 신관들의 시도로 볼 수 있다. 테베의 또 다른 별칭은 일반명사인 "도시"였는데, 이것은 마치 미국의 뉴욕시가 뉴욕주를 비롯한 미국 동부 지역에서 'The City' 혹은 *Caput Mundi* "세계의 수도"(Capital of the World)로 불리는 것과 유사한 현상이라 할 수 있다. 한편, 이 별칭은 성경에서 נֹא "노"(No)라는 지명으로 사용되었다.●

● 지명 "노"와 관련하여 『구약성서』「에제키엘」에 언급된 예를 들면 다음과 같다. "나는 바드로스[파 타-레시 = פַּתְרוֹס = Pathros: 이집트 남부]를 쑥밭으로 만들고 소안[= צֹעַן = Zoan: 타니스(?)]에 불을 놓고 노에 벌을 내리리라. 이집트의 성채인 신[CIN = סִין = Sin: 펠루시움(?)]에 화풀이를 하고, 노의 무리들을 멸절시키리라. 내가 이집트에 불을 놓으리라. 신의 성채들은 몸부림을 치고 노는 적에게 뚫리고 멤피스는 대낮에 함락되리라. 온/아웬[= אָוֶן = On: 헬리오폴리스]과 비베셋[부-바스테트 = פִּי-בֶסֶת = Pi-beseth: 부바스티스]에서 정병들은 칼에 맞아 쓰러지고, 주민들은 사로잡혀 가리라."(「에제키엘」, 30:14-17)

초월하는 최고신
: 창조주의 완결된 형태

「헬리오폴리스 창세신화」와 『멤피스 창세신화』는 서로 다른 창조 과정을 제시하고 있지만 한 가지 공통점이 있다. 두 창세신화의 창조주들은 모두 세상의 일부, 다시 말해 내재적인 속성을 가진 편재하는 존재라는 점이다. 「헬리오폴리스 창세신화」의 아툼은 9신계로 대표되는 원발자의 물리적 분화·발현을 상징하며, 『멤피스 창세신화』의 프타는 인식·발화를 통해 그 분화와 발현이 실현될 수 있는 추상적 매개자의 역할을 한다. 한편, 헤르모폴리스 8신계의 신들은 창조와 직접적인 연관은 없지만 창조 이전의 잠재태이자 창조적 질료인 태초의 대양을 구성하며 우주 내부에 존재한다는 점, 다시 말해 세상에 내재 혹은 편재하는 존재들이라는 점에서 이들의 속성은 아툼·프타와 동일하다.

그러나 아문은 항상 자연현상 속에 내재하는 다른 신들과는 달리 그는 창조된 세상으로부터 '숨겨져' 있으며 따라서 우주와 동떨어진 초월적 존재다. 아문의 이와 같은 속성은 신왕국 시대부터 등장하는 그의 호칭 중 하나인 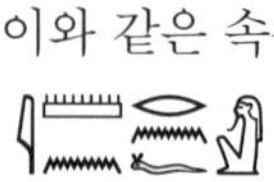 "그의 이름[정체]이 숨겨진 이"를 통해서도 드러난다. 그러나 아문의 초월적인 신격을 가장 잘 보여 주는 문서는 신왕국 시대 제19왕조 람세스 2세 치세 무렵에 창작된 것으로 추정되는 『레이던 아문 찬가』(Leiden Hymn to Amun)이다. 현재 네덜란드 레이던(Leiden)에 위치한 국립 고고학 박물관(Rijksmuseum van Oudheden)에 소장되어 있는 『레이던 아문 찬가』는 초월자 아문을 다음과 같이 묘사한다.

『레이던 아문 찬가』(*Leiden I* 350, 4. 17−18)

아문, 그는 그들[신들]로부터 숨겨져 있으며 신들로부터 감추어져 있노라.
그의 본성은 아무도 모르니
그는 하늘보다 멀고 두아트보다 깊도다.
어떤 신도 진정한 형상을 모르며
그의 어떤 형상도 글을 통해 드러나지 않았으며
그 누구도 그에 대해 올바르게 증언할 수 없도다.

『레이던 아문 찬가』에 따르면 "그[아문]는 하늘보다 멀고 두아트보다 깊기" 때문에 단순히 인간의 지력으로 파악할 수 없는 존재일 뿐만 아니라 창조된 세계의 일부인 신들조차도 파악할 수 없는 진정으로 "숨겨진" 초월적 존재다.●

● 아문의 이와 같은 초월적 신격은 『구약성서』「시편」 139편의 묘사와 비교해 볼 만하다. "이 깨달음이 내게는 너무 놀랍고 너무 높아서, 내가 감히 측량할 수조차 없습니다. 내가 주님의 영을 피해서 어디로 가며, 주심의 얼굴을 피해서 어디로 도망치겠습니까? 내가 하늘로 올라가더라도 주님께서는 거기 계시고, 스올에다 자리를 펴더라도 주님은 거기에도 계십니다. 내가 저 동녘 너머로 날아가거나, 바다 끝 서쪽으로 가서 거기에 머무를지라도, 거기에도 주님의 손이 나를 인도하여 주시고, 주심의 오른손이 나를 힘 있게 붙들어 주십니다."(「시편」, 139:6−

[그림 10-2] 아부심벨 대신전 지성소에 모셔진 아문·프타·태양신

신왕국 시대 제19왕조 람세스 2세가 남부 국경지대 아부심벨에 건립한 대신전 지성소에 모셔진 신들. 오른쪽에서부터 프타, 아문, 람세스 2세, 태양신(레-호라크티)이다. 남부 국경과 누비아 지역에서 현인신으로 숭배되었던 람세스 2세를 제외하고, 프타·아문·태양신은 모두 국가신이며 『레이던 아문 찬가』에서 초월자 아문의 속성을 대변한다. 지성소에는 매년 2월 21일, 22일과 10월 21일, 22일에 약 20분간 태양빛이 지성소까지 일직선으로 비추는데, 창조의 순간 최초로 솟아오른 땅 혹은 지하의 광물을 관장하는 신 프타에게만은 이때에도 태양 광선이 닿지 않게 조성되었다.

인간이나 신이 아문의 본성을 완전히 파악하는 것은 불가능하지만 그가 존재하고 있다는 사실은 창조된 세상이 존재한다는 사실을 통해 의심할 바 없이 확정할 수 있다. 요컨대, 우주로부터 독립적인 존재로서 아문은 『멤피스 창세신화』에서 언급된 "심장을

---

10) 여기서 שְׁאוֹל "스올"(sheol)은 망자가 예외 없이 들어가야 하는 지하 세계 혹은 어두운 구덩이를 의미한다. 과거 한국어로는 음부(陰府)로 번역된 바 있다. 고대 이집트인들과 마찬가지로 『구약성서』 시대의 히브리인들 역시 우주가 천상, 지상, 명계 이렇게 세 부분으로 구성되어 있다고 생각했다.

통해" 세계를 기획하고 "혀를 통해" 그 발현을 명령한, 프타에 선행하고 창조된 세상을 초월하는 진정한 창조주이다. 이와 같은 아문의 신격은 그의 호칭 중 하나인  "앞서 발현하신 이"로 대변된다. 따라서 여다 창세신화에서 창조에 관여하는 다른 신들—예컨대, 헬리오폴리스의 아툼을 비롯한 9신계, 멤피스의 프타-타체넨 그리고 헤르모폴리스의 8신계까지—은 앞에서 언급한 것처럼 모두 아문의 여러 측면이 구현된 존재들일 뿐이다.

이처럼 창조된 세계 밖에 존재하는 초월적인 존재인 동시에 세상에 내재하는 자연현상을 통해 그 존재를 확증할 수 있는 양면적인 존재로서의 아문의 신격은 초월적인 신으로서의 본질(아문)과 자연에 내재한 가장 가시적인 힘인 태양으로서의 현현이 하나로 습합된 '아문-레'로 표상된다.

앞서 살펴본 것과 같이 아문은 태양신이나 프타-타체넨 등과 같이 창조에서 중요한 역할을 한 신들과 하나가 되며 이들의 신격을 포괄한다. 이들뿐만 아니라 고대 이집트 만신전에 속한 다른 모든 신이 아문이라는 한 신의 다양한 측면에 지나지 않는다는 생각은 자연스럽게 다른 신들의 존재를 인정하지만 하나의 최고신을 상정하는 단일신교 사상으로 발전했다. 이와 같은 고대 이집트의 단일신교 사상은 단 하나의 신만이 진정한 신이며 다른 모든 신은 허상에 불과하다는 유대교·기독교·이슬람교의 유일신교와는 성격이 다르다. 고대 이집트의 단일신교는 어떻게 보면 성부·성자·성령이 서로 다른 위격(person)을 가지는 동시에 유일신이기도 한 기독교의 삼위일체 개념과 유사한데, 『레이던 아문 찬가』는 이와 같은 관계를 다음과 같이 설명한다.

『레이던 아문 찬가』(*Leiden I* 350, 4, 21–22)

모든 신은 세 위격이라,

아문·레·프타이며 그들에게 버금가는 존재는 없노라.

그는 헬리오폴리스의 위대한 이이시며,

그의 이름은 아문으로서 숨겨져 있으며,

그의 얼굴은 레이며 그의 몸은 프타이니라.

『레이던 아문 찬가』에서 가장 유명한 이 구절은 기독교의 삼위일체 개념이 성립되기 1,000년 전에 벌써 하나의 신이 서로 다른 위격으로 표상되었다는 것을 보여 준다. 여기서 아문·레·프타는 하나의 단일한 창조적 원리를 구성하는 세 가지 측면으로 제시된다. 각 측면(위격)에 해당하는 신들, 즉 자연을 초월하여 존재하는 아문, 그러나 동시에 가시적이면서 지배적인 자연의 힘으로서 초월자의 얼굴을 구현하는 태양신, 그리고 모든 존재의 질료이자 최초의 대지로서 초월자의 몸을 구현하는 프타는 삼위로 규정될 때에는 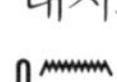 - "그들"로 지칭된 반면, 하나의 단일한 원리/신으로 상정된 초월자는  "그"라는 접미대명사(suffix pronoun)를 통해 표현되고 있다. (이를 통해 아문을 본질로 하는 '무엇으로도 규정할 수 없는 초월적 존재'가 이 찬가의 배후에 있다는 것을 추정해 볼 수도 있다.) 『레이던 아문 찬가』

를 통해 비로소 구체화된, 본질이 숨겨진 지고신·초월자 개념은 지난 3,000년에 걸쳐 창조의 과정을 다양한 관점에서 설명한 고대 이집트 창세신화의 최종 종착지일 뿐만 아니라 우주에 구현된 신적 원리와 신성의 개념을 포괄하는 고대문명 전체의 지적 성취로 불릴 만하다.

고대 이집트의 종교적 심성과 초월적 지고신

고대 이집트의 신들을 위계에 따라 나누어 보면 다음과 같은 세 개의 범주로 정리될 수 있을 것이다. 이와 같은 위계는 고대 이집트에서 신에 대한 개념이 어떻게 발전했는지를 설명하는 데 유용한 단서를 제공한다.

- **개인 신앙의 대상 혹은 주술적 보호를 제공하는 신들**: 아문, 무트와 같은 국가신들도 이 범주에 포함될 수 있으나 대개 국가가 후원하는 신전 의례에서 소외된 신격과 지위가 낮은 종신從神들이 여기에 포함된다. 이 종신들은 자신만의 신전과 종교 중심지가 없었으며 일반인들의 기도와 개인 의례의 대상이었다. 각 도시의 3신계에서 아들로 표상되는 어린이 신들(child deities)과  "베스"(Bes)나  "타웨레트"(Taweret)와 같이 가정 수호신, 산모와 유아를 보호하는 신들이 이 범주에 속하는 대표적인 신들이다.[•]

● 베스는 안짱다리 모습의 난쟁이 신으로서 머리에 식물 줄기로 만들어진 관을 쓰고 턱과 귀에 사자의 갈기를 쓴 모습으로 묘사된다. 한 손에는 칼을 들고 위협

- **도시의 주신**: 국가 형성기 이전 도시국가에서 수호신으로 숭배되던 신들로 이후 국가가 수립되면서 다신교 체계에 편입된 신들이다. 히에라콘폴리스, 헤르모폴리스, 헬리오폴리스, 멤피스 등과 같이 선왕조 시대 및 초기왕조 시대에 정치적 주도권을 쥐고 있었던 도시들의 주신은 대개 해당 도시를 중심으로 한 창세신화에서 창조주 등으로 중요한 역할을 수행했다. 이집트 북부 도시 사이스의 주신인 네이스 여신의 경우, 태양신을 출산하는 태모신-창조주로 묘사된다(더 들어가기② 참조). 한편, 아케트-아텐, 즉 텔 엘-아마르나의 주신이었던 아텐의 경우, 이와 같은 과정이 아멘호텝 4세/아켄아텐에 의해 인위적으로 진행되면서 배타적인 유일신교적 성격을 띠게 되었다.
- **국가신-최고신**: 주요 도시의 주신 중 이집트 전역에 걸쳐 명성과 영향력을 확보한 신들은 국가신으로 격상되었는데 (레-호라크티, 아툼, 레와 같은) 태양신, 프타, 아문이 그들이다. 이들이 창조주로 묘사되는 창세신화는 이집트 전역에 전파되면서 장례 문서와 주문 등에 인용되었다. 신왕국 시대 중후반부터 명실상부한 국가신-최고신으로 부상한 아문을 중심으로 단일신교를 극한까지

의 의미로 혀를 내민 자세는 사악한 기운을 물리친다고 여겨졌다. 이와 같은 모습은 고대 메소포타미아 『길가메시 서사시』에서 대기의 신 엔릴의 신성한 삼나무 숲을 지키는 신성한 산지기 𒄷𒌝𒁀𒁀 "훔바바"(Humbaba), 그리스신화에 등장하는 Γοργών "고르곤"(Gorgon)—Σθενώ "스테노"(Stheno), Εὐρυάλη "에우뤼알레"(Euryale), Μέδουσα "메두사"(Medusa) 자매—등과 도상적 특징을 공유한다. 한편, 타웨레트는 하마의 몸체에 사자의 팔, 악어의 꼬리와 사람의 젖가슴을 한 출산과 양육의 수호신이다. 이 두 신은 민간신앙에서 수호신으로서 광범위하게 숭배되었다.

추구한 초월적 지고신 개념이 등장하게 되면서 고대 이집트에서도 창조주-초월자의 개념이 자연스럽게 등장하게 된다.

진화론적 관점으로 종교의 발전을 설명하는 위험을 무릅쓰고 정리하자면, 태양신의 발현과 자위, 체액 분비를 중심으로 한 「헬리오폴리스 창세신화」에서 태양신의 자위, 체액 분비에 프타에 의한 발화를 통한 창조를 제시한 『멤피스 창세신화』를 거쳐 태양신과 프타의 창조적 권능을 흡수하면서 내재적 창조주에서 초월적 창조주로의 이행을 시도한 「테베 창세신화」는 수천 년에 걸친 이집트의 사변적 신학이 점진적으로 이룬 주목할 만한 지적 성취라 할 수 있다. 어떤 종교든 초월적 지고신의 출현은 대개 종교적 발전의 마지막 단계에서 관찰된다. 대개 초월적 지고신은 공동체에서는 최고신이자 유일신으로서 보이지 않고 그 실체도 파악할 수 없는 신비로운 존재다.

신들 간에 상보적이고 협력적 관계가 유지되는 대칭적 구조에서 이와 같은 구조를 부정하는 배타적이고 적대적인, 다시 말해 신들과 우주에 대한 비대칭적이고 압도적인 우위를 특징으로 하는 초월적 지고신 사상은 마치 완벽한 대칭성을 실현한 구체球體가 좌굴挫屈(buckling)하며, 즉 외부의 압력에 의해 무너져 내리며 그 과정에서 초월적 지고신이 구체 밖으로 튀어나오는, 이른바 물리학의 '자발적 대칭성 붕괴'(Spontaneous Symmetry Breaking)에 비교되기도 한다(나카자와 신이치, 2005: 121-129). 여기서 '자발적인 구체의 좌굴'을 촉발하는(여기서 '자발적'이라는 말은 아멘호텝 4세/아켄아텐의 '인위적 종교개혁'에 반대되는 개념이다) 강력한 '심적 에너지'는 앞서 살펴본 것과 같이 단일신교 체제의 최고신이 지닌 신격과 권능을 극한까지 밀어붙이고자 하는 종교적·정치적 방향성이라 할 수 있다. 요컨대, 고대 이집트의 초월적 지고신 개념은 문명 초기부터 축적된 신에 대한 방대한 사유에 신왕국 시대의 국제적인 지적 다양성이 결합하여 완성된 시대적 소산이라 할 수 있다.

그러나 이후 출현하게 되는 유일신교와는 달리 초월적 지고신 개념은 고대 이집트에서는 보편적인 교리로 자리잡지 못한다. 오히려 초월적 창조주는 이집트의 사변적 신학에서는 일종의 예외로 보아야 할 것이다. 그 이유는 첫째, 아문은 그 본질만이 초월적이며 여전히 태양신(얼굴)과 프타(몸)를 통해 그 일부를 파악하고 표상할 수 있는 존재로 남는다. 다시 말해, 그 어떤 구체성도 없으므로 그 무엇으로도 표상될 수 없는 완전한 초월적 창조주의 위치에는 도달하지 못했다.

아울러 완전한 초월적 창조주는 이집트 문명이 종언을 고할 때까지 지배적인 영향력을 미쳤던 신화생성적 사고를 수용했던 이집트의 종교적 심성에서는 쉽게 뿌리내릴 수 없는 개념이었다. 단일신교 체제에서든, 유일신교 체제에서든 일상적 언어를 통해 신의 본질을 정의하는 것은 불가능하다. 따라서 신의 본질을 설명하기 위해서는 고도로 압축·치환된 상징적 언어와 의례(몸짓), 이미지(도상)가 동원된다. 그러나 이러한 언어, 의례, 이미지는 앞서 언급된 원환면처럼 본질에 최대한 근접한 후에는 다시 반대편으로 미끄러져 나올 수밖에 없는 것이다. 그리고 본질과 언어 이미지의 원환면 사이의 간극을 메워 주는 것이 바로 '형언할 수 없는 신비', 즉 비의다.

한편으로는 구체적인 이름, 형상, 몸짓을 통해, 다른 한편으로는 극소수로 입문한 신관들을 통해서만 전수되었던 비의를 통해 신의 본질을 규정했던 이집트에서 "하늘보다 멀고 두아트보다 깊기" 때문에 신들조차도 그 본성을 파악할 수 없는 초월적 지고신의 절대적이고 추상적인 면만 강조하다 보면—아멘호텝 4세/아켄아텐의 사후 붕괴했던 '종교개혁'과 마찬가지로—수천 년에 걸쳐 확립되고 유지된 신과 인간 간의 접점이 해체되어 버릴 수 있기 때문이다.

아울러 초월적 지고신을 상정할 경우, 역동적 긴장 관계를 바탕으로 한 부정적 세계관이나 부정적 인간관이 유일신교가 채택한 긍정적 세계관으로 전복될 위험도 배제할 수 없었을 것이다. 결론적으로, 사변적 사고의 극한에서 도출된 초월적 지고신 개념은 한 종교의 지배적이고 신성불가침한 교리로 발전하지 못하고 아문과 같은 단일신교의 최고신 속성을 설명하고자 하는 시도로서 제시된 양립 가능한 수많은 설명 중 하나에 머물고 만다.

이처럼 초월적 창조주가 최고신의 절대적 속성이 되지 못했다는 점은 「테베 창세신화」 이후 창조주 아문의 본질이 어떻게 파악되었는가를 통해서도 부분적으로 입증된다. 헤르모폴리스의 아문과는 차별되는 테베 창조주로서의 아문은 "아문, 자신의 (결정적) 순간을 완성하신 이", 즉  "아문-켐아테프"(Amun-Kematef)로 불렸으며, 영원히 스스로를 재생하는 뱀의 형태로 표상되었다(Waterson, 1999: 136; Wilkinson, 2003: 92–93).● 필

● 여기서,  "순간"(moment)은 단순히 아주 짧은 순간을 의미하는 것이 아

론, 플루타르코스, 포르피리오스(Πορφύριος, 234-305년경), 이암블리코스 등과 같은 로마 지배기의 신플라톤주의 계열 철학자들은 아문-켐아테프를 Χνουφίς "크노피스"(Chnophis)라는 이름의 창조주로 보았다.● 아문-켐아테프를 중심으로 한 창세 서사에서 크노피스는 아들 '아문, 땅의 창조자', 즉 "아문-이리타"(Amun-Irita)와 딸 무트를 낳는데, 아문-이리타와 무트는 대기의 신들인 슈-테프누트와 마찬가지로 물리적인 창조적 실체를 상징한다(Allen, 1969: 4-5; Klotz, 2012: 133-142, 171-173). 아울러 아문-켐아테프는 아문-레의 속성을, 아문-이리타는 아문-타체넨의 속성을 각각 구현하는데, 아문-켐아테프와 아문-이리타의 관계는 이후 이집트 영지주의와 신플라톤주의 창세 서사에서 지고신인 πλήρωμα "충일"充溢(pleroma) 혹은 μόνος "일자"一者(monad)에서 유출된, 즉 흘러나온 νους "누스"(nous) 혹은 데미우르고스(내재적이고 불완전한 창조주)의 관계에 조응한다.

한편, 다른 전승에서는 아문-켐아테프를 천상계를 구성하는 영혼으로, 아문-이리타를 지상계를 구현하는 데미우르고스로 보기도 한다. 이처럼 창조주 아문은 후대의 영지주의와 신플라톤주의에서 부분적 초월자이면서 내재적 창조주라는 지위를 보유하는

니라 "절호의 기회를 맞은 결정적인 순간"을 의미한다. 창조주의 경우 "결정적 순간을 완성했다"라는 말은 창조의 과정을 마무리했다는 뜻이다(Allen, 1969: 4).

● 후기 고대(Late Antiquity, 267-700년)에 접어들면서 크노피스는 주술과 관련된 도상에서 사자의 머리를 한 뱀의 형태(leontoeidic form)로 표상된다. 사자의 머리에는 대개 일곱 개의 빛살을 방사하는 원환이 그려져 있는데, 여기서 뱀은 영원히 순환하는 시간을, 사자와 빛살 원환은 태양을 각각 상징한다는 점에서 아문-레의 속성을 구현한 기호라 할 수 있다.

데, 이를 통해 아문을 초월적 지고신으로서 보는 견해는 앞서 언급한 것처럼 후대에 지배적 신학으로 확장되거나 뿌리내리지 못했다는 것을 알 수 있다.

결론과 요약
: 초월적 창조주의 구현

고대 메소포타미아와 이집트 같은 다신교 체제에서 신들은 자연계의 다양한 현상과 힘을 체현한 존재들이었으며 따라서 이들은 본질적으로 내재적이었다. 아울러 이들 신의 권능은 대개 자신이 체현하고 있는 자연현상이 보유한 힘에 한정되며 그의 기질과 성격 역시 해당 자연현상에 의해 결정되었다. 이처럼 자생적인 다신교 체제는 신격과 권능에 의해 정해진 위계에 따라 다양한 신들의 동아리가 지역적·전국적으로 결성되면서 어느 정도 체계적인 네트워크와 창세신화가 구성되었다.

이들 창세신화에서는 단 한 명의 창조주가 원발자로서 자위, 체액 분비 혹은 자발적인 계획과 의지를 바탕으로 한 발화를 통해 우주를 창조하는 것으로 묘사된다. 우선 「헤르모폴리스 창세신화」는 창조의 배경이 되는 태초의 대양의 속성, 즉 대양·무한·암흑·혼돈을 신격화하여 사변적 신학으로 정립했으며, 「헬리오폴리스 창세신화」는 원발자 아툼의 자발적 발현 이후 자위 혹은 체액 분비 등을 통한 물리적 과정을 통해 창조를 수행한다. 이때 창조의 과정은 신들의 탄생(theogony) 형식을 취한다. 요컨대, 창세신화는 기본적으로 신들의 계보로 설명된다.

한편 앞의 두 창세신화보다 시기적으로 뒤늦게 창작된 것이 분명한 『멤피스 창세신화』는 원발자의 물리적 창조 과정보다는 창조주의 인식과 발화에 초점을 맞추어 프타를 지성과 발현의 매개적 존재로 보았다. 이와 거의 동시대에 출현한 것으로 추정되는 「테베 창세신화」는 태양신과 프타의 창조적 권능과 신격을 흡수한 아문이 파악할 수 없는 '숨겨진 자'로서 그 본성이 초월적 지고신의 특징을 갖는 창조주로 정의된다. 「테베 창세신화」는 위격의 개념을 사용하여 초월적 지고신의 신격을 규정하려는 시도를 했다는 점에서 혁신적이지만, 아문의 초월적 신격이 그 본질에만 적용되면서 완전한 초월적 창조주는 구현되지 못한다.

완전한 초월적 창조주의 출현은 유일신교의 창세 서사에서 드러난다. 특히 자발적인 계획과 의지를 바탕으로 명령을 통한 '무로부터의 창조' 개념은 '외재적 창조' 즉 우주 밖에서의 우주창조를 시사한다. 아울러 창조주의 권능은 특정 자연현상에 의해 제약받지 않으며 따라서 초월적이며 동시에 전능하다. 이와 같은 초월적 창조주-유일신의 속성은 『구약성서』 「열왕기 하」에서 엿볼 수 있다. "다시 음성이 들려왔다. '앞으로 나가서 야훼 앞에 있는 산 위에서 있거라.' 그리고 야훼께서 지나가시는데 크고 강한 바람 한 줄기가 일어 산을 뒤흔들고 야훼 앞에 있는 바위를 산산조각 내었다. 그러나 야훼께서는 바람 가운데 계시지 않았다. 바람이 지나간 다음 지진이 일어났다. 그러나 야훼께서는 지진 가운데도 계시지 않았다. 지진 다음에 불이 일어났다. 그러나 야훼께서는 불길 가운데도 계시지 않았다."(「열왕기 하」, 19:11-12) 이처럼 외재적 창조의 과정에서 생성된 모든 피조물과 자연현상은 신격을 가지지 않으며 따라서 고대문명에서 신격화되었던 모든 자연현상과 힘에 대한 철저한 탈신화가 이루어진다.

더 들어가기 ⑥

고대 이집트의 종말론

종말론(eschatology)이란 세계사의 종말과 우주의 종말을 신학적으로 설명한 것을 말한다. 유일신교에는 모두 종말론이 존재하는데 대개 묵시적 종말론(apocalyptic eschatology) 형태를 띤다. 이들 종말론에는 대개 창조주 혹은 예수그리스도가 재림하면서 인류의 역사는 종언을 고하고 인간 사회의 모든 모순은 타파되며 악에 대한 최후의 심판 이후 Βασιλεία του Θεου "하나님의 나라"가 도래한다. 아울러 종말론은 언제나 임박한 것으로 묘사된다. "이 모든 계시를 보증해 주시는 분이 '그렇다. 내가 곧 가겠다' 하고 말씀하셨습니다. 아멘. 오소서, 주 예수여! 주 예수의 은총이 모든 사람에게 내리기를 빕니다."(『신약성서』「요한의 묵시록」, 22:20-21)

신의 개입에 따른 역사 발전과 구세주에 의한 최종적 구원을 중시하는 직선적 시간관에서 종말론은 어떻게 보면 자연스러운 귀결이라 할 수 있다. 그러나 영구불변하는 완전한 법칙인 '영원한 동일성'을 바탕으로 영원히 순환하는 '영원한 반복성'이 구현된다고 보는 순환적 시간관에서는 역사 발전에 개입하거나 축적된 사회적·정치적 모순을 일거에 해결한 적극적인 '구원자'가 아니라, 이미 완벽한 상태가 영겁회귀를 실현할 수 있는 이상적인 '관리자'가 요구된다. 아울러 순환 주기는 그 주기를 완성한 후에는 제자리로 돌아오므로 직선적 시간관에서 보여 주는 시작과 끝 혹은 기승전결의 구조를 전제하지 않는다. 따라서 고대 이집트와 같은 문명의 순환적 시간관에는 말세, 즉 우주의 최후를 설명하는 종말론이 창세신화와 비슷한 중요성을 가지기는 어렵다. 실제로 고대 이집트에는 서로 상보적이고 발전적인 관계를 갖는 다양한 창세신화가 존재하는 반면, 그 반대편에 있는 종말론은 존재하지 않는다.

그렇다고 해서 고대 이집트인들이 우주의 종말에 대해 언급하지 않은 것은 아니다. 『사자의 서』 175번 주문에는 우주의 종말과 관련한 흥미로운 대목이 등장한다. 이 주문에서 망자는 원발자-창소주 아툼에게 사후 자신이 머무는 곳과 그곳의 상황에 대해 질문한다. 이에 아툼은 지상의 삶에서 누렸던 자극적이고 격정적인 성애의 쾌락 같은 것은 없겠지만 길고 평온한 정적인 삶을 누리게 될 것이라고 약속한다. 그리고 이어 𓁨𓁨𓁨 "수백만" 년 뒤에는 자신이 만든 세상을 다시 창조 전 상태로 돌려놓을 것이라고 말한다. "(그리고 나는 내가 만든 모든 것을 파괴하리라?) 이 땅은 처음과 같이 홍수 속, 누/눈 속으로 돌아가고, 나[아툼]는 오시리스와 함께 남으리라. 나는 나의 형체를 또 다른 형태인 뱀으로 만들 것이니, 사람들은 나를 모를 것이요, 신들은 나를 보지 못하리라."(*Naville pl. CXCVIII*, 16-17)

여기서 땅은 창조 이전 상태인 태초의 대양 아래로 사라지고, 아툼은 신들의 가장 원초적 형태인 뱀으로 자신의 형체를 바꾸고 오시리스와 함께 영원한 비활성(inertness) 상태로 존재하게 된다. 이와 같은 원발자-창조주의 예언은 분명히 묵시적 종말론으로 들린다. 그러나 이 예언에는 유일신교의 종말론에서 찾아볼 수 있는 우주적 종말의 과정과 그에 따른 결과가 선명하게 묘사되지 않는다. 또한 우주의 종말로 인해 세상에 만연한 악과 불의, 그리고 모순이 해결되거나 영원한 '하나님의 나라'가 구현되지도 않는다. 그저 '영원한 반복성' 혹은 영겁회귀의 속성을 가진 주기적 순환이 끝나면서 우주와 신들은 그 누구도 파악할 수 없는 정적인 상태로 복귀한다. 이것은 마치 우주의 모든 에너지가 소진되면서 도래한다고 하는 물리학의 열역학적평형(thermodynamic equilibrium) 상태와 같다.

이와 같은 세계관은 『코핀 텍스트』 1130번 주문에서도 암시된다. "나[창조주]는 수백만 년을 나와 누트 여신의 아들, 심장이 지친 이[오시리스] 사이에서 보냈노라.● 나는 그와 한 자리에 정주할 것이니 (그때) 언덕은 마

● 여기서 창조주가 자신과 오시리스 사이에서 수백만 년을 보냈다는 말은 삶과 죽음이 교차하는 지금과 같은 세상이 수백만 년 동안은 존속할 것이라는 의미다.

을이 되고 마을은 언덕이 될 것이며 영지는 허물어 내릴 것이다."(CT VII, 467e-468b) 『사자의 서』 175번 주문과 마찬가지로 창조주는 오시리스와 함께 남게 될 것이며, 세상은 상전벽해와 같은 격변을 피하지 못할 것이라고 예언하고 있다.

그러나 고대 이집트에서 이와 같은 종말 서사는 이집트인들의 종교적 심성을 지배할 수 있을 만큼 중요한 세계관으로 확장·정착하지 못했다. 재앙문학 장르에 속하는 일부 예언서에 묘사된 혼돈의 상태와 「인류멸망 신화」에 언급된 인류 멸절의 위기를 제외하면 세상의 종말에 관한 이야기는 『사자의 서』 175번 주문과 『코핀 텍스트』 1130번 주문을 제외하면 찾아보기 어렵다. 그렇다면 이 두 주문에 언급된 종말의 의미는 무엇일까?

고대 이집트인들이 상상한 종말 서사는 "세상은 어떻게 존재하게 되었을까?"에 대한 대답으로 제시된 창세 서사의 대척점, 즉 다른 쪽 끝에 위치한 이야기로 보는 것이 타당할 것이다. 요컨대, 앞서 살펴본 것과 같이 고대 이집트인들이 어떤 개념을 전체적으로 언급할 때 서로 상반되는 두 가지 대극하는 요소를 한 쌍으로 결합하여 활용했던 것과 같이, 종말 서사는 "세상은 어떻게 존재하게 되었을까?"에 대한 대답으로 제기된 다양한 창세신화의 다른 쪽 끝, 다시 말해 "그렇다면 세상은 어떻게 끝나게 될까?"에 대한 거울상과 같은 답변이라 할 수 있다. 이런 답변은 유일신교에서 찾아볼 수 있는, 다양한 상징이 동원되어 묘사됨으로써 수많은 해석이 가능한 다층적인 종말론과 달리 우주의 마지막에 대한 도식적인 답변 — 즉, 고대 이집트의 종교적 심성에 익숙하다면 예상 가능한 답변 — 이라는 점에서 그 의미와 중요성이 창세신화에는 미치지 못하는 1차원적 답변에 머물고 만다. 이와 같은 결과는 앞서 언급한 순환론적 시간관에서 보면 어쩌면 당연한 것이라 할 수 있다.

코다: 맺으며

신들의 황혼

고대 이집트인들은 자신의 문명이 종언을 구할 때까지 신화생성적 사고를 버리지 않았다. 이들이 이런 사고 체계를 계속 유지했다는 사실은 이들이 이와 같은 사고 체계에 기반한 상징 언어(신화와 주문), 상징 이미지(신들과 왕의 구체적 형상), 상징 행위(신전 의례와 주술)를 수천 년간 지속했다는 점, 그리고 우의의 형식으로 새로운 신화를 끊임없이 만들어 냈다는 점을 통해 확인된다. 신화생성적 사고가 이집트 문명이 존속되는 동안 지속적으로 유지되었다는 사실은 이집트 신화가 이집트 문명과 운명을 같이했다는 말이기도 하다. 우주에서 유일하게 변하지 않는 것은 변하지 않는 것이 없다는 법칙뿐이다. 수천 년간 문명과 함께 고락을 같이했던 신들 역시 지속적인 변화를 거치다 페르시아, 그리스, 로마와 같은 제국의 지배와 지중해 전역에서 외국인과 외래문화가 지속적으로 유입됨에 따라 이집트 문명은 소멸의 위기를 맞게 되었다.

고대 이집트에서 『코핀 텍스트』 1130번 주문이나 『사자의 서』 175번 주문에 예언된 것과 같은 '신들의 황혼'(Götterdämmerung)이 본격적으로 시작된 것은 313년 로마의 콘스탄티누스 1세(Flavius

Valerius Constantinus, 272-337년)가 『밀라노 칙령』(Edictum Mediolanense)을 통해 기독교에 대한 관용을 선포함으로써 그때까지 이어졌던 기독교도에 대한 박해를 끝내고 기독교를 제국의 정식 종교 중 하나로 인정한 후부터다. 이후 380년 테오도시우스 1세(Flavius Theodosius, 347-395년)는 기독교—보다 정확히 말하면, 「니케아 신조」(Symbolum Nicaenum)에 따른 삼위일체설을 따르는 보편적 기독교(가톨릭)●—를 제국의 국교로 정하고 383년 '이교'의 신전을 폐쇄했으며 385년에는 동물을 제물로 사용한 의례를 금지했다.

게다가 391년 테오도시우스 1세뿐만 아니라, 435년 발렌티니아누스 3세(Placidus Valentinianus, 419-455년)도 비기독교 종교 시설물에 대한 실제적인 파괴를 명했는데, 이후 이집트의 신전은 출입이 금지되거나 교회와 같은 다른 용도로 변경되거나 아니면 열성적인 기독교 신자들에 의해 파괴되었다. 이때를 기점으로 고대 이집트 문화의 핵심이라 할 수 있는 종교, 신화, 문자문화는 역사의 뒤안길로 사라지는 운명을 맞게 되었으며●● 그간 신관들을 중심으

● 「니케아 신조」는 325년 6월 19일 니케아(Nicaea)에 위치한 황제의 별궁에서 개최된 기독교 공의회인 제1차 니케아공의회(Concilium Nicaenum Primum)에서 채택된 신앙 고백문으로서 '정통' 기독교 신앙을 수호하고 삼위일체에 반대하는 아리우스파(Arianisums)를 비롯한 이단을 단죄함으로써 보편 교회, 즉 공교회(公敎會)의 권위를 확립하고 정치적 외연을 확장하는 데 일조했다.

●● 테오도시우스 1세의 신전 폐쇄령에 따라 이집트 최남단 지역에 위치한 필레(Philae) 신전에 수천 년간 명맥을 이어 왔던 이집트 고유의 성각문자가 394년에 마지막으로 새겨졌으며, 이후 성각문자 체계는 1822년 프랑스의 언어학자인 장-프랑수아 샹폴리옹에 의해 해독될 때까지 그 누구도 읽고 해석할 수 없는 미지의 문자로 남게 되었다. 성각문자 체계는 신전 폐쇄 직후 잊힌 것으로 추정되는데, 기원전 5세기경 이집트를 방문한 그리스의 헤로도토스와 기원전 1세기, 그리고 기원전 40년경 이집트를 각각 방문한 것으로 추정되는 로마의 지리학자 스

로 소규모로 행해지던 이집트의 신들에 대한 숭배와 의례도 사실상 완전한 종말을 맞게 되었다.

옛 신들의 끈질긴 생명력

신전이 폐쇄되었다고 해서, 신화와 의례가 사라졌다고 해서 고대 이집트의 신들이 하루아침에 완전히 잊힌 것은 아니었다. 고대의 신들에 대한 기억은 끈질긴 생명력을 발휘하며 이집트 문명이 마지막 숨을 내쉰 후에도 굳건하게 살아남았다. 일례로 452년 로마 정부와 누비아 부족들 간의 협정에 따라, 누비아 부족 대표들이 필레 신전을 방문하여 주신이었던 이시스 여신의 신상을 누비아로 옮겨 갔다. 당시는 이집트를 비롯한 로마제국 전역에 기독교가 이미 국교로서 강력한 위세를 떨치던 시기였다. 로마제국에 복속되지 않았던 누비아 부족들에 대한 정치적 이해관계를 고려한다 하더라도 이 사건은 고대의 신들이 민중들 사이에서, 그리고 제국의 변방에서 여전히 암암리에 숭배되고 있었다는 것을 시사한다.

641년 또 다른 유일신교를 신봉하는 아랍 세력이 이집트를 정복하면서 고대 종교의 명맥은 다시 한번 완전히 끊어질 위기에 놓였다. 그러나 이집트의 국가 종교가 (콥트) 기독교에서 이슬람으로 바뀌었다고 하더라도, 고대 이집트 종교는 파라오가 공식적인 숭배와 신전 의례가 폐지된 지 수천 년이 지난 후에도 민간신앙으로

트라본(Strabon, 기원전 64년-기원후 24년)과 그리스 출신 역사학자 디오도로스 시쿨루스(Diodorus Siculus, 기원전 90-30년경) 등과 같은 고대 저술가들 역시 이집트를 방문했을 당시 성각문자는 이미 해독할 수 없는 그림문자가 되어 버렸다고 기록하고 있기 때문이다.

아련하게 기억되고 있었다. 지금까지도 임신을 원하는 이집트 여인들은 성애와 다산의 여신이었던 하토르 여신의 지성소를 찾아 기도를 드린다. 20세기 초까지만 하더라도 가족 중 누가 병에 걸리면 여성들이 세크메트 여신의 사당에 가서 여신에게 돌을 던지며 기도를 했다는 기록이 있다.

이집트 문화가 그리스라는 프리즘을 통해 전파된 서구에서는 고대 이집트 신화의 그림자가 더 짙게 드리워져 있다. 공관 복음서의 저자들은 종종 마태오(Ματθαῖος)를 날개 달린 사람, 마르코(Μᾶρκος)를 사자, 루카(Λουκάς)를 황소, 요한(Ιωάννης)을 독수리로 각각 묘사하는데,[●] 초기에 이들은 이집트의 신들처럼 동물의 얼굴에 사람의 몸을 한 모습으로 묘사했다. 또한 기독교의 성인 중 '용을 죽이는' 성 게오르기우스(Άγιος Γεώργιος)는 원래 로마 군단의 복장을 한 호루스로 표상되었으며, 강가에서 아기 예수를 건네준 전설로 유명한 성 크리스토포루스(Άγιος Χριστόφορος) 역시  "아누비스"(Anubis)와 마찬가지로 개의 머리를 한 사람의 모습으로 묘사되었다. 한편, 태양신이 매일 밤 하강하는 명계에서 화염의 호수에서 영원한 징벌을 받는 태양신 적들의 모습은 그대로 유일신교가 경고하는 지옥의 풍경으로 채택되었다(Wilkinson, 2003: 242-243).

● 고대 이집트에서 사자, 황소, 송골매는 모두 파라오를 상징하던 동물들이었다. 사자와 관련하여 파라오는 사람의 머리에 사자의 몸을 한 스핑크스(sphinx)로 변신하여 이집트 주변의 외적들을 짓밟는 모습으로 묘사되었다. 아울러 파라오는 왕실 혹은 신전 의례를 위해 성장을 했을 때 황소의 꼬리를 허리 뒤에 장식으로 달았다. 끝으로 송골매 혹은 송골매의 머리를 한 왕실의 수호신 호루스는 재위 중의 파라오와 동일시되었다. 또한 스핑크스와 호루스가 결합한 그리핀(griffin)[또는 그리폰(griffon)] 역시 이집트에서 유래한 것이다.

[그림 C-1] 비잔틴제국의 이콘(εἰκών) 양식으로 그려진 「검은 성모」(Black Madonna)

그리스어로 형상을 의미하는 "에이콘", 즉 이콘은 성상(聖像)을 의미하는데 동방교회에서는 사람이 제작한 것이 아니라 신이 현현한 것이라고 여겨지면서 성물 혹은 기적의 매개체로 숭배되었다. 이콘 중 가장 오래된 것은 6-7세기까지 거슬러 올라가며 그 기원은 이집트와 시리아 지역의 신들의 형상에서 유래했을 것으로 추정된다(이주헌, 2009: 144-152). 14세기에 제작된 것으로 추정되는 폴란드 쳉스토호바(Częstochowa)의 '검은 성모'는 고대 이집트 오시리스 신화의 이시스 여신과 아들 호루스의 도상에서 유래되었다. '테오토코스'(Θεοτόκος), 즉 '신성한 출산'과 '무염시태'(無染始胎, Immaculata Conceptio), 즉 원죄 없는 잉태, 그리고 '성모승천'(Assumpio Beatae Mariae Virginis in Coelum)을 통한 성모 마리아의 신성을 부정하는 신학적 의견이 제시되자 서방교회는 이에 대한 논쟁을 불식시키기 위하여 '성모와 아기 예수'를 모티프로 한 성상 제작을 장려했는데, 이와 같은 성상의 모티프가 된 것이 이미 지중해 전역에 퍼져 있었던, 호루스를 안고 있거나 호루스에게 젖을 먹이는 이시스 여신의 이미지였다.

그뿐만 아니라 고대 이집트의 창세신화는 신플라톤주의와 헤르메스 전통(Hermetic Tradition) 등을 통해 중세(5-15세기)와 르네상스 시대(15-16세기)까지 서구 사상사에 막대한 영향을 미쳤으며, 17세기 독일의 예수교 수사이자 학자였던 아타나시우스 키르허(Athanasius Kircher, 1602-1680년)는 가톨릭교회의 '천상의 모후母后'(Regina Caeli)를 이시스 여신의 변형이라고까지 주장한 바 있다.

요컨대, 21세기를 살고 있는 우리 현대인들도 수많은 변형과 습합을 거쳐 그 원형을 거의 상실한 고대 이집트 신화의 상징 언어와 이미지를 거의 매일 부지불식간에 사용하고 있으며, 이집트 신화의 핵심은 우리 문명뿐만 아니라 이후의 새로운 문명에서도 모습을 바꾸며 살아남을 것이다.

부록 1

이집트의 지리

| 이집트의 젖줄, 나일강 |

독일의 기상학자이자 식물학자인 블라디미르 페터 쾨펜(Wladimir Peter Köppen, 1846-1940년)의 기후 분류에 따르면, 이집트는 온난 사막기후(BWh)에 속하기 때문에 겨울철에 해당하는 12월에서 2월을 제외하면 언제나 덥고 건조한데 평균기온은 여름이 섭씨 27-32도이며 낮과 밤의 기온차가 심하다. 겨울의 평균기온은 섭씨 13-21도에 정도이며 겨울에 찾아오는 북서 계절풍으로 인해 기온이 섭씨 9도까지 낮아지는 경우도 있다. 또한 북아프리카의 사막에서 서아시아로 뻗어 있는 건조지대의 중앙에 위치하고 있어 지중해 연안 지역에만 겨울에 약 150-200밀리미터의 비가 내릴 뿐, 국토의 대부분은 연중 강수량이 2-5밀리미터에 불과한 사막기후에 속한다. 홍해 부근에는 2월에서 5월 사이에 캄신(khamseen, 이집트 아랍어로 خماسين)이라고 부르는 모래 폭풍이 남쪽에서 계절풍으로 불어오는데 이때는 기온이 섭씨 45도까지 올라가기도 한다.•

• 캄신(표준 아랍어: خمسين)은 아랍어 '50'에서 파생된 단어이다. 이집트에서는 봄

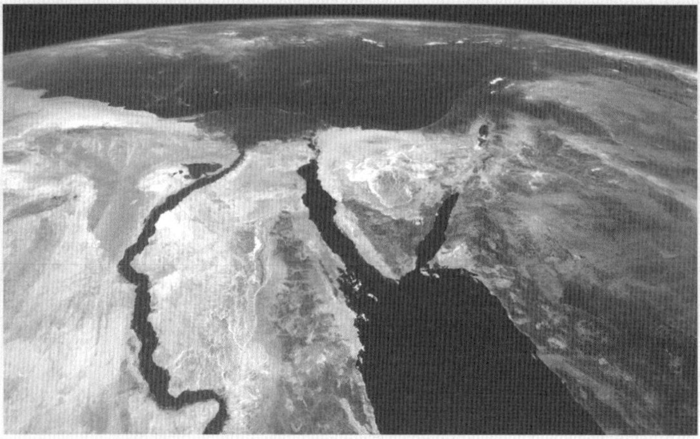

[그림 A1-1] '이집트의 젖줄' 나일강의 위성사진

이집트는 한반도 면적의 4.5배에 달하는 넓은 영토를 가지고 있으나 앞서 살펴본 것처럼 건조한 온대-아열대 기후에 속하기 때문에 내륙으로 갈수록 기온도 높아지고 건조화도 심해지며, 그 결과 국토의 95퍼센트는 불모의 사막지대다. 따라서 사람이 살 수 있는 땅은 이집트에서 하나밖에 없는 강인 나일강 유역과 북부의 삼각주 지대 그리고 지중해 연안으로 제한된다(그림 A1-1).

에 건조한 모래 폭풍인 캄신이 약 50일간 산발적으로 불어오는데 고대 서아시아에서 황사를 동반한 이 건조한 바람의 위력은 특히 악명이 높다. 고대 메소포타미아의 현인 중 한 사람인 아다파(Adapa)에 관한 신화에서, 아다파가 남풍의 날개를 부러뜨려 남풍이 불지 못하게 하는 것 역시 남풍의 이런 파괴적인 속성과 연관되어 있다. 아울러 『구약성서』「요나」는 서아시아의 뜨거운 바람과 관련하여 다음과 같이 언급하고 있다. "해가 뜨자, 하나님이 찌는 듯이 뜨거운 동풍을 마련하셨다. 햇볕이 요나의 머리 위로 내리쬐니, 그는 기력을 잃고 죽기를 자청하면서 말했다. '이렇게 사느니 차라리 죽는 것이 더 낫겠습니다.'"(「요나」, 4:8)

이와 같은 상황은 고대에도 마찬가지였다. 만일 '생명의 젖줄'이라 할 수 있는 나일강이 없었더라면 사람이 거주하는 것도 불가능했을 것이고 우리가 알고 있는 찬란한 문명도 탄생하지 못했을 것이다. 그러므로 고대 이집트 문명은 가히 '나일강의 선물'이라 할 수 있다. 그런데 이 표현은 사실 고대 그리스의 역사 저술가인 할리카르나소스의 헤로도토스가 『역사』(Ιστορίαι)에서 이집트의 지리를 설명한 부분의 의미가 시간이 지나면서 살짝 와전된 것이다.

> 이 나라[이집트]에 관한 신관들의 주장은 내가 보기에 옳은 것 같았다. 지각 있는 사람이라면 사전 정보 없이도, 헬라스인들이 배를 타고 가는 아이귑토스는 새로 얻은 땅이며 강의 선물이라는 것쯤은 쉽게 알 수 있기 때문이다. 모이리스호湖에서 상류로 3일 배를 타고 올라가야 하는 지역도 그 점에서는 다르지 않다. 비록 신관들은 이 지역에 관해 그런 말을 하지는 않았지만 말이다.●

여기서 헤로도토스가 "아이귑토스"를 "강의 선물"이라고 한 이유는 나일강이 이집트의 유일한 수원水原이었기 때문이 아니라 충적토, 즉 물에 밀려든 토사가 계속해서 퇴적되면서 새로운 땅이 형성되기 때문이었다.●● 그러나 나일강이 이집트 문명의 원천

● 원문의 한국어 번역은 다음을 참조했다. 헤로도토스, 『역사』, 천병희 옮김(파주: 도서출판 숲, 2009), 163-164쪽.

●● 실제로 헤로도토스는 뒤에 이 사실을 부연하여 언급한다. "내가 말하고 있는 이 나라의 대부분은, 신관들이 내게 말해준 바에 의하면, 그리고 내가 생각하기에도, 아이귑토스인들이 근래에 얻은 충적 평야이다."(『역사』, 2. 10)

이며 이집트인들의 젖줄인 것은 분명하다. 아프리카 북동부 지역 6,650킬로미터를 굽이쳐 흐르는 나일강은 전체 길이가 6,400킬로미터에 달하는 브라질의 아마존강, 그리고 총연장 6,300킬로미터에 이르는 중국의 양쯔강과 더불어 세계에서 가장 긴 강 중 하나다. 또한 이집트의 유일한 강으로서 고대 이집트인들이 일반명사로 단순히  "강"이라고 불렀던● 나일강은 세계적인 규모의 큰 강 중에서 유일하게 남쪽에서 북쪽으로 흐르는 강이다. 아프리카 남부에서 이집트로 유입된 뒤에도 약 700킬로미터를 더 흘러 지중해로 빠져나갔던 자신들의 젖줄이 남북으로 흘렀기 때문에 고대 이집트인들은 오늘날의 우리와는 달리 남쪽을 기준 방위로 삼았으며 그 결과 이집트인들에게는 남쪽이 위쪽, 북쪽이 아래쪽, 동쪽이 왼쪽, 서쪽이 오른쪽에 해당되었다. 또한 남부 지역에서는 나일강이 계곡을 형성하며 좁게 흘렀기 때문에 이 지역을  "가느다란 지역"으로 불렀는데 오늘날 이곳은 상上이집트(Upper Egypt)로 불린다. 아울러 낮은 지대를 만나 나일강이 여러 지류로 분류分流하면서 형성된 북부 삼각주 지역은 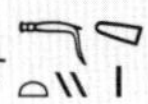 "물로 채워진 지역"이라고 불렀는데, 이곳은 오늘날의 하下이집트(Lower Egypt)에 해당한다.●●

● 이 단어는 고대 이집트어의 마지막 단계인 콥트어에서 **ⲫⲓⲁⲣⲟ** "큰 강" 혹은 "대하"(大河)로 계승되었다. 한편, "나일"이라는 명칭은 고대 그리스어인 헬라어 Νεῖλος "네일로스" = 라틴어 *Nilus* "닐루스" = 아랍어 النيل "안-닐"(an-nīl)에서 유래했다. 헤시오도스(Ησίοδος, 기원전 750-650년경)의 『신통기』(神統記, Θεογονία, 337-340행) 등에 기술된 그리스·로마 신화에서 네일로스 = 닐루스는 티탄 신족(神族)의 오케아노스(Ὠκεανός)와 테티스(Τηθύς)가 낳은 3,000명의 Ποταμοί "포타모이", 즉 강의 신[河神]들 중 하나로 간주된다.

●● 이집트를 관통하는 나일강의 경우, 최남단 도시인 아스완에서 최북단의 지중해까지의 고도 차이는 85미터에 불과하다. 이와 같은 낮은 고도 차이에도 불구하고

이집트의 젖줄답게 나일강은 사람들이 일상생활을 영위할 수 있는 식수를 제공했으며 사람이나 물자를 빠르게 수송할 수 있는 고속도로의 역할도 겸했다. 그러나 나일강의 가장 중요한 역할은 농경에 필요한 농업용수를 공급하는 것이었다. 이집트의 농경지는 (폭이 동서로 최대 25킬로미터에 이르는) 남부의 계곡 지대와 북부의 삼각주 지대를 합쳐 대략 3만 4,000제곱킬로미터에 달하는데, 강 좌우의 충적평야에 조성된 대규모 자연 농경지와 함께 점진적으로 낮아지는 관개수로를 통한 인공 경작지 모두 나일강에 의존했다.

홍적세洪積世(Pleistocene Epoch) 말기에 해당하는 1만 5,000년 전경부터 진행된 사막화로 인해 연강수량이 남북에 따라 0-200밀리미터 정도에 불과한 건조한 땅에서 관개농업은 선택이 아닌 필수였으며, 복잡한 수로망과 인공 경작지의 조성과 관리에는 대규모의 노동력이 필요했다. 이런 대규모의 노동력을 조직하고 통제하고자 하는 노력은 이집트, 특히 농경지가 상대적으로 적었던 남부 지역에서 일찍이 문명과 국가가 탄생하는 계기를 제공해 주었다.

그러나 나일강이 이집트의 진정한 생명줄 역할을 하기 위해서

나일강은 고대 이집트의 수도였던 멤피스에서부터 분류하기 시작하는데, 현재 삼각주 지대의 나일강 지류는 동서로 각각 두 개에 불과하지만 과거에는 모두 일곱 개의 지류가 존재했다. 이들 지류는 대개 지류의 맨 끝에 위치한 대도시의 이름을 따서 부르는데, 일례로 오늘날 삼각주 지대의 동쪽에 위치한 다미에타 지류(Damietta Branch)는 최북단 도시 둠얏(Dumyat) 혹은 다미에타(Damietta)에서, 서쪽에 위치한 로제타 지류(Rosetta Branch) 역시 최북단 항구도시 라시드(Rashid), 즉 로제타(Rosetta)에서 유래했다. 참고로 로제타는 성각문자 해독의 실마리가 된 『로제타석비』(Rosetta Stone)가 1799년 진지를 구축하던 나폴레옹 보나파르트(Napoléon Bonaparte, 1769-1821년)의 이집트 원정대 소속 공병들에 의해 발견된 곳이다.

는 항상 일정한 양의 물을 공급할 수 있어야 했는데, 나일강의 수위는 한 해를 주기로 오르내리기를 반복했다. 그 이유는 강이 시작되는 원류의 수량이 계절에 따라 변했기 때문이다. 이집트 최남단 아스완을 지나 나일강을 거슬러 올라가면 굽이쳐 흐르는 강물 사이사이에 화성암과 자갈이 강바닥에 쌓여 수위가 급속히 낮아지고 물살이 갑자기 빨라지는 급류가 나타난다. 이집트 국경 남쪽에는 총 여섯 개의 급류가 있는데 북쪽에서부터 차례로 제1급류에서 제6급류라고 부른다.●

제6급류가 끝나는 곳 바로 아래 수단의 수도 하르툼(Khartoum)이 자리잡고 있는데, 바로 여기에서 나일강의 두 원류原流라 할 수 있는 백나일(White Nile, 아랍어로 النيل الأبيض)과 청나일(Blue Nile, 아랍어로 النيل الأزرق)이 하나로 합류한다. 다시 말해서 나일강은 원래 두 개의 강이었던 것이 하르툼에서 하나로 합쳐진 뒤 이집트로 유입되는 것이다. 이 두 물줄기 이외에도 앗바라강(Atbara River)이 제5급류 바로 아래에서 나일강과 합류한다. 아비시니아고원(Abyssinian Highlands)의 타나 호수(Lake Tana)에서 발원하는 청나일이 매년 5월 우기에 불어나면서 이집트에서는 6월부터 나일강의 범람이 시작되었다. 9월이 되면 나일강의 수위가 최고조에 이르렀는데, 청나일은 이집트 나일강의 전체 수량 중 약 80퍼센트를 차지했다.●●

● 이집트로의 지속적인 항해를 불가능하게 만들었던 제1급류는 자연 방벽의 역할과 함께 고대 이집트와 남부 지역을 구획하는 국경이 되었다. 아울러 제2급류 아래에는 바튼 엘-하가(Batn el-Haggar), 즉 "돌바닥"(stone bed)이라고 불리는 험한 암석 하상(河床) 지대가 160킬로미터나 이어져 항해가 불가능했다.

●● 수량이 풍부한 백나일이 이집트 나일강의 수량에서 극히 일부분만을 차지하는

6월에서 9월에 걸친 계절성 장마에 불어난 청나일의 물이 이집트로 밀려들면서 일어나는 현상이 바로 나일강의 범람이다. 고대 이집트에서 나일강 수위는 7월 중순부터 상승하기 시작하여 8월부터는 본격적인 범람이 시작되었으며, 9월 말에 이르면 무수한 소규모 지류와 인공 수로를 통해 나일강 유역의 모든 농경지는 거대한 범람원을 형성했다. 범람 기간 동안 불어난 강물은 식물의 성장을 저해하는 토양의 염분을 씻어 내는 동시에 미네랄이 풍부한 침니沈泥(silt), 즉 미세한 입자의 침전물을 실어 와 수십 센티미터의 충적토 퇴적층을 형성시켰다.

10월부터는 경작지에 침전되었던 검은색의 퇴적층이 드러나기 시작했는데, 이때부터 11월까지 에머밀과 보리, 아마 같은 곡식의 파종이 시작되고 본격적인 농경이 이루어졌다.●

범람으로 흘러온 미네랄이 풍부한 천연비료로 뒤덮인 농경지에 일단 작물을 심으면 그 뒤부터는 홍수나 태풍 혹은 일조량이나

이유는 수단 남부의 방대한 늪지대인 수드 습지(Sudd Wetland) 때문이다. 백나일은 이 늪지대에 접어들면서 강물의 흐름이 정체되는데 이때 상당량의 물이 증발해 버린다.

● 고대 이집트의 대표적인 작물이었던 에머밀(학명: *Triticum dicoccum*)은 인류가 최초로 경작하기 시작한 작물 중 하나였다. 에머밀은 다양한 빵을 만드는 데 쓰였으며 보리(학명: *Hordeum vulgare*)는 오늘날의 맥주와는 다른 곡물 발효주였던 '맥주'의 재료가 되었고, 아마(학명: *Linum usitatissimum*)의 섬유질은 부드럽고 질 좋은 아마포(亞麻布, linen)를 제작하는 데 사용되었다. 한편, 그리스·로마 지배기에는 마카로니나 스파게티 등을 만드는 데 사용되는 듀럼밀(학명: *Triticum durum*)이 유럽으로부터 도입되었으며, 이후 이집트에서 광범위하게 경작되어 지중해 전역, 특히 로마제국으로 수출되었다. 그 결과 고대 이집트의 분묘 벽화에 묘사된 밀은 거의 멸종되었기 때문에 현재 이집트에서 재배되는 밀은 이와는 전혀 다른 품종이다.

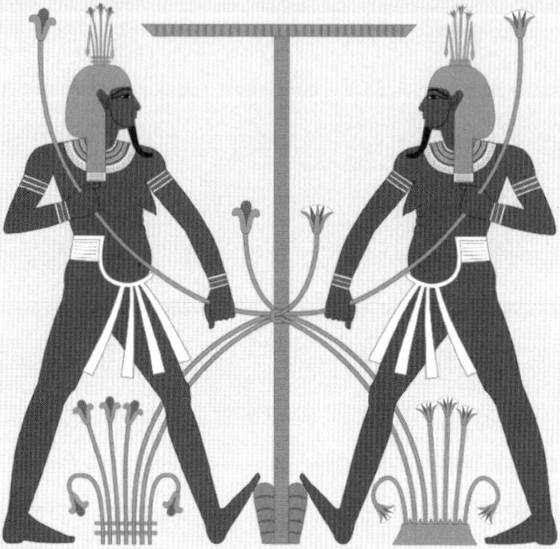

[그림 A1-2] 나일강의 범람과 풍요를 상징하는 하피

수련을 머리에 이고 있는 상이집트의 하피와 파피루스를 머리에 이고 있는 하이집트의 하피가 상·하이집트의 상징 식물을 하나로 묶고 있는데, 이런 도상은 남부와 북부가 왕의 통치 아래 하나로 통합되었음을 상징한다. 나일강의 신으로서 하피는 물을 상징하는 푸른색 피부에 강변과 늪지대에서 일하던 노동자들이 착용했던 가죽 요의를 걸친 모습으로 묘사되었다. 한편, 앞으로 불룩하게 튀어나온 배와 연접하는 지방층, 늘어진 젖가슴 등은 풍요의 신으로서의 하피의 신격을 시각화한 것이다.

지력의 감소 등과 같은 자연재해 없이 매우 안정적인 경작이 가능했으므로 다음 해 5월에는 이웃의 다른 중근동 지역에 비해 월등히 풍부한 수확을 거둘 수 있었다. 이처럼 나일강의 범람 주기는 이집트인들이 계절을 구분하는 기준이 되었는데, 범람이 진행되는 7월 중순에서 11월 중순까지를 '범람기'(Inundation), 나일강이 다시 정상 수위를 되찾아 본격적인 농경이 가능한 11월 중순에서 3월 중순까지의 시기를 '파종기'(Growing), 수확을 마치고 다음 나일강의 범람을 기다리던 3월 중순에서 7월 중순까지를 '수확기'(Harvest)

로 각각 나누어 구분했다.

앞서 살펴본 것처럼 나일강이 매년 범람하면서 상류에서 미네랄이 풍부한 기름진 흙들이 유입되어 강 연안에 쌓였는데, 이렇게 검은 충적토로 비옥하게 된 경작지를 고대 이집트인들은 "검은 땅"이라는 뜻의  "케메트"라고 불렀으며, 녹색의 경작지 너머 아무것도 살 수 없는 붉은 사막을 "붉은 땅", 즉  "데쉐레트"라고 불렀다. 케메트는 사람들이 살 수 있는 이집트 본토를 일컫는 지명이기도 했다. 이집트의 비옥한 토양은 외국에서도 유명했는데 헤로도토스 역시 이집트에서만 발견되는 기름진 충적토에 대해 언급하는 것을 잊지 않았다.

> 왜냐하면 나는 아이귑토스가 인접 지역보다 바다로 더 돌출해 있고, 산 속에서 조개껍질들이 발견되고, 지표에서 바다소금이 나와 피라미드가 부식될 정도이고, 아이귑토스에서 모래 산이라야 멤피스를 굽어보고 있는 것뿐이고, 그 밖에 인접한 아라비아와 뤼비에[리비아]도, 그리고 쉬리아[시리아]도(아라비아의 해안 지대에는 쉬리아인들이 살고 있기에 하는 말이다) 아이귑토스와는 토양이 전혀 다르다는 것을 보았기 때문이다. 아이귑토스의 토양은 검고 잘 부서지는데, 그것은 그 토양이 전에는 아이티오피아[에티오피아]에서 강물에 떠내려온 진흙과 충적토였음을 알려준다. 우리가 알기로, 리뷔에의 토양은 붉은빛을 띤 사토沙土이며, 아라비아와 쉬리아의 토양은 점토질이고 밑바닥에는 돌이 많다.●

● 한국어 번역은 다음을 참조하였다. 헤로도토스, 『역사』, 천병희 옮김(도서출판

이처럼 맥동脈動하는 순환주기를 통해 이집트에 생기를 불어넣어 준 나일강의 범람은 자연스럽게 신으로 숭배되었다. 이집트어로 자연현상을 뜻하는  "범람"은 그 자체로 풍요의 신 '하피'(Hapy)가 되었다(그림 A1-2). 나일강의 범람을 의인화한 신답게 하피는 대개 습지에서 일하는 노동자들이 입던 가죽 요의를 입은 남성으로 형상화되는데, 배는 앞으로 불룩 튀어나왔고 젖가슴은 아래로 길게 처져 있다. 고대 이집트 예술에서 이와 같은 비만의 도상은 풍족함과 부유함을 상징한다.

고대 이집트 만신전에서 다른 신들에 비해 신격이 비교적 낮은 종신이었던 하피는 종종 신전 지성소 주변의 벽에 새겨졌는데, 이때 하피는 머리에 파피루스나 수련같이 하천에 자생하는 수생식물을 머리에 이고 팔에는 나일강의 산물들, 즉 강변에서 사냥한 물오리나 채집한 물새들의 알과 수련을 비롯한 각양각색의 꽃, 그리고 나일강의 물로 경작한 작물로 만든 빵 등이 수북이 쌓인 봉헌물 접시를 든 채 지성소를 향해 일렬로 행진하는 모습으로 묘사되었다. 비록 종신의 반열이었으나 이집트인의 삶에 필요 불가결한 자연현상을 관장하는 신이었기 때문에 다른 주신이나 국가신들과 마찬가지로 하피에게도 그를 찬미하는 찬가가 존재했다. 중왕국 시대의 서기관이었던 케티(Khety)가 창작한 것으로 추정되는 『하피 찬가』는 하피의 신격을 다음과 같이 일목요연하게 묘사하고 있다.

숲, 2009), 167쪽.

『하피 찬가』(Helck, *Nilhymnus*, 3–8)

하피를 찬양함

경배드립니다, 하피여 / 땅에서 솟아오르시어 검은 땅을 살게 하시는 이여,

그 행동이 숨겨지신 이, 낮에도 어두우신 이[●] / 그의 추종자들이 찬미하는 이,

태양신이 창조하신 들판을 적시시는 이 / 그리하여 모든 무리들이 살 수 있도록,

물로부터 멀리 떨어진 언덕(조차) 만족시키시는 이 / 그의 이슬이 하늘로부터 내리시는 이,[●●]

게브가 원하시는 이 / 네프리를 관리하시는 이 / 프타의 창조물을 초록으로 만드시는 이[●●●]

앞서 살펴본 것처럼, 나일강의 범람은 이집트의 생존이 달린 중요한 문제였으나 범람은 당시 사람들의 힘으로 통제할 수 없는

● 여기서 하피를 "그 행동이 숨겨진 이"로 칭하는 이유는 고대 이집트인들이 나일강이 범람하는 원인을 정확히 파악하지 못했고, 매년 범람의 규모 역시 예측하기 어려웠기 때문이다. 한편, "낮에도 어두우신 이"는 범람과 함께 이집트로 밀려왔던 충적토가 검은색의 고운 침니였다는 것을 표현한 것이다.

●● 여기서 "그의 이슬이 하늘로부터 내리시는 이"라는 묘사는 나일강이 범람하는 시기에 습도가 높아져서 자주 이슬이 맺히는 자연현상을 반영한 것이다.

●●● 여기에 언급된 게브는 대지의 신이며, 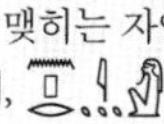 "네프리"(Nepri)는 곡물의 신이다. 프타(Ptah)는 고대 이집트의 행정수도였던 멤피스의 주신으로 태초의 대양에서 솟아오른 최초의 땅(혹은 언덕)과 지하의 광물을 관장하는 신이다. 한편, "프타의 창조물을 초록으로 만드시는 이"에서 '프타의 창조물'은 토사로 덮인 땅을 뜻하는데 전체적으로는 나일강의 범람이 무기물로만 이루어진 척박한 대지를 푸른색으로 변화시키는 자연의 극적인 변화를 묘사한 것이다.

[그림 A1-3] 바티칸 박물관의 닐루스 조각상

바티칸 박물관(Musei Vaticani)이 소장하고 있는 Nilus "닐루스" 조각상은 1513년 이시스 여신과 그리스 지배기의 국가신이었던 세라피스(Σάραπις)를 같이 모셨던 로마 시내의 복합 신전 중 이시스 여신의 신전인 Iseum Campense "이세움 캄펜세"에서 발견되었다. 이 조각상에서 그리스·로마의 도상에 충실하게 나일강은 강가에 자생하는 식물들을 머리에 이고 비스듬히 누운 남성의 모습으로 묘사되는데 닐루스 주변에는 로마에 의해 정복당한 이집트를 상징하는 악어와 스핑크스가 묘사되어 있으며 머리 쪽에는 나일강의 풍요를 상징하는 "풍요의 뿔"(cornucopia)이 세워져 있다. 닐루스 주변에는 모두 16명의 어린아이들이 조각되어 있는데 대개 그리스·로마 도상에서 강의 신과 함께 묘사되는 아이들은 지류를 상징하지만 지류가 없는 나일강의 경우 이들 16명의 어린아이들은 범람의 이상적인 수위인 16완척을 상징한다.

자연현상이었다. 따라서 범람에 관련해서는 적절한 사후관리가 가장 최선이었는데, 이와 같은 관리를 위해서는 범람에 따른 수량을 측정하는 것이 가장 중요했다. 나일강이 적절한 수준보다 낮게 범람하는 경우에는 이집트로 유입되는 강물의 양이 적어지면서 경작과 생활에 필요한 농업용수와 생활용수의 양이 예년보다 줄어들게 되고 강물과 함께 흘러 들어오는 흙이나 영양물질 역시 일정 수준보다 적어질 수밖에 없다. 반면, 범람이 적절한 수준을 넘어서는 경우에는 강물의 양이 너무 많아지면서 저지대의 농지뿐만 아니라 고지대의 주거지역까지 물에 잠겨 홍수에 따른 피해가 발생할 수 있으며, 동시에 흐르는 강물의 속도가 빨라지면서 강물과 함께 유입되는 흙이나 영양물질이 범람원에 퇴적될 틈 없이 빠른 강물에 휩쓸려 나가게 되어 농사에 부정적인 영향을 미치게 된다.

고대 이집트인들이 생각했던 이상적인 범람의 수준은 나일강의 수량이 범람 직전의 최저 수위에서 16큐빗(cubit)까지 불어나는 것인데(Noblecourt, 2007: 26),  "팔을 꽉 채운 것," 즉 팔꿈치에서 손가락 끝까지를 '채운' 길이를 뜻하는 큐빗, 즉 '완척腕尺'은 고대 이집트에서는 약 52.5센티미터였다. 따라서 고대 이집트인에게 가장 적절한 범람의 수위는 최저수위를 기준으로 약 8.4미터 위가 되는 것이다. 이처럼 이상적인 수위를 기준으로 매년 범람의 규모를 측정하기 위하여 고대 이집트 문명 초기부터 나일강을 따라 눈금을 새긴 판을 강으로 통하는 계단 옆에 수직으로 설치한 측량시설이 곳곳에 설치되었는데, 이처럼 범람 시 수위를 측정할 수 있는 시설을 나일강 수위계(nilometer)라고 한다.

| 고대 이집트의 지형 및 지명 |

고대 이집트인들이 자신들의 거주지를 부르는 말로는 앞서 살펴본 "케메트" 이외에도 "괭이의 땅"이라는 뜻인 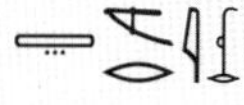 "타-메

리"가 있다. 그러나 이집트인들이 가장 즐겨 사용했던 단어는 "두 땅", 다시 말해 상·하이집트를 지칭하는  "타위"였다. 나일강을 중심으로 형성된 '두 땅'은 이집트인들에게는 말 그대로 세계의 중심이었다. 고대 이집트인들은 주변의 다른 지역을 모두  "이방"異邦 혹은 "불모지대"로 불렀다. 한편, 북부 하이집트의 삼각주 지대 너머로는  "거대한 청록", 즉 '지중해'가 위치했고, 남부 계곡 지대의 최남단 도시는 현재 이집트의 수도인 카이로에서 약 950킬로미터 떨어진 '엘레판티네', 즉 아스완이었다. 국경도시로서 군사적·경제적 요충지였던 아스완 너머로는 오늘날의 수단 동북부 지역에 해당하는 누비아가 존재했다.

누비아는 아스완 남쪽 제1급류 아래에 위치하는데 현재 제1급류에서 제6급류에 이르는 지역은 수단 북동부에 해당한다. 고대 이집트인들은 이 남부 국경 지역을 '활의 땅'이라고도 불렀다. (이는 '활처럼 굽은 땅'으로 해석될 수도 있고 '활의 민족들이 사는 땅'으로 해석될 수도 있는데, 실제로 이 지역 주민들은 강건한 체격과 뛰어난 궁술로 유명했으며 이집트 본토에서 용병으로 활약하기도 했다.) 누비아라는 지명은 고대 이집트어  "눕", 즉 "금"에서 유래된 것으로 추정된다. 이집트와 누비아가 국경을 맞대고 있는 동부 사막지대에는 다수의 금광이 밀집해 있었는데 이곳에서 채굴된 금은 이집트 경제에서 매우 중요한 역할을 담당했다.

고대 이집트인들은 남부 접경지대와 이들 금광을 방어하기 위해 중왕국 시대부터 제3급류와 제2급류 사이의 나일강 유역에 거대한 요새를 구축했으며, 이집트의 영토가 역사상 가장 넓었던 신왕국 시대 제18왕조 투트모세 3세 치세에는 누비아의 토착 왕조였던 "쿠시" 왕국의 수도 메로에(Meroë)가 위치한 제5급류까지 진출하여 곳곳에 식민도시를 건설했다. 제4급류와 제3급류 사이에는 신왕국 시대 이후 이집트를 지배했던 누비아 제25왕조의 수도 나파타가 위치해 있었다. 한편, 제2급류와 제1급류 사이 지역의 상당 부분은 1960년부터 현대적인 댐이 본격적으로 건설되면서 5,000제곱킬로미터에 이르는 세계 최대 규모의 인공호인 나세르호湖 아래로 수몰되어 버렸으며 수천 년간 쉼 없이 지속되었던 나일강의 범람도 멈추게 되었다.

고대 이집트의 수도는 카이로 남부에 위치한 멤피스였으며 이집트 전역은 "노모스"(nome, 헬라어: νομός)라고 불리던 행정구역으로 나뉘어져 통치되었다. 시대마다 조금씩 차이가 있지만 통상 상이집트에 22개, 하이집트에 20개의 노모스가 존재했다. 또한 이집트 서부 사막에는 다수의 오아시스(이집트어로는 "웨하트"였으며, 이것의 그리스식 발음에서 ὄασις "오아시스"라는 단어가 파생되었다)가 존재했으며, 그중 가장 큰 것이 카이로에서 서북쪽으로 130킬로미터 떨어진 파이윰(Fayum, 고대 이집트어의 "호수"를 아랍어로 발음한 것)이다. 파이윰으로는 나일강의 유일한 지류인 바르-유세프(Bahr Yusef, 아랍어로 بحر يوسف), 즉 "요셉의 수로"(waterway of Joseph)를 통해 나일강이 약 200킬로미터에 걸쳐 흘러 들어간다.

보론

나일강과 「혼일강리역대국도지도」

조선왕조 태종太宗 2년인 1402년 제작된 「혼일강리역대국도지도 混一疆里歷代國都之圖」는 아프리카 대륙의 해안선이 모두 그려진 동아시아 최초의 세계지도이다.• 중국과 한반도를 중심으로 그려진 이 지도에서 유심하게 살펴보아야 할 곳은 바로 아프리카 북부와 중동 지역이다. 이 지도에는 哈丹(합단) "아덴"(Aden), 骨思巢昔那(골사소석나) "콘스탄티노플"(Constantinople), 都迷失(도미실) "다마스커스"(Damascus), 馬喝(마갈) "메카"(Mecca), 六合打(육합타) "바그다드"(Bagdad), 密思(밀사) "카이로", 阿剌賽伊(아자새이) "알렉산드리아" 등과 같은 주요 도시들이 세세하게 표시되어 있으며, 특히 알렉산드리아에는 기원전 279년 알렉산드리아 항구 파로스(Pharos) 섬에 세워진 약 110미터 높이의 등대도 묘사되어 있다. 무엇보다 놀라운 것은 나일강의 두 원류인 백나일과 청나일이 하나로 합수

• 「혼일강리역대국도지도」는 현재 두 점이 존재하는데 두 점 모두 일본에 소장되어 있다. 이 중 원본은 임진왜란 당시 왜장 가토 기요마사(加藤清正, 1562-1611년)에 의해 반출되어 혼묘지(本妙寺)에 보관되다가 교토의 류코쿠(龍谷) 대학에 위탁되었다. 다른 하나는 원본의 필사본으로 에도시대 혼코지(本光寺)에서 필사된 후 현재 덴리(天理) 대학에서 보관 중이다.

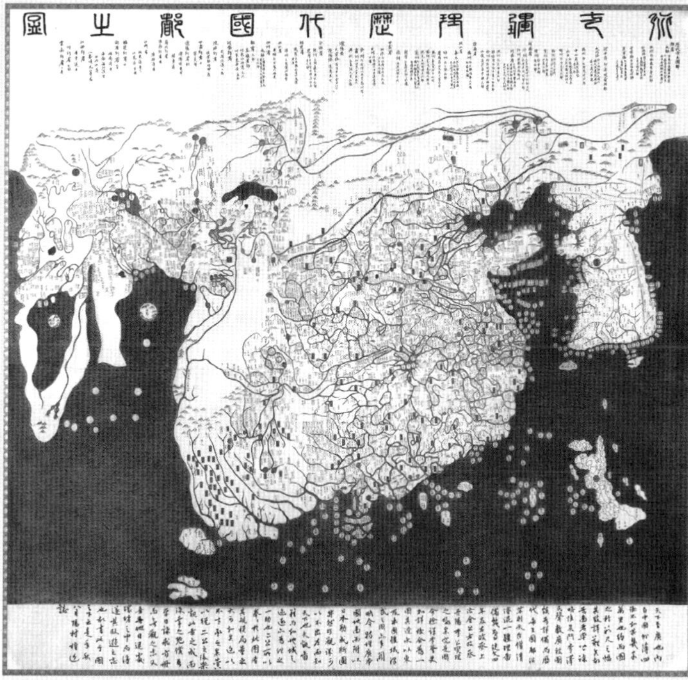

[그림 A1-4] 「혼일강리역대국도지도」 규장각 소장본

하여 흐르는 모습이 이 지도에 그려져 있다는 사실이다. 그리고 이들 두 원류가 발원하는 곳을 這不魯哈麻(저불로합마), 즉 "자발 알-카마르"(Jabal al-Qamar, 아랍어로 جبل القمر)로 표시했는데 "달의 산"이라는 뜻을 가진 이 산은 오늘날의 우간다에 위치한 르웬조리산(Rwenzori Mountains)으로 알려져 있다. 해발 5,109미터로 아프리카에서 세 번째로 높은 산인 르웬조리산은 정상이 만년설로 덮여 있는데, 이곳 원주민들이 이 만년설이 달빛처럼 하얗게 빛난다고 한 데서 "달의 산"이라는 이름이 유래되었다.

세계 7대 불가사의 중 하나인 알렉산드리아의 파로스 등대가 지진으로 붕괴된 것이 1326년이다. 그리고 유럽인들이 아프리카 대륙의 해안선을 파악하기 시작한 시기는 포르투갈의 탐험가 바르톨로메우 디아스(Bartolomeu Dias, 1450-1500년)가 아프리카 최남단 희망봉(Cabo da Boa Esperança)에 도달했던 1488년 이후라는 것을 고려할 때, 「혼일강리역대국도지도」는 14세기 이전의 지리정보를 참고하여 제작된 것이 분명하다. 이와 관련하여 당시 참찬문하부사參贊門下府事였던 권근(權近, 1352-1409년)이 작성한 지도의 발문跋文에는 원나라의 리쩌민李澤民이 1330년경 제작한 「성교광피도聲教光被圖」 등을 참고했다고 서술되어 있다.

「성교광피도」는 원나라 시대에 아랍에서 입수한 지도를 저본底本으로 한 이슬람계 지도일 것으로 추정되는데, 조선에서는 「혼일강리역대국도지도」를 제작하는 과정에서 세계지도의 윤곽을 그릴 때 이 지도를 참고한 것으로 보인다. 중세 아랍인들은 서유럽이 신학의 암흑시대였을 때 고대 그리스의 지적 유산을 계승하고 발전시킨 주역이었으며, 나일강 상류 지대를 파악하는 데서 이들은 기원후 2세기 중반경 이집트 알렉산드리아에서 활동했던 천문학자이자 지리학자였던 클라우디우스 프톨레마이오스(Κλαύδιος Πτολεμαῖος, 100-170년경)의 『지리학 안내』(Γεωγραφικὴ Ὑφήγησις) 등과 같은 고대 그리스의 지리정보를 참고했다(KBS 「문명의 기억, 지도」 제작팀, 2012: 22-91).

나일강이 범람하는 원인을 오시리스를 애도하기 위하여 이시스 여신이 흘린 눈물, 혹은 범람의 신 하피의 조화와 같은 신화적 사건으로만 생각했던 이집트인들과는 달리 그리스인들은 탐사와 현지 조사로 범람이라는 자연현상의 객관적이고 물리적인 이유를 탐구하고자 했고, 그 결과 나일강의 범람이 수단 이남以南에 위치한 두 원류에 내리는 계절성 장마에 따른 것이라는 사실을 밝혀냈다. 이와 같은 그리스의 선진 지리정보를 총 8권으로 집대성한 프톨레마이오스의 『지리학 안내』는 833년 페르시아의 대학자 무함마드 이븐무사 알-콰리즈미(Muhammad ibn-Musa al-Khwarizmi, 780-850년경, 페르시아어로 محمد بن موسى خوارزمى)가 번역·개정한 『지리서』(كتاب صورة الأرض)를 통해 아랍 세계에서 널리 공유되었으며, 지리학자이자 중세 아랍의 이집트학자였던 무함마드 알-이드리시(Muhammad al-Idrish, 1100-1165년, 아랍어로 محمد الإدريسي القرطبي الحسني السبتي أبو عبد الله)가 1154년 당시의 지리정보를 총 정리하여 출판한 『세계 각지를 탐험하고자 하는 이를 위한 여행서』(نزهة المشتاق في اختراق الآفاق)에서 그 절정을 맞았다. 유럽에서 『루게루(왕)의 지도』(*Tabula Rogeriana*)로 알려진 이 책은 이후 크리스토포로 콜롬보(Cristoforo Colombo, 1451-1506년), 바스쿠 다가마(Vasco da Gama, 1460/69-1524년) 등과 같은 서구 유럽의 초기 탐험가들이 대항해시대를 여는 데에도 상당한 기여를 했다.

부록 2

이집트의 역사

| 이집트 역사의 재구성 |

동아시아의 전제군주 시대와 마찬가지로 고대 이집트인들 역시 왕이 즉위한 해로부터 연도를 계산하는 연호年號 체계를 사용했다.● 예를 들어, 중왕국 시대 제12왕조 아멘엠하트 3세(Amenemhat III, 기원전 1831-1786년) 치세에 작성된 연호는 다음과 같다.

상·하이집트의 왕 니-마아트-레 폐하 치세 2년 범람기 셋째 달 1일

● 엄밀하게 말하면 '연호 체계'라는 용어는 이집트의 연도 표시에는 사용할 수 없다. 동아시아와는 달리 왕이 즉위한 해에 붙여진 고유한 이름이 없기 때문이다. 그러나 이집트의 연도 표시에는 대개 파라오가 왕위에 오를 때 부여받았던 즉위명이 사용되었으며, 왕의 즉위 연도를 기준으로 햇수를 계산하기 때문에 편의상 '연호 체계'라는 용어를 사용하기로 한다. 고대 이집트에서 연호 체계가 본격적으로 사용되기 시작한 것은 고왕국 시대부터이며 그 이전에는 왕이 즉위한 해가 아니라 대략 2년에 한 번씩 시행되던 인구·가축 실태조사(센서스)를 기준으로 연도가 계산되었다. 인구·가축 실태조사를 연도 계산에 사용하던 풍습은 이후 연호 체계에도 그대로 반영되었는데 연호에서 "치세"(治世, Regnal Year)를 뜻하는 용어는 직역하면 "집계(集計)의 해"라는 뜻이다.

이런 연호 체계에는 왕의 재위 기간을 객관적으로 파악할 수 있다는 장점이 있다. 이집트의 마지막 파라오인 클레오파트라 7세 필로파테르(Κλεοπάτρα Φιλοπάτωρ, 기원전 51-30년)가 사망한 시점이 기원전 30년이라는 것은 역사적으로 확정된 사실이므로 기원전 30년을 기준으로 이전 왕들이 다스렸던 시기를 차감하면 이론상으로는 왕조시대가 시작된 이후 3,000년간 이집트를 지배한 모든 파라오들의 재위 연도를 파악하는 것이 가능하다.

그러나 이와 같은 방법에는 사실 몇 가지 문제가 있다. 첫째, 얼마나 많은 파라오들이 얼마나 오랫동안 통치했는지가 완벽하게 파악되지 않았다. 고대 이집트인들이 작성한 왕명록王名表(king list)에서 실수로 혹은 고의적으로 누락된 파라오들도 있으며, 사료의 부족으로 실제 즉위 여부나 재위 기간이 불분명한 왕들도 있다. 둘째, 하나의 중앙정부가 이집트 전역을 장악했던 왕조시대와 달리 이집트가 남북으로 분열된 혼란기에는 동시대에 수립되어 서로 경쟁했던 복수複數의 왕조가 존재했으며, 단일한 왕조가 이집트를 통치했던 시대에도 부왕이 후계자를 새로운 왕으로 즉위시킨 후 자신은 상왕이 되어 아들과 함께 통치하는 공동통치 제도를 채택하는 경우도 있었다. 이때 왕들의 통치 기간은 서로 겹칠 수밖에 없는데, 그 시기가 얼마나 되는지 정확히 파악할 수 없을 때가 많다. 따라서 앞서 언급한 방법, 즉 기원전 30년을 기준으로 왕들의 통치 기간을 소급하는 방법으로는 이집트의 역사를 정확하게 복원하는 것은 사실상 불가능하다. 셋째, 고대 이집트인들이 사용했던 역법과 관련해서도 문제가 있다. 이집트인들이 일상생활에서 사용하던 달력인 상용력은 1년을 365일로 정해 두었다. 그러나 지구가 태양을 한 번 공전하는 시간을 기준으로 하는 태양력의 1년은 정확하게 $365\frac{1}{4}$일이다. 오늘날 우리가 상용력으로 사용하는 그레고리력(Gregorian calendar)은 윤년을 지정하여 4년마다 한 번씩 2월에 하루를 더함으로써 이 문제를 해결하고 있다.● 그러나 고대 이집트의 역법체계에는 윤년이 없었으며 그 결과 4년마다 하루가 뒤로 밀리는 현상이 발생했다. 예를 들어,  "범람기 첫째 달 1일"이 올해 7월 17일이었다면 4년 뒤에는 7월 16일이 되고 8년 뒤에는 7월 15일이 되는 식이다.

그러나 이렇게 빈약하고 편향된 사료와 불완전한 역법에도 불구하고 고대 이집트의 연대를 비교적 정확하게 계산할 수 있는 방법이 있다. 바로 천체 현상을 이용하는 것이다. 역법에 관계 없이 모든 천체 현상은 태양력의 주기를 한 치의 오차도 없이 따른다. 다른 모든 고대문명과 마찬가지로 이집트인들 역시 별들의 운행에 깊은 관심을 가졌으며 태양과 특정한 별의 움직임을 수세기에 걸쳐 꼼꼼하게 기록했는데, 고대 이집트의 연대를 복원하는 데 가장

● 태양력은 태음력에 상대되는 역법이다. 태양력을 최초로 만들어 사용한 사람들 역시 고대 이집트인들이다. 이집트인들은 나일강이 범람하기 직전 동쪽 하늘에 떠오르는 천랑성(시리우스)과 태양과의 관계를 면밀하게 관찰했으며, 이를 바탕으로 기원전 18세기경부터 1년을 365일로 하는 태양력을 개발했다. 이집트의 태양력은 30일로 이루어진 12달에 연말에 5일을 더하는 형식으로 구성되었다. 이후 이집트인들은 천랑성과 태양과의 관계를 보다 정교하게 관측하여 1년이 $365\frac{1}{4}$일이라는 것을 알게 되었다. 이와 같은 지식이 기원전 45년 로마의 역법을 이집트식으로 개정한 율리우스력(Julian calendar)에 전수되어 4년마다 하루를 더하는 윤년이 생겼으며, 이후 1582년 1년의 평균 길이를 다시 365.2425일로 하는 그레고리력에 인계되어 현재에 이르렀다. 그레고리력에서는 4년마다 윤년을 두되 100으로 나뉘는 해는 윤년으로 하지 않고 다시 400으로 나뉘는 해는 윤년으로 하는 복잡한 역법이 사용된다.

유용한 별은 앞서 언급한 천랑성이다.

천랑성은 나일강이 범람하기 직전에 동쪽 지평선에 모습을 드러내는데 고대 이집트에서 나일강의 범람은 한 해의 시작이기도 했다. 따라서 이론적으로 천랑성이 출현한 날은 언제나 이집트 상용력으로 새해 첫날인 범람기 첫째 달 1일이 되어야 한다. 그러나 이집트 상용력이 실제로는 4년에 하루씩 늦어졌으므로 천랑성이 출현한 날 역시 4년에 하루씩 뒤로 밀렸다. 그러므로 4년 동안 범람기 첫째 달 1일에 관측되던 천랑성은 이후 4년간은 1년의 마지막 날에, 다시 이후 4년간은 그 하루 뒤에 관측될 수밖에 없다. 이렇게 천랑성이 실제 출현한 날과 명목상의 새해 첫날 간의 차이가 하루 이틀씩 벌어지다 마침내 1년을 모두 채우고 다시 새해 첫날 관측될 때까지 총 1,453년이 걸리는데 이집트학에서는 이것을 '천랑성 주기'(Sothic Cycle)라고 부른다.

이집트의 역사를 집대성한 사람은 이집트가 그리스의 지배를 받던 프톨레마이오스왕조 시대의 마네토(Μανέθων)라는 신관이었다. 페르시아의 지배를 받던 이집트를 '해방'시키고 이집트에 프톨레마이오스왕조를 세운 마케도니아 출신의 왕들은 자신들이 수천 년 역사를 자랑하는 이집트의 마지막 지배자라고 생각했다. 이와 같은 생각을 구체화하기 위해 프톨레마이오스왕조의 두 번째 왕 프톨레마이오스 2세 필라델푸스(Πτολεμαῖος Φιλάδελφος, 기원전 309-246년)는 하이집트 북부 세베뉘토스(Σεβέννυτος) 출신의 신관 마네토에게 당시까지 이집트의 역사를 총괄하는 역사서를 기술하라는 명령을 내렸으며, 이에 마네토는 『아이귑티아카』(Αἰγυπτιακά)라는 이집트 역사서를 고대 그리스어인 헬라어로 저술했다. 하지만 아쉽게도 현재는 소실되어 1세기에 활동했던 로마의 유대인 역사학자 플라비우스 요세푸스와 같은 후대의 다른 저술가의 인용을 통해서만 그 내용을 짐작할 수 있다.●

한편 마네토는 이집트의 역사를 크게 고왕국 시대(Old Kingdom), 중왕국 시대(Middle Kingdom), 신왕국 시대(New Kingdom)로 분류하고 각 시대별로 다시 30개의 왕조로 세분했는데 이와 같은 그의 왕조 분류법은 지금까지도 그대로 사용되고 있다.

| 고대 이집트의 왕조별 역사 |

이집트 역사의 여명기에 해당하는 기원전 5000년경부터 이집트에서 농경과 목축이 본격적으로 시작되면서 나일강을 따라 초기 거주지가 생겨나기 시작했다. 시간이 지남에 따라 이들 거주지 중 일부는 정치적 중심지로 부상했으며, 이에 따라 주변 지역을 복

● 플라비우스 요세푸스의 본명은 요세프 벤 마티타후(יוסף בן מתתיהו)다. 제1차 유대 전쟁(First Jewish-Roman War, 66-73년)에 갈릴리(Galilee) 지역 요타파타(Jotapata)의 유대 방위군 지휘관으로 참전했으나 포로로 잡힌 후 전향했으며 이후 황제가 되는 베스파시아누스(Titus Flavius Vespasianus, 9-79년)의 배려로 석방된 후 로마 시민이 되었다. 75년경 로마와 유대 민족 간의 전쟁을 다룬 『유대전쟁사』(Bellum Judaicum)와 95년경 『유대상고사』(Antiquitates Judaicae)를 저술했으며, 97년경 저술한 『아피온 반박문』(Contra Apionem) 등에서 마네토의 『아이귑티아카』를 인용했다. 또한 2-3세기의 역사가 섹스투스 율리우스 아프리카누스(Sextus Julius Africanus, 160-240년경)와 에우세비우스 팜필리우스(Eusebius Pamphilius, 260/265-339/340년)가 각기 다른 필사본을 바탕으로 『아이귑티아카』의 요약본을 작성한 것으로 알려져 있다.

속·통합하면서 세력을 확대해 나갔다. 특히 상이집트 지역에서 발흥한 히에라콘폴리스, 나카다(Naqada), 티스(This) 등이 초기왕조 시대 이전의 통일운동을 주도했다.

초기왕조 시대(기원전 3000-2686년)

기원전 3000년경 제1왕조의 전설적인 왕 메네스(Menes)가 상·하이집트를 통합하여 중앙집권적인 통일국가를 이룬 후 고왕국 시대가 시작되기 전까지 약 400년간의 기간을 말한다. 파라오의 왕권과 내세의 삶에 대한 개념이 이때 정립되었으며, 문자(이집트 성각문자)가 처음 도입되었고, 이후 수천 년간 이집트 예술 양식에 사용될 다양한 상징체계 역시 이 시기에 처음 출현했다. 특히, 왕의 분묘는 그 규모와 복잡성에서 괄목할 만한 발전을 거듭하여 마침내 제3왕조의 조세르에 이르러서는 벽돌로 지어진 장방형 석축 구조물인 마스타바(mastaba)에서 탈피하여 사상 최초로 거의 모든 부분에 석재가 사용된 계단식 피라미드(Step Pyramid)가 건립되었다.

고왕국 시대(기원전 2686-2160년)

초기왕조 시대 이후 제4왕조(기원전 2613-2494년), 제5왕조(기원전 2494-2345년), 제6왕조(기원전 2345-2181년)에 이르는 시기를 말한다. 이 시기에는 강력한 파라오의 안정적인 통치 아래 새로운 도시가 건립되는 등 경제가 발전하고 화려한 왕실 문화가 꽃피게 된다. 제4왕조의 첫 번째 파라오 스네페루가 메이둠(Meidum)과 다슈르(Dahshur)에 총 3기의 피라미드를 건설한 데 이어 그의 뒤를 이은 쿠푸(Khufu, 기원전 2589-2566년), 카프레(Khafre, 기원전 2558-2532년), 멘

카우레(Menkaure, 기원전 2532-2503년)가 전통적인 행정수도 멤피스 근처의 기자 고원에 자신들의 피라미드를 차례로 건설하면서 본격적인 '피라미드의 시대'가 열리게 된다. 한편, 제5왕조의 마지막 파라오인 우나스 왕부터 세계에서 가장 오래된 장례 문서로 인정받고 있는 장례 주문 모음집인 『피라미드 텍스트』가 피라미드 현실(또는 묘실)과 전실 내벽에 새겨지기 시작했다. 고왕국 말기에 왕권이 급격히 약화되면서 중앙정부의 힘이 약화되고 노모스를 지배하고 있던 지방 호족들의 세력이 강화되면서 이집트는 기원전 2160년경부터 내분기인 제1중간기에 돌입하게 된다.

제1중간기(기원전 2160-2055년)

제1중간기는 제6왕조 말기에 두드러진 왕권의 약화와 함께 시작되었다. 이 시기에 접어들자 이집트의 행정구역인 노모스로 파견된 관리들은 점차 중앙정부로부터 독립하여 자신의 세력을 넓히기 시작했으며 일부 지방 호족은 상당한 정치세력으로 부상했다. 이들은 과거 왕의 피라미드 근처에 마스타바를 건립하는 풍습에서 탈피하여 자신이 다스리는 노모스에 거대한 개인 분묘를 건설했다. 많은 지방 호족의 분묘에서는 자신의 관할 지역과 인근에서 발생한 기근과 같은 위기를 성공적으로 극복했다는 자전적 기록이 발견되며, 중왕국 시대부터 이 당시의 참상을 강조하는 문학작품이 등장했다. 일반적으로 격심한 내분과 혼란의 시기로 인식되고 있으나 일부 학자는 중앙정부의 통제에서 벗어나 독자적인 지역문화가 개화한 시기로 보기도 한다.

중왕국 시대(기원전 2040-1650년)

상이집트 출신의 몬투호텝 2세가 이집트를 재통일하면서 제7왕조에서 제10왕조에 이르는 제1중간기가 끝나고 제11왕조(기원전 2055-1985년)가 시작되었다. 이어 아멘엠하트 1세의 즉위와 함께 중왕국 시대의 핵심을 이루는 제12왕조(기원전 1985-1773년)가 건립되었다. 왕조 후반의 센와세레트 3세, 아멘엠하트 3세 등과 같은 제12왕조의 걸출한 파라오들은 국경을 확장하고 지방 호족의 세력을 억제하는 한편, 이집트 중부 지역의 거대한 담수호인 파이윰 지대를 개발하는 데 주력했다. 강력한 파라오가 다시 등장하고 개간 사업을 통해 농산물의 생산이 증대하면서 고왕국 시대에 이어 다시 한 번 화려한 문학과 예술의 시대를 맞이했다. 특히, 이 시대에 사용된 중기 이집트어(Middle Egyptian)는 이후 수천 년에 걸쳐 이집트의 표준 문어체로 사용되게 되었으며, 초인적인 의무를 묵묵히 수행하는 파라오의 고뇌를 사실적으로 표현한 엄격한 양식의 조각들은 당시의 '시대정신'(Zeitgeist)을 잘 표현한 걸작으로 평가받고 있다.

제2중간기(기원전 1650-1550년)

중왕국 시대 말기부터 하이집트 삼각주 지역에 정착하기 시작한 셈족이 제12왕조 말기의 혼란기를 틈타 하이집트를 지배하게 되었다. 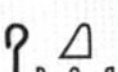 "힉소스인"(Hyksos)으로 불린 이 이방인 지배자들이 이집트의 풍습과 전통을 받아들여 파라오로 즉위하면서 이집트는 힉소스의 지배를 받는 하이집트와 토착 왕조가 다스리는 상이집트로 양분되어 또 다른 혼란기인 제2중간기를 맞았다. 한편, 상이집트의 테베 지역을 장악한 세력이 제17왕조를 세우면서 이집트를 힉소스의 지배에서 해방시키고자 하는 노력이 본격적으로 시작되었다. 제17왕조 초기에 해당하는 상이집트의 파라오들은 20여 년간 계속된 통일 전쟁을 통해 힉소스를 이집트에서 완전히 축출하는 데 성공하게 되었고, 이집트는 또 한 번의 전성기를 구가했다.

신왕국 시대(기원전 1550-1069년)

이집트 북부를 장악하고 있던 셈족을 몰아내고 건설된 신왕국 시대는 이집트 통일 왕조가 북으로는 시리아-팔레스타인 지역에서 남으로는 누비아 내륙에 이르는 거대한 패권국가로 성장하는 시기였다. 이민족과 맞선 해방전쟁 이후 영토를 확장하려는 호전적인 정책이 지속됨에 따라 초기 파라오들은 강인한 전사의 면모를 보였으나, 메소포타미아 지역에서 제국 간의 균형이 유지되고 아나톨리아(오늘날의 튀르키예) 지역에서 번성한 또 하나의 고대 제국 히타이트(Hittite)와 평화조약이 체결됨에 따라 이집트 문화는 또 한 번의 전성기를 구가했다.

신왕국 시대는 특히 개성 넘치는 파라오들이 많이 배출된 시기였다. 이집트가 대제국이 될 수 있는 기틀을 마련한 투트모세 1세, 강력한 여성 파라오로 이집트를 번영으로 이끈 여성 파라오 하트셉수트, 이집트의 정복왕으로 불리는 투트모세 3세, 제국의 막대한 부를 바탕으로 역사상 가장 찬란한 궁정문화를 누렸던 아멘호텝 3세, 인류사 최초의 '종교개혁'을 주도한 아멘호텝 4세/아켄아텐, 1922년 무덤이 도굴되지 않고 완벽하게 유지된 상태로 발굴되면서 가장 유명한 파라오의 반열에 오른 소년왕 투탕카멘, 그리고 따로 설명이 필요 없는 '파라오 중의 파라오' 람세스 2세 등 이집트 역사상 가장 유명한 파라오들이 모두 이 시기에 배출되었다.

제3중간기(기원전 1069-664년)

모든 왕이 자신의 즉위명으로 '람세스'를 사용했던 제20왕조 람세스 시대의 마지막 파라오 람세스 11세가 사망하면서 이집트는 다시 한번 내분에 빠졌다. 이집트는 다시 남북으로 갈라져 북부 지역에서는 타니스가 제21왕조와 제22왕조의 수도가 되었고, 남부에서는 테베의 카르낙 대신전을 중심으로 신관들이 신탁을 통해 행정 업무 등을 수행하는 신정정치가 시행되었다. 신왕국 시대 후기부터 이집트 북부의 나일 삼각주 지대에는 많은 리비아인이 정착했는데 (제21왕조의 일부 왕을 비롯하여) 리비아 부족의 지배계층이 제22왕조, 제23왕조, 제24왕조를 수립하면서 권력을 분점했다. 이와 동시에 중부 이집트와 나일 삼각주 지역에는 소규모 왕조가 난립하게 되면서 이집트는 남북에 걸쳐 여러 정치집단으로 분열되었으나 상누비아의 제25왕조 혹은 쿠시 왕조에 의해 다시 통일되었다.

후기왕조 시대(기원전 664-332년)

제26왕조(기원전 664-525년)에서 페르시아 지배기인 제31왕조(기원전 343-332년)에 이르는 시기를 흔히 후기왕조 시대라고 한다. 나일 삼각주 사이스에 근거지를 둔 제26왕조 시대에 이르러 이집트는 정치·경제·외교·문화·예술 등 다양한 부문에서 마지막 번영의 시대를 구가했지만 페르시아의 침입을 받으며 이 번영의 시대는 갑작스러운 막을 내리게 되었다. 제30왕조(기원전 380-343년)의 왕들이 이집트 왕가의 명맥을 간신히 유지하지만 기원전 343년 페르시아가 국력을 재결집하여 이집트를 다시 정복하면서 제30왕조의 마지막 파라오 넥타네보 2세(Nectanebo II, 기원전 360-343년)를 끝으로 이집트인 파라오가 다스리는 왕조시대는 마침내 종언을 고했다.

그리스·로마 지배기(기원전 332년-기원후 395년)

기원전 332년 마케도니아의 알렉산드로스 3세(Αλέξανδρος, 기원전 332-323년)가 페르시아를 정복하면서 당시 페르시아 제국의 일부였던 이집트도 그리스의 지배를 받게 되었다. 기원전 323년 알렉산드로스 3세가 요절하면서 이집트는 그의 장군 중 한 명인 프톨레마이오스 1세 소테르(Πτολεμαῖος Σωτήρ, 기원전 305-285년)의 왕국으로 독립했다. 지중해와 연한 이집트 북부에 건설된 새로운 수도 알렉산드리아에서 이집트를 통치한 프톨레마이오스왕조가 약 300년간 강력한 중앙집권체제를 강화하면서 이집트는 다시 한번 번영을 구가했지만, 기원전 30년 프톨레마이오스왕조의 마지막 군주인 클레오파트라 7세 필로파테르와 마르쿠스 안토니우스(Marcus Antonius, 기원전 83-30년)의 연합군이 악티움해전에서 훗날 아우구스투스 황제(Caesar Augustus)가 되는 옥타비아누스(Octavianus, 기원전 63-14년)에게 패함으로써 프톨레마이오스왕조는 끝나고 이집트는 로마 황제의 직할 속주로 전락했다. 학계에서는 이집트가 로마의 속주로 편입된 기원전 30년을 고대 이집트 문명이 막을 내린 시기로 보고 있다. 이후 이집트에 기독교가 전파되고 이어 기원후 641년에는 이슬람의 지배를 받게 되면서 이집트는 고대 문명으로서의 정체성을 완전히 상실했다.

비잔틴제국·이슬람 시대에서 현대까지(395-1956년)

395년 서로마제국과 동로마제국이 분리되면서 이집트는 동로마제국, 즉 비잔틴제국(Byzantine Empire, 330-1453년)의 영토가 되었다. 이곳은 서부 삼각주 지대와 알렉산드리아를 포함하는 조비아 이집트(Aegyptus Jovia), 동부 델타와 중부 이집트를 포함하는 헤르쿨리아 이집트(Aegyptus Herculia), 남부 이집트를 포함하는 테베 광역권(Thebais) 등 세 지역으로 분할 통치되었다. 그러나 이집트인들은 비잔틴제국의 통치를 달가워하지 않았는데, 그 이유는 스무 가지가 넘는 과중한 세금이 부과되었을 뿐만 아니라 당시 비잔틴제국이 공인한 기독교 교리인 칼케돈파(Chalcedonians)나 멜키트파(Melkites)와 다르다는 이유로 단성론 기독교인 이집트 콥트교가 당국으로부터 탄압받았기 때문이다.•

641년 이집트는 비잔틴제국에 이어 아랍 제국의 속주가 되었다. 이때 로마인을 대신하여 많은 콥트교 이집트인들이 행정관리로 발탁되어 활약했다. 그러나 시간이 지나면서 일반 행정직은 아랍인 혹은 이슬람으로 개종한 이집트인들로 대체되기 시작했다. 아랍어가 공식적인 행정 공용어가 되면서 많은 이집트인이 지배계

• 칼케돈파는 칼케돈 신조(Chalcedonian Creed)를 따르는 기독교 분파를 말한다. 칼케돈 신조는 451년 개최된 칼케돈 공의회(Councilium Chalcedonese)에서 확립된 신조로 예수그리스도의 신성과 인성은 분리되지 않는다는 것을 그 내용으로 하고 있다. 칼케돈 공의회를 통해 콥트교 등 단성설, 즉 예수 그리스도에게는 단일한 성질만이 존재한다는 신학을 따르는 교회나 예수그리스도의 인성을 강조하는 네스토리우스파(Nestorianism) 교회는 모두 이단이 되었다. 한편, 멜키트파는 멜키트 그리스 가톨릭교회(Melkite Greek Catholic Church)로 칼케돈 공의회의 신조를 고수했던 동방 가톨릭교회의 하나다.

층에 합류하기 위해 이슬람으로 개종했으며 『꾸란』(Qur'an, 아랍어: القرآن)을 이해하기 위해 아랍어를 배우고, 아랍 여인들과 결혼했다. 그 결과 콥트교는 소수 종교로 전락했고 고대 이집트어의 마지막 단계였던 콥트어도 사어가 되고 말았다.

이후 튀니지의 파티마왕조(Fatimid Caliphate, 969-1171년)가 발흥하여 969년부터 이집트를 지배하기 시작했다. 파티마왕조는 멤피스에 알-카히라(Al-Qahira, 아랍어로 القاهرة)를 건설했으며, 이스마일파(Ismaili Shia)의 교리를 전파하기 위해● 알-카히라에 알-아즈하르대학(Al-Azhar University)을 건립했다. 파티마왕조 말기인 1171년 이집트는 살라 아딘 알-아유비(Salah ad-Din al-Ayyubi, 아랍어로 صلاح الدين يوسف بن أيوب الناصر, 1137-1193년)가 건립한 아유비 왕조(Ayyubid Dynasty, 1171-1250년)와●● 아유비 왕조의 경호 부대였던 튀르키예·

● 이스마일파(Ismaili Shia)는 이슬람 시아에서 '열두 이맘파'(Twelver Shia Imams)에 이어 두 번째로 큰 분파로 '일곱 이맘파'라고도 불린다. 시아는 예언자 무함마드(Mohamed, 아랍어로 مُحَمَّد اَبْن عَبْد اَلله, 517-632년)의 사위 알리 이븐 아비 탈립(Ali ibn Abi Talib, 아랍어로 عَلِيّ اَبْن أَبِي طَالِب, 594-661년)과 그의 아들 후사인 이븐 알리(Husayn ibn Ali, 아랍어로 اَلْحُسَيْن اَبْن عَلِيّ اَبْن أَبِي طَالِب, 625-680년)의 혈통만을 진정한 영적 지도자, 즉 이맘(Imam, 아랍어로 إمام)으로 여기는데, 대부분 시아 무슬림들은 열두 명의 이맘을 인정하지만 "일곱 이맘파"는 일곱 명만이 이맘의 칭호를 정당하게 보유했다고 생각한다.

●● 1291년 십자군으로부터 예루살렘을 탈환한 아랍의 영웅 살라 아딘 알-아유비는 흔히 "살라딘"(Saladin)으로 알려져 있으며 2005년 개봉된 영화 「킹덤 오브 헤븐」(Kingdom of Heaven)을 통해 다시 한번 대중화되었다. 한편, 맘루크 왕조 당시의 이집트는 동서 교역의 중심지로서 유례없는 번영을 누렸다. 그러나 맘루크 왕조의 독점체제에 불만을 품은 유럽인들이 아시아와의 새로운 교역로를 찾아 나서기 시작하고 마침내 포르투갈의 탐험가 바스쿠 다가마가 1498년 아프리카 남단 희망봉을 건너면서 인도와 지중해를 잇는 교역 중심지였던 이집트의 번영도 종말을 맞았다.

체르케스(Cherkess, 튀르키예어로 Çerkesya)·슬라브 출신의 '백인노예'가 주축이 된 맘루크(Mamluk, 아랍어: مملوك) 기병대가 건립한 맘루크 왕조(Mamluk Sultanate, 1250-1571년)의 지배를 받았으며, 1516년부터는 오스만제국(Ottoman Empire, 1299-1923년)의 속주가 되었다. 그러나 1566년 술레이만 대제(Suleiman the Magnificent, 1494-1566년)가 사망하면서 오스만제국은 쇠락의 길로 접어들게 되고 토착 맘루크 세력이 다시 부상하면서 이집트는 지속적인 내분을 겪기 시작했다.

1798년 프랑스 군대가 이집트를 침공하면서 이집트의 역사는 새로운 전기를 맞았다.● 나폴레옹 보나파르트의 근대식 군대는 맘루크 기병대를 격파하지만 허레이쇼 넬슨(Horatio Nelson, 1758-1805년) 제독이 이끄는 영국 해군에 패배하면서 이집트는 권력의 공백기에 빠졌다. 그런데 이 권력의 공백기를 이용하여 알바니아 출신의 무함마드 알리(Mohammed Ali, 아랍어로 محمد علي باشا, 1769-1849년)

● 1789년 대혁명 이후 다섯 명의 총재를 중심으로 한 집단 지배체제를 도입하여 권력을 분담한 총재정부는 1798년 지중해 무역로를 장악하고 영국을 견제하기 위해 나폴레옹을 사령관으로 하는 프랑스 원정대를 이집트로 파견했다. 그러나 이와 같은 프랑스의 적극적인 공세를 차단하고 프랑스의 혁명 정신이 유럽 전역으로 전파되는 것을 막기 위해 영국을 중심으로 러시아·오스만제국·포르투갈·시칠리아 등이 참여한 대(對)프랑스 동맹이 성립되었고, 그 결과 나폴레옹이 이끄는 프랑스군은 이집트에서 1년간 고전을 면치 못했으며, 1798년 8월에는 나일강 전투에서 영국군에 참패를 당하고 말았다. 이듬해인 1799년 10월 나폴레옹은 군대를 이집트에 남겨 둔 채 홀로 귀국한 후 총재정부를 타도하려는 정치세력과 손을 잡았다. 군대를 이끌고 파리에 입성한 그는 11월 9일 자코뱅파의 준동을 예방한다는 구실로 총재정부의 지도자들을 감금했고 다음 날 정부의 해체를 공식적으로 선언했다. 이어 헌법을 개정한 후 스스로 통령(統領)이 되어 통령정부를 출범시켰다. 1799년 11월 9일 나폴레옹이 총재정부를 해산한 날이 공화력(共和曆)으로는 "안개의 달"[霧月], 즉 *Brumaire* "브뤼메르"였기 때문에 이 사건을 "브뤼메르 18일 쿠데타"(Coup d'État du 18 Brumaire)라고 부른다.

[그림 A2-1]
세 명의 맘루크 창기병,
다니엘 호퍼(Daniel Hopfer) 작품

가 맘루크 세력을 제거하고 이집트의 새 지배자가 되었다. 그러나 1869년 수에즈운하 개통, 제1차 세계대전 등과 같은 역사적 격변을 겪으면서 이집트는 실질적으로 영국의 지배 아래에 놓였다.

1919년 외세에 저항하는 대규모 폭동이 발발하자 영국은 입헌군주국으로서 이집트의 독립을 인정하고 무함마드 알리의 후손인 푸아드 1세(Fuad I, 아랍어로 فؤاد الأول, 1868-1936년)에게 통치권을 이양했지만 실질적인 지배권은 계속 유지했다. 그러나 제2차 세계대전 직후인 1948년 신생국 이스라엘과의 전쟁에서 패전하게 되자 왕정에 대한 민중의 불만이 고조되기 시작했고, 마침내 1952년 7월 자유장교단에 의해 쿠데타가 발발했다. 이후 1956년 6월 가말 압델 나세르(Gamal Abdel Nasser, 아랍어로 جمال عبد الناصر حسين, 1918-1970년)

가 국민투표를 통해 대통령에 선출되면서 이집트인들은 기원전 343년 마지막 파라오 넥타네보 2세의 폐위 이후 2,300년 만에 다시 자신들의 손으로 이집트인 지도자를 선출할 수 있었다.

참고문헌

I 신화생성적 사고

김용석, 2000, 『미녀와 야수, 그리고 인간: 애니메이션 장면 사이를 거닐며』, 서울: 도서출판 푸른숲.

나카자와 신이치, 2005a, 『신의 발명: 인류의 지知와 종교의 기원』, 카이에 소바주 4, 서울: 도서출판 동아시아.

____________, 2005b, 『대칭성 인류학: 무의식에서 발견하는 대안적 지성』, 카이에 소바주 5, 서울: 도서출판 동아시아.

디르크 슈테펜츠·프리츠 하베쿠스, 2021, 『인간의 종말: 여섯 번째 대멸종과 인류세의 위기』, 고양: 도서출판 해리북스.

이경재, 2002, 『신화해석학』, 서울: 다산글방.

조이한·진중권, 2003, 『천·천·히 그림 읽기』, 서울: 웅진지식하우스.

진중권, 1994, 『미학 오디세이 2』, 서울: 새길출판사.

Campbell, Joseph, 1972, *The Hero with a Thousand Faces*, Bollingen Series XVII, Princeton: Princeton University Press.

Cassirer, Ernst, 1953, *Language and Myth*, New York: Dover.

Frankfort, Henri, et al., 1977, *The Intellectual Adventure of Ancient Man: An Essay on Speculative Thought in the Ancient Near East*, Chicago: The University of Chicago Press.

Jung, Carl Gustav, 1975, *Psychology and Religion: West and East*, The Collected Works of C. G. Jung, Volume 11, Princeton: Princeton University Press.

Lévi-Strauss, Claude, 1962, *La Pansée Sauvage*, Paris: Librairie Plon.

Mithen, Steven, 1999, *The Prehistory of the Mind: The Cognitive Origins of Art, Religion and Science*, London-New York: Thames & Hudson.

Robins, Gay, 2000, *The Art of Ancient Egypt*, Cambridge: Harvard University Press.

Wood, Clement, 1931, *Dreams: Their Meaning and Practical Application*, New York: Greenberg Publisher.

II 고대 이집트 신화의 형식과 구조

배철현, 2002, 「신-레케-우닌니의 「길가메쉬 서사시」」, 『세계의 영웅신화』, 신화아카데미 연구 총서 2, 서울: 동방미디어.

Gardiner, Alan H., 1957, *Egyptian Grammar: Being an Introduction to the Study of Hieroglyphs*, London: Oxford University Press.

Pinch, Geraldine, 2002, *Egyptian Mythology: A Guide to the Gods, Goddesses, and Traditions of Ancient Egypt*, Oxford: Oxford University Press.

Sethe, Kurt, 2003, *Ägyptische Lesestücke: Erläuterungen zu den ägyptischen Lesestücken*, Hidelsheim: Georg Olms Verlag.

III 창조 이전의 세계

김인철, 2019, 『창세기 1·2·3장 꼼꼼히 읽기: 히브리어 본문 직역과 함께 읽는 창조 이야기』, 서울: 그리심.

헤로도토스, 2009, 『역사』, 천병희 옮김, 고양: 도서출판 숲.

Currid, John D., 1997, *Ancient Egypt and the Old Testament*, Michigan: Baker Books.

Gardiner, Alan H., 1957, *Egyptian Grammar: Being an Introduction to the Study of Hieroglyphs*, London: Oxford University Press.

Hoffmeier, James K., 1983, "Some Thoughts on Genesis 1 & 2 and Egyptian Cosmology," *Journal of the Ancient Near Eastern Society* 15: 39-49.

Hollis, Susan Tower, 1998, "Otiose Deities and the Ancient Egyptian Pantheon," *Journal of the American Research Center in Egypt* 35: 61-72.

Tyldesley, Joyce, 2011, *The Penguin Book of Myths & Legends of Ancient Egypt*, London: Penguin Books.

IV 원발자의 출현: 일자에서 다자로

Gardiner, Alan H., 1957, *Egyptian Grammar: Being an Introduction to the Study of Hieroglyphs*, London: Oxford University Press.

Lichtheim, Miriam, 1980, *Ancient Egyptian Literature – Volume III: The Late Period*, Berkley-Los Angeles: University of California Press.

Roth, Ann Macy, 2000, "Chapter 15. Father Earth, Mother Sky: Ancient Egyptian Conception and Fertility" in *Reading the Body – Representations and Remains in the Archaeological Record*, ed., Alison E. Rautman, Philadelphia: University of Pennsylvania Press, pp. 187-201.

Tyldesley, Joyce, 2011, *The Penguin Book of Myths & Legends of Ancient Egypt*,

London: Penguin Books.
Watterson, Barbara, 1996, *Gods of Ancient Egypt*, Stroud: Sutton Publishing.

V 시간과 공간의 탄생: 영원한 순환의 시작

주원준, 2012, 『구약성경과 신들: 고대 근동 신화와 고대 이스라엘의 영성』, 의정부: 한님성서연구소.

Allen, James P., 1988, *Genesis in Egypt: The Philosophy of Ancient Egypt Creation Accounts*, Yale Egyptological Studies 2, New Haven: Yale University.

__________, 2000, *Middle Egyptian: An Introduction to the Language and Culture of Hieroglyphs*, Cambridge: Cambridge University Press.

Assmann, Jan, 1974, "Ewigkeit," *Lexikon der Ägyptologie*, Wiesbaden: Otto Harrassowitz.

__________, 2001, *The Search for God in Ancient Egypt*, Ithaca: Cornell University Press.

__________, 2002, *The Mind of Egypt–History and Meaning in the Time of Pharaohs*, Cambridge: Harvard University Press.

Bell, Lanny, 1997, "The New Kingdom 《Divine》 Temple: The Example of Luxor," in Byron E. Shafer, ed., *Temples of Ancient Egypt*, Ithataca: Cornell University Press, p. 129, p. 283 no. 10.

Bochi, Patricia A., 1994, "Images of Time in Ancient Egyptian Art," *Journal of the American Research Center in Egypt* 31: 55-62.

Gardiner, Alan H., 1957, *Egyptian Grammar: Being an Introduction to the Study of Hieroglyphs*, London: Oxford University Press.

Hornung, Erik, 1982, *Conceptions of God in Ancient Egypt: The One and the Many*, Ithaca: Cornell University Press.

Kadish, Gerald D., 2001, "Time," in Donald D. Redford, ed., *The Oxford Encyclopedia of Ancient Egypt*, Volume III, Oxford: Oxford University Press.

Morenz, Siegfried, 1990, *Egyptian Religion*, Ithaca: Cornell University Press.

Wilkinson, Richard H., 1999, *Symbol & Magic in Egyptian Art*, New York: Thames & Hudson.

VI 우주적 질서: 마아트

배철현, 2017, 「마아트의 재현, 나르메르 화장판」, 『종교학연구』 35: 1-20.

송혜경, 2014, 『영지주의-그 민낯과의 만남』, 의정부: 한님성서연구소.

Allen, James P., 1988, *Genesis in Egypt: The Philosophy of Ancient Egyptian Cre-*

ation Accounts, Yale Egyptological Studies 2, New Haven: Yale University.

Assmann, Jan, 2001, *The Search for God in Ancient Egypt*, Ithaca: Cornell University Press.

Campbell, Joseph, 1972, *The Hero with a Thousand Faces*, Bollingen Series XVII, Princeton: Princeton University Press.

Frankfort, Henri, 1978, *Kingship and the Gods: A Study of Ancient Near Eastern Religion as the Integration of Society and Nature*, Chicago: The University of Chicago Press.

____________, 2000, *Ancient Egyptian Religion: An Interpretation*, Mineola-New York: Dover Publication.

Lichtheim, Miriam, 1992, *Maat in Egyptian Autobiographies and Related Studies*, Orbis Biblicus et Orientalis 120, Freiburg: Universitätsverlag Freiburg Schweiz.

Lorton, David, 1993, "God's Beneficent Creation: Coffin Texts Spell 1130, the Instructions for Merikare, and the Great Hymn to the Aton," *Studien zur Altägyptischen Kultur* 20: 125-155.

Morenz, Siegfried, 1990, *Egyptian Religion*, Ithaca: Cornell University Press.

Quirke, Stephen, 1992, *Ancient Egyptian Religion*, New York: Dover Publication.

VII 신들과 창조주

Allen, James P., 1988, *Genesis in Egypt: The Philosophy of Ancient Egyptian Creation Accounts*, Yale Egyptological Studies 2, New Haven: Yale University.

Assmann, Jan, 2001, *The Search for God in Ancient Egypt*, Ithaca: Cornell University Press.

Frankfort, Henri, et al., 1977, *The Intellectual Adventure of Ancient Man: An Essay on Speculative Thought in the Ancient Near East*, Chicago: The University of Chicago Press.

Frazer, James George, 1966, *The Golden Bough: A Study in Magic and Religion*, I Volume Abbreviated Edition, Toronto: The Macmillan Company.

Hornung, Erik, 1982, *Conceptions of God in Ancient Egypt: The One and the Many*, Ithaca: Cornell University Press.

Jankuhn, Dieter, 1977, „Götterspaltung" in *Lexikon der* Ägyptologie Band II, Wiesbaden: Otto Harrassowitz, cols. 709-711.

Pinch, Geraldine, 1995, *Magic in Ancient Egypt*, Austin: University of Texas Press.

Wilkinson, Richard H., 2003, *The Complete Gods and Goddesses of Ancient Egypt*, New York: Thames and Hudson.

VIII 멤피스 창세신화

김용규, 2010, 『서양문명을 읽는 코드 신』, 서울: 휴머니스트.

배철현, 2001a, 「에누마 엘리쉬: 마르둑신과 바빌론시에 대한 찬양시」, 신화아카데미 연구 총서 1, 『세계의 창조신화』, 서울: 동방미디어.

_____, 2001b, 『타르굼 옹켈로스 창세기』, 의정부: 한님성서연구소.

_____, 2002a, 「Creatio Ex Nihilo?」, 『종교학연구』 21: 29-48.

유성환, 2016, 「멤피스 창세신화 - 발화를 통한 창조행위의 비교종교학적 의미」, 『종교와 문화』 31: 163-230.

조철수, 2003, 『수메르 신화』, 파주: 서해문집.

____, 2008, 『랍비들이 풀어 쓴 창세신화』, 파주: 서해문집.

진중권, 2012, 『생각의 지도』, 서울: 천년의상상.

헤로도토스, 2009, 『역사』, 천병희 옮김, 고양: 도서출판 숲.

Allen, James P., 1988, *Genesis in Egypt: The Philosophy of Ancient Egyptian Creation Accounts*, Yale Egyptological Studies 2, New Haven: Yale University.

Assmann, Jan, 1996, *Ägypten – Eine Sinngeschichte*, Munchen & Wien: Carl Hanser Verlag.

__________, 2001, *The Search for God in Ancient Egypt*, Ithaca: Cornell University Press.

Bertman, Stephen, 1964, "A Note on the Reversible Miracle," *History of Religions* 3: 323-327.

Gardiner, Alan H., 1957, *Egyptian Grammar: Being an Introduction to the Study of Hieroglyphs*, London: Oxford University Press.

Gaudard, François, 2010, "Ptolemaic Hieroglyphs," *Visual Language: Inventions of Writing in the Ancient Middle East and Beyond*, Oriental Institute Museum Publications No. 32, Chicago: The Oriental Institute.

Hoffmeier, James K., 1983, "Some Thoughts on Genesis 1 & 2 and Egyptian Cosmology," *Journal of the Ancient Near Eastern Society* 155: 39-49.

Holmberg, Maj Sandman, 1946, *The God Ptah*, Lund: C. W. K. Gleerup.

Niehoff, Maren R., 2006, "Creatio ex Nihilo Theology in Genesis Rabbah in Light of Christian Exegesis," *The Harvard Theological Review* 99(1): 37-64.

Rothöhler, Benedikt, 2006, *Neue Gedanken zum Denkmal memphitischer Theologie*, Dissertation an der Philosophischen Fakultät der Universität Heidelberg, Heidelberg: Universitätsbibliothek Heidelberg.

Schlögl, Hermann A., 1980, *Der Gott Tatenen, nach Texten und Bildern des Neuen Reichs*, Göttingen: Vandenhoek & Ruprecht.

Te Velde, Herman, 1982, "Ptah," *Lexikon der Ägyptologie*, Wiesbaden: Otto Harrassowitz, 1982, cols. 1177-1180.

IX 아마르나 종교개혁

김성, 1996, 「아텐교(Atenism)의 이해 - 고대 이집트의 아텐(태양판 숭배와 아케나텐의 유일신론적 종교개혁)」, 『종교와 문화』 12(2): 111-129.

유성환, 2016, 「아마르나 시대 예술에 투영된 시간관 - "베를린 석비"에 묘사된 왕실 가족의 정경을 중심으로」, 『인문논총』 73(4): 403-417.

이주헌, 2009, 『지식의 미술관: 그림이 즐거워지는 이주헌의 미술 키워드 30』, 파주: 아트북스.

Allen, James P., 1989, "The Natural Philosophy of Akhenaten," *Religion and Philosophy in Ancient Egypt* (pp. 89-101), Yale Egyptological Series 3, New Haven: Yale University.

__________, 1996, "The Religion of Amarna," *The Royal Women of Amarna: Images of Beauty from Ancient Egypt* (pp. 3-5), New York: Metropolitan Museum of Art, New York.

Arnold, Dorothea, 1996, "An Artistic Revolution: The Early Years of King Amenhotep IV/ Akhenaten," *The Royal Women of Amarna: Images of Beauty from Ancient Egypt* (pp. 17-39), New York: Metropolitan Museum of Art, New York.

Assmann, Jan, 1989, "State and Religion in the New Kingdom," *Religion and Philosophy in Ancient Egypt* (pp. 55-88), Yale Egyptological Series 3, New Haven: Yale University.

__________, 1998, *Moses the Egyptian: The Memory of Egypt in Western Monotheism*, Cambridge: Harvard University Press.

__________, 2001, *The Search for God in Ancient Egypt*, Ithaca: Cornell University Press.

__________, 2002, *The Mind of Egypt - History and Meaning in the Time of Pharaohs*, Cambridge: Harvard University Press.

Foster, John L., 1995, "The Hymn to Aten: Akhenaten Worships the Sole God," *Civilizations of the Ancient Near East*, Vols. III-IV (pp. 1751-1761), Peabody: Hendrickson Publishers.

Freed, Rita E., 1999, "Art in the Service of Religion and the State," *Pharaohs of the Sun* (pp. 110-129), Boston: Museum of Fine Arts, Boston.

Gardiner, Alan H., 1957, *Egyptian Grammar: Being an Introduction to the Study of Hieroglyphs*, London: Oxford University Press.

Hornung, Erik, 1999, *History of Ancient Egypt – An Introduction*, Ithaca: Cornell University Press.

Johnson, Raymond W., 1999, "The Setting: History, Religion, and Art," *Pharaohs of the Sun* (pp. 38-49), Boston: Museum of Fine Arts, Boston.

Kemp, Barry J., 1989, *Ancient Egypt – Anatomy of a Civilization*, London: Routledge.

__________, 2012, *The City of Akhenaten and Nefertiti – Amarna and Its People*, New York: Thames & Hudson.

Lesko, Leonard H., 2001, "Funerary Literature," *The Oxford Encyclopedia of Ancient Egypt,* Volume I (pp. 570-575), Oxford: Oxford University Press.

Reeves, Nicholas, 2001, *Akhenaten – Egypt's False Prophet*, London: Thames & Hudson.

Silverman, David P., 1991, "Divinity and Deities in Ancient Egypt," *Religion in Ancient Egypt – Gods, Myths, and Personal Practice* (pp. 7-87), Ithaca: Cornell University Press.

____________, 1999, "The Spoken and Written Word," *Pharaohs of the Sun* (pp. 151-155), Boston: Museum of Fine Arts, Boston.

Van Dijk, Jacobus, 2000, "The Amarna Period and the Late Kingdom," *The Oxford History of Ancient Egypt* (pp. 272-313), Oxford: Oxford University Press.

X 초월적 창조주의 출현

나카자와 신이치, 2005, 『신의 발명: 인류의 지知와 종교의 기원』, 카이에 소바주 4, 서울: 도서출판 동아시아.

Allen, James P., 1969, "The Role of Amun: An Exercise in Egyptian Theological Syncretism," *Serapis* 1: 1-10.

Assmann, Jan, 2001, *The Search for God in Ancient Egypt*, Ithaca: Cornell University Press.

Gardiner, Alan H., 1957, *Egyptian Grammar: Being an Introduction to the Study of Hieroglyphs*, London: Oxford University Press.

Klotz, David, 2012, *Caesar in the City of Amun: Egyptian Temple Construction and Theology in Roman Thebes*, Monographies Reine Élisabeth 15, Turnhout: Brepols Publishers.

Lesko, Leonard H., 1991, "Ancient Egyptian Cosmogonies and Cosmology" in Bryan E. Shafer, ed., *Religion in Ancient Egypt: Gods, Myths, And Personal Practice*, Ithaca: Cornell University Press.

Roberts, Alison, 1995, *Hathor Rising: The Serpent Power of Ancient Egypt*, Devon: Northgate Publishers.

Sethe, Kurt, 1929, *Amun und die Acht Urgötter von Hermopolis: Eine Untersuchung über Ursprung und Wesen des ägyptischen GötterKonigs*, Abhandlungen der Preussischen Akademie der Wissesnschaften, Philosophisch-historische Klasse 4, Berlin: Verlag der Akademie der Wissenschaften.

코다: 맺으며

이주헌, 2009, 『지식의 미술관: 그림이 즐거워지는 이주헌의 미술 키워드 30』, 파주: 아트북스.

Wilkinson, Richard H., 2003, *The Complete Gods and Goddesses of Ancient Egypt*, London: Thames & Hudson.

부록 1 | 이집트의 지리

KBS 「문명의 기억, 지도」 제작팀, 2012, 『문명의 기억, 지도』, 서울: 중앙북스.

헤로도토스, 2009, 『역사』, 천병희 옮김, 고양: 도서출판 숲.

Noblecourt, Christian D., 2007, *Gifts from the Pharaohs: How Egyptian Civilization Shaped the Modern World*, Paris: Flammarion.

Parker, Richard A., 1950, *The Calendars of Ancient Egypt*, Studies in Ancient Oriental Civilization (SAOC) No. 26, Chicago: the University of Chicago Press.

그림 출처

그림 1-1 https://www.wikiart.org/en/odilon-redon/struggle-between-woman-and-centaur

그림 1-2 Reeves, C. Nicholas and Richard H. Wilkinson, 1996, *The Complete Valley of the King*, London: Thames and Hudson, p. 157.

그림 2-1 https://upload.wikimedia.org/wikipedia/commons/1/14/Coffin_of_Gua.jpg

그림 2-2 https://upload.wikimedia.org/wikipedia/commons/1/13/Book_of_the_Dead_of_Hunefer_sheet_1.jpg

그림 3-1 https://en.wikipedia.org/wiki/Ogdoad_%28Egyptian%29#/media/File:L'Ogdoade_d'Hermopolis.jpg

그림 3-2 https://en.wikipedia.org/wiki/Apep#/media/File:Apep_(Deity).png

그림 3-3 https://www.reddit.com/r/OutoftheTombs/comments/txniw9/detail_tomb_of_ramses_i_valley_of_the_kings_kv11/#lightbox

그림 4-1 https://upload.wikimedia.org/wikipedia/commons/0/0b/Geb%2C_Nut%2C_Shu.jpg

그림 4-2 https://upload.wikimedia.org/wikipedia/commons/d/d5/BD_Ani_before_Osiris.jpg

그림 4-3 https://rfpro.gettyimageskorea.com/search/image17?q=big%20bang&rows=40&sort=bm&watch=rf&page=2

그림 4-4 https://www.reddit.com/r/OutoftheTombs/comments/tzezfm/king_ramesses_iii_making_an_offering_to_minamun/#lightbox

그림 5-1 https://rfpro.gettyimageskorea.com/search/image17?q=egypt%20tomb%20relief&rows=40&sort=bm&watch=rf&page=52

그림 5-2 Piankoff, Alexandre, 1955, The Shrines of Tut-Ankh-Amon: Texts Translated with Introductions by Alexandre Piankoff, New York: Pantheon.

그림 5-3 © 유성환

그림 5-4 https://upload.wikimedia.org/wikipedia/commons/8/80/Book_of_Gates_Barque_of_Ra.jpg

그림 6-1 https://rfpro.gettyimageskorea.com/search/image17?q=egypt%20%20maat&rows=40&sort=bm&watch=rf&page=1

그림 6-2 https://rfpro.gettyimageskorea.com/search/image17?q=egypt%20relief&rows=40&sort=bm&watch=rf&page=4

그림 8-1 https://rfpro.gettyimageskorea.com/search/image17?q=ptah&watch=rf&rows=40&sort=bm&page=1

그림 8-2 Breasted, James Henry, 1901, "The Philosophy of A Memphite Priest," Zeitschrift für Ägyptische Sprache und Altertumskunde, No. 39 (102), Plates 1 & 2, Leipzig: J. C. Hinrichs'sche Buchhandlung.

그림 9-1 https://en.wikipedia.org/wiki/Akhenaten#/media/File:La_salle_dAkhenaton_(1356-1340_av_J.C.)_(Mus%C3%A9e_du_Caire)_(2076972086).jpg

그림 9-2 https://en.wikipedia.org/wiki/Stela_of_Akhenaten_and_his_family#/media/File:GD-EG-Caire-Mus%C3%A9e066.JPG

그림 9-3 https://en.wikipedia.org/wiki/Piye#/media/File:Stele_Piye_Mariette.jpg

그림 10-1 https://rfpro.gettyimageskorea.com/search/image17?q=egypt%20relief&rows=40&sort=bm&watch=rf&page=105

그림 10-2 https://rfpro.gettyimageskorea.com/search/image17?q=abu%20simbel&rows=40&sort=bm&watch=rf&page=1

그림 A1-1 https://upload.wikimedia.org/wikipedia/commons/a/af/ISS035-E-007148_Nile_-_Sinai_-_Dead_Sea_-_Wide_Angle_View.jpg

그림 A1-2 https://commons.wikimedia.org/w/index.php?search=hapy+deity&title=Special:MediaSearch&go=Go&type=image

그림 A1-3 https://upload.wikimedia.org/wikipedia/commons/6/64/New_Wing%2C_Vatican_Museums_%2825497052238%29.jpg

그림 A1-4 https://commons.wikimedia.org/w/index.php?search=%ED%98%BC%EC%9D%BC%EA%B0%95%EB%A6%AC%EC%97%AD%EB%8C%80%EA%B5%AD%EB%8F%84%EC%A7%80%EB%8F%84&title=Special:MediaSearch&go=Go&type=image

그림 A2-1 https://upload.wikimedia.org/wikipedia/commons/9/90/Three_Mamelukes_with_lances_on_horseback.jpg

그림 C-1 https://en.wikipedia.org/wiki/Black_Madonna#/media/File:Czestochowska.jpg